MONEY

Geoffrey Ingham

MONEY

머니

화폐 이데올로기·역사·정치

제프리 잉햄 지음 | 방현철 · 변제호 옮김

전환 시리즈 01 돈

이콘

이 책은 2020년에 출간된 제프리 잉햄의 저서《Money: Ideology, History, Politics》를 번역한 것이다. 저자는 1972년부터 영국 케임브리지대학교 크라이스트 칼리지에서 강의를 해온 사회학자로, 개인의 합리성과 교환을 중시하는 주류 경제학에서 벗어나 자본주의와 화폐문제를 자신만의 독특한 사회학 및 정치경제학적 시각에서 분석해왔다. 그는 현행 제도가 누군가에 의해 설계된 것이 아니라 오랜 기간 다양한 이해관계가 다툼과 갈등을 거치면서 이루어낸 합의의 결과라고 본다. 이러한 측면에서 그를 사회학의 거장 막스 베버 같은 '경제사회학자'라고 부르는 것이 더욱 정확할 것이다.

최근 경제학이 경제문제를 넘어 다양한 사회현상까지 분석하려는 '경제학 제국주의'가 나타나고 있다. 이러한 상황에서 경제문제를 사회학적 시각으로 해석하는 것은 낯설고 어색하기만 하다. 오히려 우리는 경제문제는 경제논리에 따라 해결해야 하며, 사회적 또는 정치적 시각에서 해석하고 처방을 내리는 것을 금기시한다. 하지만 경제학, 사회학 그리고 정치학은 근대의 학문 분과과정에서 하나의 뿌리로부터 갈라져 나왔다. 언제부터인가 경제학이 인간행동과 경제구조에 관한 거시적인 담론을 제시하는 대신 지나치게 복잡한 수리적 접근방법을 활용하여 지엽적인 문제에 열중하고 있다는 비판을 받고 있는데, 이에 비해 경제문제를 바라보는 저자의 시각은 우리가 잊고 있었던 총체적, 통합적 분석의 중요성을 일깨워준다.

우리나라에도 이미 저자의 책 두 권(《돈의 본성(2011)》《자본주의 특강(2013)》)이 소개되었다. 이번 책에서 그는 이전 작업보다 분량을 크게 줄여 자신의 화폐에 관한 시각을 간략하게 정리했다. 그러면서도 가상자산, 유로화 위기, 지역화폐 운동 등 새로운 화폐 현상에 대해 자신의 화폐관에 따라 분석을 시도하고 있다. 시류의 변화에 관심을 놓지 않으려는 노학자의 열정과 도전 정신이 느껴진다.

이 책에서 저자가 설명하는 화폐에 대한 시각은 생소하기 때문에 이해가 쉽지 않다. 그의 주장이 너무 황당하거나 논리가 복잡해서가 아니라 우리가 가지고 있는 화폐에 대한 '고정관념'이 너무 확고하기 때문이다.

우리는 화폐는 '물건'이라고 생각한다. 인류가 물물교환의 불편함을 극복하기 위해 금 같은 상품을 자연스럽게 교환 매개물로 사용하게 되었다는 화폐의 '탄생신화'를 역사적으로 검증된 사실인 양 의심 없이 받아들여왔다. 이는 일반인들의 상식으로 자리 잡았을 뿐 아니라 오랫동안 경제학계를 지배해온 이데올로기이기도 하다.

저자는 화폐가 물건이 아니라 사람 사이의 관계나 약속을 의미하는 '신용'이라고 주장하면서 주류 경제학의 화폐이론에 반기를 든다. 여기서 신용은 다른 사람에 대해 가지는 권리인 '채권'을 말한다. 화폐가 신용이라는 주장은 우리가 흔히 생각하듯 서로를 믿고 외상으로 거래하는 것이 아니라, 다른 사람에 대해 가지고 있는 채권으로 자신의 채무를 상환하는 것을 의미한다. 우리는 물건을 구입하는 즉시 판매자에게 물건값에 해당하는 채무를 지게 되는데, 그 채무를 해소하기 위해 신용을 '지급'하는 것이다. 화폐가 여느 상품과 마찬가지로 하나의 물건으로서 다른 물건과 '교환'되는 것이 아니다.

일상에서 우리가 지급수단으로 사용하는 지폐, 주화, 은행예금 등은 모두 발행자의 부채이자 우리가 그들에 대해 가지는 채권이다. 저자는 우리가 흔히 화폐라고 생각하는 것들은 신용을 담는 그릇 같은 화폐의 외형에 불과하며 신용을 의미하는 화폐와 혼동하지 말아야 한다고 주장한다. 심지어 신용은 우리가 만질 수 없는 전자기록이나 블록체인상 토큰 등에 담길 수도 있다고 한다.

저자는 국가나 중앙은행이 발행하는 법화인 화폐는 물건이고, 이를 바탕으로 은행 등 민간 경제주체가 발행하는 화폐는 신용이라는 절충적 입장을 취하는 것이 아니다. 주류 경제학에서는 은행의 신용창조 과정을 통화승수 모델로 설명하는데, 통화승수 모델은 화폐와 신용 사이의 엄격한 구분을 전제로 한다. 저자는 모든 화폐는 신용이라고 주장한다. 은행예금뿐 아니라 국가나 중앙은행이 발행하는 화폐도 그들의 채무인 신용이라고 본다.

자본주의에서 국가, 금융회사, 기업, 가계 등 모든 경제주체는 신용을 발행할 수 있지만, 모든 신용이 화폐가 될 수 있는 것은 아니다. 신용이 화폐로 사용(유통성)되기 위해 그 신용의 발행자는 사람들로부터 충분한 신뢰(수용성)를 받아야 한다. 발행자의 신뢰는 천차만별이므로 한 나라의 화폐체제는 수용성과 유통성 정도에 따라 서열이 다른 다양한 신용으로 구성된 계층구조의 모습을 띤다. 어느 국가에서나 국가와 중앙은행이 발행한 신용이 가장 꼭대기에 존재하고, 은행화폐(예금)가 다음 자리를 차지한다.

신용은 사람들과 분리되어 존재하는 객관적인 실체가 아니라 사람 사이의 관계를 나타낸다. 따라서 화폐는 사회적 성격을 가진다. 처음 거래하는 상대방을 믿고 외상을 주기보다는 신뢰성이 확인된 제3자가 발행한 신용을 통해 거래하는 것이 더욱 편리하고 안전하다. 자본주의 역사에서 사람들은 거래 상대방에 대한 '인격적 신뢰'를 신용의 발행자에 대한 '비인격적 신뢰'로 대체하는 '사회적 기술'을 도입함으로써 거래를 크게 확대할 수 있었다.

한 사회의 구성원들은 화폐라는 물질 뒤에서 간접적 관계를 맺는 것이 아니라 채무자와 채권자, 신용의 사용자와 수취자로서 직접적인 관계를 맺는다. 따라서 화폐의 생산과 분배, 사용과 소멸에는 다양한 이해가 걸려있으며, 그러한 이해관계는 갈등을 겪기 마련이다. 경제에서 화폐로 사용되는 신용을 발행하는 자는 화폐를 사용하는 사람들에게 영향을 미치는 권력을 가진다. 하지만 그 권력은 화폐를 사용하는 사람들로부터 신뢰를 받아야만 효과적으로 행사될 수 있다. 화폐와 관련된 제도, 규범과 관습에는 이해관계자들이 오랫동안 갈등을 거치면서 이루어낸 타협과 합의의 결과가 반영되어 있다. 화폐를 발행할 수 있는 권한을 가진 중앙은행이나 일반은행이 물건을 찍어내듯이 일방적으로 생산량, 생산시기, 생산방법 등을 결정하는 것이 아니다.

화폐의 본질을 어떻게 보느냐에 따라 경제금융 현상과 구조에 대한 인식이 달라진다. 화폐가 교환 매개에 특화된 물질이라고 본다면 경제분석을 위해 화폐를 별도로 고려할 필요가 없다. 화폐는 상품과 반대 방향으로 움직이는 수동적 존재에 불과하므로, 경제 분석을 위해 상품의 생산과 소비, 투자 등 실물적 요인만 고려하는 것으로 충분하다. 여기서 화폐를 별도로 고려할 필요가 있는 유일한 분야는 물가다. 우리에게 익숙한 화폐수량설이 주장하는 내용인데, 이 이론은 생산량과 화폐량의 상대적 비율에 따라 물가가 결정된다고 본다. 화폐량과 물가가 직접적인 관계를 가진다는 주장은 결국 화폐가 실물경제(생산량이나 소비량 등)에는 아무런 영향을 미치지 못한다는 의미를 내포한다. 주류 경제학자들이 저술한 교과서에서는 화폐의 본성과 역할을 이런 식으로 설명한다. 결국 우리가 실제 경제의 분석과 예측에 사용하고 있는 주요한 경제모델에서 화폐의 자리는 없다.

반면, 저자는 경제금융 현상과 구조를 제대로 이해하기 위해서 화폐를 반드시 별도로 고려해야 한다고 주장한다. 금융위기는 실물경제에 심각한 영향을 미치며 자본주의에서 상시적으로 발생한다. 화폐를 별도로 고려하지 않는다면 금융위기의 원인을 알 수도, 올바른 처방을 내릴 수도 없다. 이유도 모른 채 금융위기가 찾아오고, 재발 방지를 위해 수많은 규제를 강화했음에도 불구하고 금융위기는 다시 찾아온다. 이제 화폐의 독자적인 역할을 부정하는 주류 경제학의 화폐이론을 수정해야 할 시기가 온 것이다.

저자의 주장을 차근차근 따라가다 보면 우리가 알고 있는 경제 내 주요 변수 사이의 인과관계가 뒤집히는 놀라운 경험을 하게 될 것이다. 중앙은행은 은행이 의무적으로 중앙은행에 맡겨야 하는 지급준비금의 규모를 조절함으로써 은행의 대출 규모를 통제하는 것이 아니라 은행이 결정한 대출 규모가 계획대로 실행될 수 있도록 필요한 지급준비금을 제공해준다. 여기서 은행은 예금을 대출하는 단순한 중개기관이 아니라 중앙은행의 지원과 보호 아래에서 대출을 통해 화폐를 창출하는 역할을 한다. 즉, 은행은 대출을 실행함으로써 경제 내 구매력을 가진 예금을 창조하는 화폐공장이라는 것이다.

이 책에서 저자는 시대를 거쳐 다양한 경제학 및 사회학 이론과 경제금융 현상을 언급하면서 자신의 이론을 전개한다. 즉, 화폐라는 시각을 가지고 경제사상사와 경제사를 재정립하고 있는 것이다. 기존에 잘 알려진 경제이론과 과거 경제사건을 색다른 시각으로 살펴보는 것은 지적 충만감을 가져오는 유익한 경험이 될 것이다.

물론 화폐가 신용이라는 견해를 저자가 최초로 주장한 것은 아니다. 학계에서는 여러 시기에 걸쳐 산발적으로 제기되어온 유사한 주장들을 통틀어 '신용화폐이론'이라고 부른다. 화폐는 신용이라는 유사한 주장을 펼치는 사람들도 방법론과 각론에서는 상당한 차이를 보이며, 특히 이를 현실에 어떻게 적용할지와 관련된 규범적 처방에 대해서는 의견이 모두 제각각이다. 따라서 이들을 '신용화폐이론'이라는 동일한 범주로 묶는 것조차 가능한지 의문이 드는 것이 사실이다.

신용화폐이론은 꾸준한 진전을 이루고 있지만, 주류 학계로부터 제대로 된 검증과 평가를 받아보지 못한 채 방치되어 왔다. 신용화폐이론이 가진 나름의 역사에도 불구하고 이 이론은 앞으로 더 많은 연구와 논의를 거쳐야 하는 신생 이론이라고 볼 수 있다.

가상화폐, 각종 간편결제, 중앙은행의 디지털 화폐, 지역화폐 등 최근 나타나고 있는 화폐현상들에 많은 혼동을 느꼈다. 최신 디지털 기술을 기반으로 한 새로운 운영구조와 작동방식이 낯설기도 했지만, 이 혼동의 주된 원인은 우리가 화폐의 본질을 잘 모른다는 점에 있었다. 이러한 과정에서 여러 자료를 찾아보던 중 신용화폐이론을 알게 되었다. 특히 이 책은 분량이 적고 다양한 사건을 통해 신용화폐이론을 잘 정리해놓았다는 점에서 큰 도움이 되었고, 신용화폐의 틀로 최근의 화폐현상들을 바라본다는 점에서 많은 의문이 풀렸다. 그래서 이 책을 국내에 소개하는데 쉽게 뜻을 모을 수 있었다.

막상 번역을 시작하고 보니 여러 난관이 있었고 예상보다 많은 시간이 걸렸다. 저자가 경제학은 물론 사회학, 정치학 등 다방면의 학자들, 사상가들의 견해와 다양한 역사적 사건들을 언급하면서 자신의 논리를 압축적으로 전개하다 보니 이를 일일이 확인하고 명확하게 이해하는 과정이 필요했다. 또한 이 책이 유행을 따르기보다는 화폐의 본질과 근본원리를 설명한다는 점을 감안하여 번역의 시의성보다 정확성을 우선시했다.

우리는 각자 분량을 나누어서 번역하는 대신 전체를 중복적으로 번역했다. 독자들의 이해를 돕고자 낯선 용어, 인용문, 주요 사건 등에 대해서는 추가적인 설명을 주석에 실었다. 아울러 신용화폐이론과 관련된 문헌들을 직접 찾아보고 이론과 관련된 내용을 별도로 추려서 해설로 정리했다. 역자들이 이 분야에 정통한 학자가 아니기 때문에 혹시 있을 수 있는 오류에 대해서는 미리 독자들의 양해를 당부드린다.

아무쪼록 우리의 노력이 독자들에게 현대 자본주의 사회에서 가장 중요한 사회적 기술인 화폐를 이해하는 데 조금이나마 도움이 되었으면 한다. 술술 읽히지 않는다는 불평을 받더라도 독자들의 곁에 자리하면서 잦은 손길을 받는 그런 행운이 이 책에 찾아오기를 바란다.

2022년 여름

방현철, 변제호

목차

MONEY

1부

화폐란
무엇인가?

1장
화폐의 수수께끼

화폐가 없는 세상은 상상하기 어렵다. 화폐는 인류가 문자와 숫자를 이해하는 능력에서 유래했으며, 매우 중요한 '사회적 기술' 중 하나다(Ingham, 2004). 화폐는 점차 늘어나는 세계 경제거래에 있어 필수적이지만, 경제학자들이 말하는 교환 매개물 그 이상이기도 하다. 화폐는 현재와 미래의 연결고리로, 다음주에도 오늘의 화폐와 같을 것이라는 확신이 있기에 우리는 사회, 경제, 정치적으로 다양한 관계를 맺고 살 수 있다. 그 관계 속에서 소득, 세금, 부채, 보험, 연금 등으로 매겨진 우리 각자의 위치가 드러난다. 화폐로 기록하고, 편리함을 추구하고, 계획하지 않고서는 거대한 사회를 구축하고 유지하기란 불가능하다. 펠릭스 마틴Felix Martin은 화폐를 현대의 '운영체계'라는 적절한 비유를 들어 설명하기도 했다(Martin,

2013).

　화폐는 현대 생활에서 필수적이지만 오랜 기간 동안 수수께끼로 남은, 이론적이고 정치적이자 때로는 악의적인 논쟁의 주제이기도 하다. 화폐에 대한 논쟁은 적어도 고대 그리스의 아리스토텔레스나 플라톤 그리고 기원전 3세기 중국까지는 거슬러 올라가야 할 정도다(von Glahn, 1996). 화폐와 관련한 여러 도서와 논문을 보면, 이 같은 사람들의 혼란스러움을 대변하는 인용문들로 시작하곤 한다(케빈 잭슨Kevin Jackson의 《화폐에 관한 옥스퍼드 책자The Oxford Book of Money》[Jackson, 1995]). 기발한 성격의 소유자인 경제학의 거장 존 메이너드 케인스John Maynard Keynes(그는 정말 화폐의 대가였다)는 화폐의 개념을 이해하고 있는 사람으로 단 세 명만을 꼽기도 했다. 자신이 가르치는 학생 중 한 명, 한 외국대학의 교수, 잉글랜드은행의 젊은 직원 한 명이라는 것이다. 은행가 로스차일드 남작Rothschild은 이미 한 세기 전에 이와 비슷한 언급을 한 적이 있다(Ingham, 2005, xi). 다만 이 세 명의 의견은 모두 달랐다고 덧붙였다!

　여러분은 이 책을 통해 주류 경제학이 아주 혼란스럽고 직관에 반하는 화폐 개념에 의존해왔다는 사실을 마주하게 될 것이다. 우리는 화폐가 세상을 좌지우지하는 강력한 힘을 가지고 있다는 것을 경험을 통해 알고 있다. 정부는 인플레이션과 환율, 국가와 개인의 부채수준을 쉼 없이 모니터링하면서 혹시나 화폐가 불안정해질까 노심초사한다. 중앙은행은 대중들로부터 화폐의 건전성과 안정성을 유지할 수 있다는 신뢰를 얻기 위해 노력해왔지만 번번이 좌

절할 수밖에 없었다. 그러나 이런 우리의 경험과 달리 주류 경제학 이론은 역설적으로 화폐를 그리 중요한 것이 아니라고 본다. 수리적 경제모델에서 화폐는 '중립적neutral'이거나 수동적인 구성요소일 뿐이다. 화폐는 '변수variable'가 아닌 '상수constant'이며, 적극적으로 힘을 발휘하지 못하고 기껏해야 생산과 교환을 원활하게 해주는 역할에 그친다는 것이다. 주류 경제학에서는 경제적 가치가 원료, 에너지, 노동, 기술 같은 '실물적' 생산요소에서 나온다고 보는데, 화폐는 이러한 가치를 측정하고 가치 사이의 교환을 가능하게 할 뿐이라고 주장한다. 아리스토텔레스까지 거슬러 올라가는 이러한 개념은 18세기에 이르러 정설로 자리 잡았다. 데이비드 흄David Hume은 《화폐에 관하여Of Money(1752)》에서 "화폐는 교역을 이끄는 바퀴가 아니라 바퀴를 원활하게 움직이게 하는 윤활유에 불과하다"라고 단언했다(Jackson, 1995, 3). 그후 얼마 지나지 않아 애덤 스미스Adam Smith의 《국부론The Wealth of Nations(1776)》이 나오자 화폐의 중립성은 '고전학파 경제학classical economics'에서 확고한 자리를 차지하게 되었다.

20세기 중반에 조지프 슘페터Joseph Schumpeter는 '실물적real' 분석과 '화폐적monetary' 분석의 차이점을 명쾌하게 지적하면서, 화폐적 분석에 깔려 있는 기본 전제를 무척이나 잘 정리했다.

실물적 분석은 경제생활에서 나타나는 모든 주요 현상들을 재화와 서비스, 이들과 관련된 의사 결정 그리고 이들 사이의 관계라는 측면에서 기술할 수 있다는 전제로부터 나왔다. 이러한 그림에서 화폐는 단지 거래를 원활하게 하는 기술적 장치라는 사소한 역할만을 맡을 따름이다. 그 장치가 정상적으로 작동되는 한, 화폐는 경제적 과정에 아무런 영향을 미치지 못하고 그 경제적 과정은 물물교환 경제처럼 진행될 것이다. 이것이 바로 화폐의 중립성이다. 그러기에 화폐는 진짜 중요한 것들을 뒤덮는 '의복garb' 또는 '베일veil'이라고 불린다. 우리가 경제적 과정의 주요 특징을 파악할 때 화폐를 염두에 **두지 않아도 되며**, 화폐에 가려진 얼굴을 보기 위해 베일을 들추듯이 화폐를 염두에 **두어서도 안 되는 것이다.** 따라서 화폐가격은 그 '뒤에' 있는 상품들 사이의 비율에 비해 부차적인 것으로 볼 수 있다(Schumpeter 1994 〔1954〕, 277).

화폐가 장기적으로 실물적 요소에 영향을 미칠 수 없다고 본 이러한 견해는 현대 주류 거시경제학에서 여전히 중요한 자리를 차지하고 있다. 즉 생산력, 특히 **물적 기술**의 진전이 경제적 가치를 발생시키는 원천이라고 본다. 따라서 "여러모로 보나, 화폐의 중립성은 대체로 옳다"는 것이다(Mankiw and Taylor, 2008, 126). 하지만 다른 대안적 주장도 존재한다. 화폐적 분석이라고 불리는 이런 주장은 고전학파 경제학자들의 견해 이전에 현실의 비즈니스 세계에서 팽배한 화폐관을 따르고 있다(Hodgson, 2015). 여기서는 화폐를 화폐자본, 즉 독립적으로 역동성을 가진 경제력으로 본다. 화폐는 흄

이 말한 경제의 '바퀴'에 바르는 '윤활유'에 불과한 것이 아니며, 고전학파 경제학자들이 말하는 실물자본이 개발 및 작동되지 않더라도 사회적 기술이 될 수 있다는 것이다. 실물적 분석과 화폐적 분석 사이의 이러한 구별을 '고전적 이분성Classical Dichotomy'이라 부른다.

화폐 그 자체는 가치를 창출할 수 없다. 그러나 투자, 생산, 소비에 필요한 화폐가 미리 존재하지 않았다면 자본주의의 바퀴는 돌아갈 수 없고 생산을 해도 소비될 수 없었을 것이다(Smithin, 1918). 고전학파 경제학의 관점에서 보면, 실물경제는 실제로 화폐가 상품의 교환을 위한 매개물 역할만을 담당하는 순수한 교환경제거나 비현실적인 시장경제 모델에 불과하다. 즉, 상품-화폐-상품C-M-C의 흐름을 가정한 것이다. 여기서 화폐는 개개인이 상품에서 얻는 만족을 의미하는 효용을 얻을 수 있게 해준다. 그러나 자본주의의 '현실 세계'에서 화폐는 생산에 필요한 자본과 임금을 통해 얻을 수 있는 이익의 결정체다. 즉, 화폐(자본)-상품-화폐(이익)의 흐름M-C-M을 상정해야 한다. 마르크스와 케인스가 강조했듯이, 불황과 실업은 실물적 생산력이 충분히 발휘되지 못해서가 아니라 투자와 소비에 사용할 수 있는 화폐가 부족하기 때문에 장기적으로 계속되는 것이다. 케인스가 가차 없이 비판했듯이, "경제학자들은 이 폭풍이 지나가면 바다는 다시 평온해진다는 식으로 미래에 대한 근거 없는 낙관으로 현실을 잘못 읽고 있다. 장기적으로 보면 우리는 모두 죽을 수도 있다"(Keynes, 1971 [1923], 65).

주류 경제이론을 따르는 학자들에게 화폐적 분석을 주장하는 이들은 학계와 지성계의 '지하'로 숨어드는 '이단자들'로 비춰졌다 (Keynes, 1973 [1936], 3, 32, 355; Goodhart, 2009). 하지만 케인스에게 그들은 '용감한 이단자'였다. 케인스는《고용, 이자 및 화폐에 관한 일반이론The General Theory of Employment, Interest and Money(1936)》에서 그들의 분석을 정교하게 다듬었다. 케인스가 알지 못했던 19세기 후반 미국의 '이단아' 알렉산더 델 마Alexander Del Mar는 최근에야 주목을 받게 되었는데(Zarlenga, 2002), 그는 화폐이론과 정책에 관해 케인스와 유사한 입장을 표명하기도 했다.

화폐는 척도며, 화폐의 단위는 일국의 사법 관할권에서 화폐의 정수다. 현재 산업이 제대로 돌아가지 않고 있는데, 이를 가로막고 있는 것은 바로 금속 덩어리를 이상적 관계의 척도로 오해하는 물질적 관념이다. 이 척도는 금속에 내재된 것이 아니라, 화폐 하나가 전체 화폐 총량에 대해 가지는 수치적 관계에서 정해지는 것이다. 그것이 금속이건 종이건, 또는 두 가지가 함께 사용되는 경우건 결론은 달라지지 않는다(Del Mar, 1901, 8).[1]

케인스는 정부지출을 통해 1930년대 만성적인 실업을 해결할 수 있다는 주장을 고전 정통학파 선배와 동료들에게 이론적으로 설

---

[1] 델 마는 가치란 물건이나 물건의 속성이 아닌, 교환에서 나타난 수치적 관계를 의미하는 것이라고 보았다. 즉, 가치는 숫자로 표현될 수밖에 없다고 보았다. 하지만 그는 숫자는 본질적으로 제한이 없기 때문에 무한의 숫자로는 가치를 측정할 수 없다고 하면서, 가치 측정에 사용할 수 있는 숫자의 총량을 한정 짓고 양도에 적합하도록 하기 위해서는 가치를 구체적 상징물에 담아야 하는데, 그것이 바로 화폐라고 보았다. 이러한 화폐관을 가진 그가 화폐는 어떤 물질로 구성되더라도 무방하다고 본 것은 당연한 결론이다. **23**

득하려고 했다. 여기서 정부지출은 세금을 걷기 이전에 이미 창출된 화폐를 의미하는데 이러한 화폐는 생산과 고용을 늘리고, 결과적으로 '유효 총수요effective aggregate demand', 즉 실질 '구매력purchasing power'을 확대할 수 있다고 했다. 또한 주류 경제이론에서 중시하는 주관적인 '필요'나 '선호'와 달리 지출로 유발된 수요는 '효과적'이면서 '총체적'인 것이며,[2] 이를 통한 성장은 이전의 지출로 생긴 정부 적자를 메울 수 있는 추가적인 조세수입이 유발되는 선순환 구조를 만들어낸다고 했다. 제2차 세계대전 당시와 그 이후로 한동안 케인스학파의 화폐적 분석은 이론적으로나 정책적으로 각광받았다. 하지만 1970년대에 발생한 위기로 인해 케인스 경제학은 명성을 잃었고, 중립적 화폐와 실물경제를 중시하는 예전의 정통파가 다시 득세하게 되었다.

이러한 두 종류의 경제적 분석과 화폐이론은 논란이 많은 자본주의의 지배구조에 대한 근본적인 문제인식에 바탕을 두고 있다. 주류 경제학은 화폐공급이 단기적으로 긍정적 효과를 낳을지 몰라도 경제의 장기적 생산능력을 넘어설 수도 없고 넘어서도 안 된다고 확신했다. 기술과 노동 같은 실물적 생산력만이 새로운 가치를 창조할 수 있는데, 화폐의 주입으로는 이러한 요소들을 늘리지 못할 것이라고 본 것이다. 이런 관점에서 보면 실물적 요소들이 늘어나지 않은 채 화폐가 팽창하면 인플레이션만 발생하게 되는 것은 당연하다. 그러나 광의의 케인스학파와 이단적 전통에서는 화폐가 인플레이션을 유발하지 않고 경제성장과 고용을 가져올 수 있는 중요

---

2 효용과 이윤 극대화를 통해 개별 경제주체들의 행동을 연구하는 미시경제학과 달리, 거시경제학에서는 경제 전체의 생산, 수요와 소득에 대해 연구한다. 케인스는 거시경제학 측면에서 정부지출 확대를 통한 총수요 및 총생산 증대의 효과를 강조했다.

한 생산수단이자 사회적 기술이라는 입장을 고수해왔다.

하지만 이론적 논쟁을 '학문적' 측면에서만 바라볼 수 없다는 점을 명심해야 한다. 화폐이론은 '이념적' 문제이기도 하다. 화폐가 무엇이고 어떻게 생산되느냐 같은 화폐의 본성에 대한 이해는 화폐 창출 통제권을 누가 가져야 하는지(당연히 그 화폐가 어떻게 사용되는지에 관한 견해를 포함한다)에 관한 갈등과 밀접하게 연관되어 있다. 화폐가 경제 내에서 중립적 요소에 불과하다는 주장은 화폐를 정치적 관심사에서 제외시킬 수 있다고 보는 것이다. 화폐가 단지 이미 존재하던 상품가치를 측정하고 상품 사이의 교환을 가능하게 하는 수동적 수단이라고 본다면, 그 사용을 둘러싼 논쟁은 핵심을 잘못 짚은 것이다. 정말 그렇다면 우리는 화폐가 제 기능을 수행하고 경제시스템을 원활하게 운영할 수 있을 만큼 그 양이 충분한지 여부만 확인하면 될 것이다. 이는 화폐와 관련하여 아주 흔하게 제기되는 문제이기도 하다. 머빈 킹Mervyn King 전 잉글랜드은행 총재는 2017년에 발간한 회고록에서 "본질적으로 중앙은행의 임무는 매우 단순하다. 호황과 불황 때 적정량의 화폐가 공급되도록 하면 된다"라고 밝혔다(King, 2017, xxi). 이 경우에 화폐량은 생산물이 소비될 수 있을 정도로 세밀하게 조정되어야 할 것이다. 화폐가 모자라면 재화가 소비되지 못해서 경제활동을 위축시킬 것이고, 너무 많으면 물가상승을 가져올 것이기 때문이다.

여기서 또 다른 화폐의 수수께끼가 등장한다. 이론적 관점에서 화폐를 적정수준으로 공급하는 것은 단순한 문제일 수 있지만, 실제에 있어서는 그렇지 않다. 이 책에서는 1980년대 화폐공급을 통제하기 위한 '통화주의자monetarist'의 시도가 두 가지 문제에 봉착했었다는 점을 살펴볼 것이다(4장 참조). 현대 자본주의에서 화폐는 매우 다양하고 복잡한 형태를 띠고 있으므로, 통화당국은 어떤 것을 화폐에 포함시켜 계산할지 확신할 수 없다. 은행권과 주화(동전 - 옮긴이) 같은 현금은 통화공급에 있어서 그다지 중요하지 않은 구성요소가 되었다. 대신 어떤 화폐 형태가 통화공급에 포함될지가 논란거리가 되었다. 은행계좌, 예금 같은 다른 형태의 화폐나 신용카드, 사적 금융네트워크에서 사용되는 사적 채무증서IOUs 같은 신용 형태도 화폐에 포함되어야 할까? 게다가 현금이 아닌 형태의 경우, 통화당국의 통제가 미치지 못하게 되었다는 점도 이 논란을 복잡하게 만든다(6장 참조).

통화당국은 물가안정에 중점을 두는 '통화정책'을 수행하는 과정에서 여러 실제적이고 기술적인 문제에 봉착하게 된다. 그럼에도 불구하고 화폐의 장기적 중립성은 대부분 주류 경제학에서 핵심적인 전제가 되었다. 반면, 이와 달리 화폐가 어디에도 종속되지 않은 창조적 힘을 발휘할 수 있다고 믿는다면 '화폐환상money illusion'[3]을 어떻게 봐야 할지를 두고 곤란에 빠지게 될 것이다. 화폐환상은 화폐가 이미 존재하는 가치를 측정하고 경제적 교환을 가능하게 하는 단순한 수단으로 작용하는 것 이상의 힘을 가졌다고 생각하는 것이다. 수백 년간 합의를 보지 못한 채 지속된 격렬한 논쟁들은 화폐가

---

3 화폐환상은 경제주체가 실질가치보다 화폐의 명목가치에 입각해 판단하고 행동하는 성향을 말한다. 경제주체들의 효용은 실질가치에 따라 결정되기 때문에 명목가치를 기준으로 판단하는 것은 하나의 착각일 수밖에 없다는 것이다. 화폐환상이라는 용어는 어빙 피셔가 처음 사용했으며, 케인스가 《일반이론》에서 사용함으로써 널리 알려지게 되었다. 케인스는 물가와 함께 명목임금이 그만큼 상승하는 경우에 화폐환상이 있는 노동자들은 실질임금이 상승한 것으로 착각해 노동공급을 늘릴 것이라고 예상했다.

경제 전문가들에 의해 관리될 수 있는 단순한 기술적 장치가 아니라는 점을 알려준다. 오히려 화폐는 일이 돌아가게 만드는 기저권력infrastructural power이자 사람들을 통제하는 전제권력despotic power 그리고 사회적 권력의 원천이기도 하다(Ingham, 2004, 4). 동시에 '화폐문제'는 우리가 바라는 사회의 모습과 이를 달성할 수 있는 방법에 관한 모든 정치적 갈등에서 핵심적인 위치를 차지한다.

19세기 후반과 20세기 초반에 걸쳐 오랫동안 지속되어 온 지적, 이념적, 정치적 화폐논쟁은 사회연구방법론에 관한 뜨거운 학문적 논쟁과 뒤섞이게 되었다. 참고로 이 사회연구방법론 논쟁은 경제학과 사회학의 결별을 초래하기도 했다(Ingham, 2004). 끊임없는 화폐논쟁에 싫증이 난 미국 경제학자 프랜시스 아마사 워커Francis Amasa Walker는 1878년 깜빡 속을 만큼 단순한 해결책을 제시했다(Schumpeter, 1994 [1954], 1086). 워커는 "화폐란 바로 화폐가 하는 일이다"라고 주장하면서 화폐의 기능을 네 가지로 나눠서 설명했다.

1. 가치척도measure of value 또는 계산화폐money of account: 가치 측정과 경제적 계산을 위한 수리적 척도, 재화와 채무계약의 가격 책정, 소득과 부의 기록

2. 지급수단a means of payment: 동일한 계산화폐로 값이 매겨진 온갖 부채를 청산하기 위한 것

27

3. 교환 매개물ᵃ medium of exchange: 다른 모든 상품들과 교환될 수 있는 것

4. 가치저장ᵃ store of value: 구매력과 채무 청산력의 저장소로서 소비와 투자의 이연을 가능하게 하거나 단순히 '미래에 닥칠 수 있는 곤궁'에 대비한 저축

오늘날 교과서에도 어김없이 등장하는 이 목록을 오랫동안 보다 보면 화폐문제가 다 해결된 것 같은 착각이 들기도 하지만, 실제는 그렇지 않다. 화폐가 이러한 기능을 수행하는 것은 맞지만, 문제는 워커의 바람처럼 그리 단순하지 않다. 그의 해법은 그와 다른 사람들을 화나게 만들었던 곤경과 혼동을 잠시 모면한 것에 불과하다. 슘페터는 해결되지 않은 문제의 원인을 화폐에 대한 **상품**이론과 **청구권(신용)**이론이 본질적으로 '양립할 수 없다'는 데 있다고 정확히 파악했다. 두 이론이 각각 기반하고 있는 실물적 분석과 화폐적 분석도 양립할 수 없기는 마찬가지이다(Schumpeter, 1917, 649). 또한 그는 "화폐에 관한 견해를 묘사하는 것은 떠다니는 구름을 그리는 것만큼이나 어렵다"라고 하면서 두 이론이 그 차이점을 명확히 드러내지 않은 채로 자주 모순되고 상충되는 점을 보여 왔다고 지적했다(Schumpeter, 1994 [1954], 289).

간단히 말하면, 양측의 논쟁은 근본적으로 오랜 기간 지속되어 온 양 진영의 입장 차이를 반영하고 있다. **물질주의**materialism와 **자연주의**naturalism 대 **명목주의**nominalism와 **사회 구성주의**social constructionism

사이의 차이가 그것이다. 한편으로 양측의 대립은 "교환 매개물로서의 화폐는 물물교환 당시 다른 모든 상품과 교환될 수 있는 본질가치를 지닌 유형의 상품material commodity에서 진화한 것인가"에 대한 시각 차이에서 비롯된 것으로 볼 수 있다. 예를 들어, 19세기 후반 진행되었던 통화체제 개혁에 관한 논의과정에서 미국 통화위원회는 1877년 "가치는 유체물의 우수함에서 나오는 것이지 마음속 평가에 있는 것이 아니다"라는 결론을 내리기도 했다(Carruthers and Babb, 1996, 550). 통화위원회는 영국이 시행한 '금본위제'를 채택하기를 바랐다. 금본위제에서 통화는 1파운드 소버린 같은 금화와 액면가치가 1파운드로 '태환될 수 있는' 지폐로 구성되는데 여기서 태환은 공식적으로 선언된 무게의 금과 교환해주겠다는 약속이다. (오늘날 영국 지폐에는 "소지자가 요구하는 경우에는 x 파운드를 지불하겠다"라는 구식의 약속 문구가 적혀있다. 즉, 잉글랜드은행이 선언한 비율대로 금을 제공하겠다는 것이다(4장 참조).) 19세기 말까지 많은 국가가 앞다퉈 금본위제를 채택하면서 자국통화의 환율을 세계적 공통본위에 연결할 수 있었고 이를 통해 각 국가는 런던의 국제무역 시스템에 용이하게 참여하게 되었다.

한편 소수파는 미국 통화위원회의 견해에 반기를 들고 화폐란 바로 '마음속 평가'라고 주장했다. 그들은 화폐를 사회적이고 정치적으로 형성된 추상적 가치로 보았다(Del Mar, 1901). 곧이어 금본위제가 정점에 달했을 때, 알프레드 미첼 이네스Alfred Mitchell Innes는 그 당시를 풍미했던 상품화폐의 물질주의적 관념에 반대하면서 "달러는 눈으로 보지도 손으로 만지지도 못한다. 우리가 보거나 만지는 것은 단지 달러로 표시된 금액의 채무를 상환하겠다는 약속일뿐이다. 그 약속은 감각적으로 파악하기 어렵고 무형적이며 추상적이다"라고 동조했다(Mitchell Innes, 1914, 358). 달러 채무는 **신용증서**token credit 에 의해 청산되는데 그 증서는 **지급수단**으로서 달러화폐 시스템에서 판매를 위해 나온 재화들에 대한 **청구권**을 의미한다. 채무가 존재하기에 **화폐는 가치를 가진다**. 비슷한 시기에 게오르그 짐멜Georg Simmel 이 사회학의 고전인《돈의 철학The Philosophy of Money》에서 설명했듯이, "화폐는 다름 아닌 사회에 대한 청구권[4]이다. 그러한 청구권을 가지고 있는 화폐 소유자가 서비스를 제공하는 사람에게 화폐를 지급하는 것은, 그가 화폐를 수취하는 자를 화폐를 얻기 위해 서비스를 제공하는 공동체 구성원인 익명의 생산자에게로 데려가는 것이다"[5](Simmel, 1978 [1907], 177-8).

더욱이 '청구권(신용)'이론과 '상품교환'이론은 은행업banking에 대해 상반된 시각을 가지고 있다. 상품교환이론의 주창자들은 은행을 여러 예금자로부터 소액의 화폐를 받아 모아놓은 저장소로부터 대출을 하는 중개기관이라고 본다. 화폐는 추가로 공급되는 것이 아니며, 은행이 화폐를 보다 효율적으로 사용할 수 있도록 할 뿐이

---

4 짐멜은 서비스를 제공받은 자의 채무는 두 가지 방식으로 해소될 수 있다고 보았다. 하나는 서비스를 제공한 자(채권자)가 동일한 가치의 다른 물건으로 반대급부를 직접 받는 것이며, 다른 하나는 반대급부에 대해 일종의 보증을 받는 것이다. 화폐는 후자와 관련되어 있는데, 화폐로 상환 받은 채권자는 사회로부터 반대급부의 제공을 보증 받는다. 사회구성원들이 화폐를 소유한 자에 대해 자신의 서비스를 기꺼이 제공할 것이기 때문에 화폐를 받은 채권자는 반대급부를 보증 받는 셈이다. 짐멜은 이러한 화폐의 수용성에 착안하여 화폐를 사회에 대해 가지는 청구권(사회가 제공하는 지급보증)이라고 보았다.

5 화폐 소유자로부터 화폐를 지급받은 화폐 수취자는 어떤 사회구성원('익명의 생산자')에게도 동일한 금액의 서비스를 제공받을 수 있는 권리('사회에 대한 청구권')를 가지게 된 것이다.

라는 것이다(Schumpeter, 1994 [1954], 1110-17). 하지만 은행업에는 이보다 더 신비스러운 무언가가 작동하고 있다. 어떻게 예금자와 차입자가 하나의 화폐를 함께 사용할 수 있다는 것일까? 3장과 4장에서 살펴보겠지만, 청구권(신용)이론은 "은행은 이 상품[6]이 가진 '구매력'의 중개인이라기보다 이 상품의 생산자"라는 주장과 밀접히 관련되어 있다(Schumpeter, 1934, 74). 우리는 4장에서 근대 초기 유럽과 상업이 발달했던 다른 지역에서 자본주의 은행들이 상인들의 거래네트워크에서 '환어음bills of exchange'[7]과 다른 채무증서가 지급수단으로 사용되는 가운데 등장했다는 점을 살펴볼 것이다. 이 은행들은 점차 상호 의존적인 은행 지로시스템banking giros[8]으로 발전했다. 이는 은행들이 상호 간에 차입해 고객들에게 대출하는 네트워크며, 특히 그 대출은 신생국가로까지 확대되었다. 이 시스템에서 화폐를 직접 대출하는 경우에는 대출로 인해 주화가 소진되지만, 은행의 대출은 업계 내 신임과 신뢰를 바탕으로 새롭게 창조된 신용화폐로 이루어진다. 예금은 은행이 펜을 한번 움직임으로써 차입자의 계좌에 생성되며, 차입자는 그 예금으로부터 은행권banknotes(은행의 채무증서)을 인출하여 제3자에게 지급할 수 있게 된다. 제3자의 수용성은 발행은행이 자신에게 진 빚을 갚는데 그 은행권을 사용할 수 있다고 약속함으로써 생기는 것이다. 복식부기

---

6 여기서 상품은 화폐를 의미한다.

7 환어음은 어음의 발행인이 제3자(지급인)에 대해 어음에 기재된 금액을 일정한 기일에 어음상 권리자인 수취인 또는 지시인에게 지급할 것을 위탁하는 증권을 말한다. 이는 발행인이 직접 상대방에게 지급을 약정하는 약속어음과 달리 3자 간 계약관계다.

8 은행 지로시스템은 은행 간 지급을 위해 화폐의 이전 대신 계좌 간 이체를 사용하는 것을 말한다. 지로는 'circle'을 의미하는 단어인데, 여기서는 특정 고객들의 모임을 지칭하는 것이다.

double-entry bookkeeping 원리상, 대출(차입자 계좌 내 예금)은 은행의 자산(차입자에게 빌려준 빚)이자 차입자의 **부채**liability(은행에 진 빚)이다. 은행은 장부상 균형을 맞추기 위해 지로시스템을 통해 다른 은행에서 차입하기도 한다. 이처럼 화폐는 복식부기 원리에 따라 **채무**와 **지불약속**이 팽창함으로써 창출되는, 신용과 채무의 사회적 관계를 나타내는 것이다. 현대 경제학에서는 이를 '**내생적**endogenous' 화폐창조라고 부르는데, 이는 시장 밖에 있는 정부와 중앙은행이 통화를 생산한다고 보는 '**외생적**exogenous' 통화생산과 반대되는 개념이다.

워커는 상반된 화폐 개념을 같은 물건(즉, 화폐)의 다른 '기능' 목록에 슬쩍 끼워 넣음으로써 두 화폐 개념이 '양립할 수 없다'는 점이 드러나지 않도록 했다. 한 세기가 지난 요즘 교과서에서는 교환 매개물과 **지급수단**, 화폐와 신용이 의미론적 차이만 가진 것처럼 표현되고 있다. 결국 이들이 같은 물건을 다른 용어로 표현한 것이 아니냐고 할 수도 있다. 물론 재화의 대가로 주화를 건네는 것은 교환과 지급 모두에 해당한다고 보는 것이 상식에 부합한다. 하지만 주화건 지폐건, 물리적 화폐라는 상상은 사이버 공간에서 '가상'화폐가 전송되는 시대에도 여전히 버티고 있다. 디지털 화폐가 우리의 상식과 학계에 얼마나 많은 혼동을 초래하고 있는지는 곧 살펴볼 것이다. 예를 들어, 비트코인은 물질적인 형태를 가진 '주화'로 표현되기도 하는데, 실제는 전혀 그렇지 않다. 디지털 화폐가 현금을 대체해버린다면 무슨 일이 벌어질까? 화폐는 교환 매개물이라고 했는데, 지급방법으로 제시된 신용카드가 단말기를 '지날' 때 무엇이 '교환'

된다는 말일까? 오히려 이는 구매자가 순간적으로 지게 되는 채무를 해소하기 위해 카드에 담겨 전달되는 신용의 '증표'를 사용한 것이라고 볼 수 있지 않을까?

　마지막으로 기능에 따라 화폐를 정의하는 방법은 또 다른 문제를 유발한다는 점을 지적해야겠다. 과연 화폐가 그 기능을 모두 수행해야만 할까? 즉, '화폐성moneyness'은 그 모든 기능을 모두 수행해야만 가질 수 있는 걸까? 예를 들어, 화폐보다 더 나은 가치저장 수단이 있다고 가정해보자. 화폐성을 갖기 위해 그 모든 기능을 필요로 하지 않는다면 어떤 것이 우선일까? 상품이론에서 화폐는 본질적으로 교환 매개물이라고 하면서 다른 모든 기능이 이 교환 매개 기능에서 나온다고 본다. 우리는 다음 장에서 워커의 목록 중 교환 매개물과 지급수단이라는 두 기능이 정반대의 두 화폐이론의 결정적 요소라는 점을 살펴볼 것이다. 먼저 본질가치가 있는 물질적 형태를 가진 상품들은 두 사람 사이의 거래에서 교환 매개물로 널리 사용될 수 있다. 즉, 그 자체가 물물교환된다고 할 수 있다. 반면, 지급수단은 물건의 구매로 발생한 채무를 청산할 수 있는 신용증표를 의미하는데, 이는 신용과 채무의 가치가 모두 같은 화폐 단위로 표시되어 있기에 가능한 것이다. 화폐연구가 필립 그리어슨Philip Grierson은 18세기 버지니아에서 모피 사냥꾼이 여행 중 음식숙박의 대가를 지불하기 위해 둥글게 말린 담배를 지니고 다녔던 사례를 통해 자신이 화폐라고 생각했던 교환 매개물과 지급수단 사이의 차이를 설명했다. 담배와 음식숙박 사이의 교환비율은 매번 달랐고, 담배의 가치가 화폐단위로 표시되는 경우에만 담배가 화폐로 사용되었다. 그 당시 담배는 온스 당 5실링이었다(Grierson, 1977).

우리는 다음 장에서 상품교환이론과 신용이론이 화폐의 명목 가치를 나타내는 액면표시, 즉 가치척도 또는 계산화폐의 유래를 어떤 식으로 다르게 설명하는지 살펴볼 것이다. 이와 관련하여 케인스는 기원전 약 4,000년경 바빌론에서 상품의 가치를 측정하고 계약과 임금의 액수를 매기기 위해 실물적인 화폐가 아닌 명목적인 계산화폐를 사용했다는 점을 매우 흥미롭게 생각하기도 했다. 그 후 3,000년이 지난 기원전 700년경 리디아^Lydia에서 처음으로 물질적 형태를 갖춘 주조된 상품화폐가 사용되었다고 한다. 이것이 화폐성을 가졌다고 본 이유가 명목상으로 화폐단위로 지정되었기 때문인지, 아니면 실물경제에 존재하는 귀금속의 내재가치 또는 이미 존재하던 상품의 가치를 가졌기 때문인지의 문제는 다음 장에서 논의하겠다. 귀금속 화폐의 시대는 지나갔지만, 명목주의자와 물질주의자 사이의 이론적 대립은 여전히 화폐본성에 대한 학계의 논쟁 뒤에 자리하고 있다.

협소한 경제적 기능에만 집착하면, 두 이론이 추가로 '상충'을 보이고 있는 중요한 문제들을 놓치기 쉽다. 먼저, 화폐는 어떻게 그런 기능들을 수행하게 된 것일까? 주류 경제학에서는 합리적 개인들이 화폐를 사용하는 이유가 워커의 목록에 있는 기능들의 이점이 자명하기 때문이라고 본다. 그러나 이러한 기능들은 다른 사람들이 동시에 그 장점을 인정해야만 제대로 수행될 수 있는 것이다. 그렇지만 개인의 합리성만을 강조하는 주류 경제학에서는 이러한 점을 전혀 고려하지 않는다. 사람들이 그런 기능을 수행하는 대상을 보유하는 이유는 그것이 신용증서가 아니라 본질적으로 가치 있는 상품이기 때문이라는 설명은 나름 합리적이다.

둘째, 화폐는 단지 사회적 기술이 아니라 권력의 원천이기도 하다. 그 권력은 기저권력과 전제권력을 모두 포함한다. 화폐를 많이 축적하고 있어도 권력을 갖게 되지만, 화폐를 창출하는 권력이 더 중요하며, 이는 국가 주권의 본질적인 요소다. 그러나 우리는 현대 자본주의에서 이 권력이 은행시스템과 공유되고 있다는 점을 살펴볼 것이다. 이 지점에서 화폐권력이 기저적 공공자원이자 전제적 지배수단으로서 이중적 본성을 가진다는 점이 명확해진다. 현대의 화폐는 채무를 짐으로써 생기므로 채권자와 채무자 사이에 권력의 불균형이 발생하기 마련이다(Graeber, 2011; Hager, 2016). 이 책은 위대한 사회학자인 막스 베버Max Weber의 발자취를 따르는 것을 주된 내용으로 한다. 그는 현대 자본주의를 '경제적 생존을 위한 투쟁'이라는 관점에서 바라보았고, 여기서 화폐는 서로 대립하는 이해관계자들이 우리의 집단적 복지를 증진하는 공익 못지않게 자신들의 목적 달성과 지위 강화를 위해 휘두르는 '무기'라고 했다(Weber, 1978, 93).

오늘날 우리는 누가, 무슨 목적으로, 얼마만큼 화폐를 생산할지의 문제는 전문가들이 결정해야 할 기술적 사안이라고 믿게끔 부추기는 것을 당연하게 여긴다. 그러나 그것들은 정치적 문제며, 화폐창출에 대한 통제는 대의민주주의에서 나타나는 중요한 정치투쟁의 뒤에 숨어 있는 문제다. 고용과 소비 진작을 위해 통화확장에 찬성하는 입장을 가진 광의의 케인스학파는 인플레이션 방지에 통화정책의 우선순위를 두는 학자들과 대립을 보여왔다. 게다가 둘 중 어느 하나를 선택하는 데 사용할 수 있는 합리적인 기준이란 존재하지 않는다. 어떤 길을 갈 것인지는 어떤 학파의 경제이론과 화폐관념을 선택할 것이냐의 문제다. 결국 사회 내에서 어떤 이해관계자의 입장을 대변할 것이냐의 문제인 것이다. 채무자 대 채권자, 부자(불로소득자) 대 정신 및 육체적 근로자 또는 2008년 금융위기 당시 제기되었던 '월스트리트' 대 '메인스트리트' 같은 이해관계를 예로 들 수 있다. 학계에서 제시된 대부분의 화폐이론들, 특히 정통적 주류 경제학파가 보유한 이론들은 화폐와 권력의 문제를 소홀히 다뤄왔다. 정작 화폐는 정치경제의 문제인데도 말이다.

2장에서는 누가 화폐를 생산하고 화폐사용을 통제해야 하는지에 관한 오랜 논쟁과 결론을 살펴본다. 3장에서는 화폐의 사회적, 정치적 기초가 '잘 드러났던' 바이마르 독일의 극심한 하이퍼인플레이션hyperinflation 위기 사례를 통해 화폐의 사회적 이론의 개요에 대해 살펴본다(Orléan, 2008). 4장에서는 화폐이론과 화폐통제를 둘러싼 투쟁이라는 쌍둥이 문제를 16세기부터 서유럽에서 발전해온 국가의 '외생적' 창출과 민간은행의 '내생적' 창출이 결합된 공유적 화폐창출시스템의 사례를 통해 살펴본다.

5장과 6장에서는 이러한 이중의 화폐주권과 자본주의의 민사계약법이 결국 국가발행 통화와 은행 신용화폐가 공존하고 중앙은행이 이들을 중재하는 복잡한 화폐시스템을 만들어냈다는 점에 대해 살펴본다. 이러한 시스템에는 금융회사가 발행한 채무증서 같은 수많은 '준'화폐, 지역공동체의 '보조'화폐와 '대체'화폐 그리고 비트코인 같은 '가상'화폐도 존재한다. 7장에서는 2008년 금융위기 당시 제시된 화폐개혁 방안들을 살펴본다. 이 방안들은 화폐의 근본적 문제를 은닉하고 혼돈스럽게 했던 바로 그 합의되지 못한 지적 논쟁으로부터 나왔다. 누가 화폐창출을 통제하고, 어떻게 화폐가 사용되어야 하느냐라는 화폐의 근본적 문제가 출발점이었던 것이다. 마지막 장에서는 잠정적이긴 하지만 결론을 제시해본다.

2장

양립 불가능:
상품이론과 신용이론

앞장에서 언급했듯이, 기원전 700년경 리디아(현재 터키 서쪽)에서 인류 최초로 주화 형태의 화폐가 주조된 것으로 알려져 있다. 이는 금과 은의 자연 합금인 일렉트럼으로 만들어졌고 고대 그리스로 빠르게 전해졌다. 당시 플라톤(기원전 428-348)과 아리스토텔레스(기원전 384-322)의 논쟁에서 화폐의 본성에 대한 이야기가 처음으로 등장한다(Peacock, 2013). 아리스토텔레스는 주화의 사회적, 정치적 영향을 논하면서 권력의 수단으로서 화폐를 좇는 것은 부도덕하다고 주장했다. 그는 이전의 통상적인 거래방법이었던 물물교환은 상품교환에 관한 상호합의에 바탕을 둔 것이지만, 이제 화폐는 축적될 수 있으므로 파괴적이고 부패한 정치적 지배수단으로 활용될 수 있다고 본 것이다. 아리스토텔레스는 화폐는 '중립적' 수단

이상이 되어서는 안 된다고 주장했다. 즉, 거래에 사용되는 교환 매개물로서만 쓰여야 한다는 것이고, 그래야 거래를 통해 당사자들이 혜택을 얻을 수 있다고 했다. 한편 플라톤은 귀금속을 주화로 사용하는 것은 불필요하고 낭비적이라고 비판했다. 이는 화폐의 가치가 '내재된' 것이 아니라는 플라톤의 주장을 강력하게 암시한다. 이러한 점에서 플라톤은 화폐를 법과 관습의 문제라고 보는 명목주의자와 사회 구성주의자의 전통을 앞서 옹호했던 것으로 보인다. 즉, 화폐는 우리가 합의한 화폐의 역할을 한다는 것이다(Schumpeter, 1994 [1954], 56). 반면, 아리스토텔레스의 주장은 수 세기를 지나서 18-19세기 고전학파 경제학이 중립적 화폐, 상품화폐 그리고 실물가치의 개념을 정립하는 데 간접적이나마 큰 영향을 미치게 되었다.

상품이론과 금속주의

애덤 스미스는《국부론(1776)》에서 화폐의 기원과 기능을 사회 본성과 인간 동기에 대한 가정으로부터 이끌어낸 아리스토텔레스의 견해를 따랐다. 스미스는 노동분업이 생산의 증가를 가져왔지만 자급자족성self-sufficiency을 없앴다고 설명했다. 분업화로 인해 전문화된 생산자들은 각자 자신의 생산물을 물물교환해야만 자신의 필요를 충족할 수 있었던 것이다. 결국 그들은 교환수단으로서 가장 쉽게 교환될 수 있는 상품을 가지고 있어야만 자신의 교환기회를 극대화할 수 있다는 점을 발견했다. 스미스는 이러한 교환 수단으로 쇠못과 마른 대구를 예로 들었다. 달리 말하면, 교환 매개물로서 화폐는 다른 모든 상품들을 '살 수 있는' 상품이었던 것이다.

스미스를 가차 없이 비판했던 칼 마르크스Karl Marx는 자본주의에서 새로 등장한 지폐 형태의 은행신용이 중요하다는 점을 알아차렸지만, 그 또한 상품화폐에 집착했다. 마르크스는 상품의 가치가 생산에 필요한 노동시간에 의해 결정된다는 '노동가치설labour theory of value'을 주장했으므로 화폐에 대해서도 상품화폐와 같은 주장을 할 수밖에 없었다. 그는 금을 채굴하고 주조하는 데 소요되는 노동의 가치가 주화에 담겨져 있다고 본 것이다. 이렇게 해서, 금이라는 상품은 '똑같은 노동시간이 투입된 다른 상품들의 수량'과 비교됨으로써 다른 것의 가치를 측정하고 이와 교환될 수 있는 수단이 되었다(Marx, 1976 [1867], 186; Lapavitsas, 2016). 그럼에도 불구하고 마르크스는 스미스와 19세기 초 스미스의 추종자들이 속했던 고전학파 경제학을 일축했다. 고전학파 경제학은 '자본'이 기술이나 원재료 같은 물질적 생산수단이 아니라는 점을 눈치채지 못했다고 비판했다. 자본은 물질적 생산수단을 소유한 자본주의 기업가와 그것을 가동시키는 노동자의 사회적 관계를 수반한다는 것이다. 하지만 마르크스는 이와 같은 분석방법을 화폐에는 적용하지 못했고, 모든 화폐는 채무를 해소할 수 있는 가치를 가진 신용이라는 점을 포착하는 데 실패하고 말았다(Ingham, 2004, 63-6; Smithin, 2018).

고전학파 경제학에서는 화폐를 스미스가 명명한 합리적인 개인의 '교환성향'이 사익 극대화를 추구하는 과정에서 나타난 자연 발생적인 결과라고 보았다. 이러한 개인의 전략은 결국 시장의 '지혜'라고 할 수 있는 '보이지 않는 손'에 의해 가장 쉽게 교환될 수 있는 상품을 '선정'하는 것으로 끝을 맺었다. 처음에는 스미스의 못, 대구, 금처럼 '내재'가치나 유용성을 가진 상품들이 선택되었다. 하지만 상품들 사이의 거래가 누적되면서 상품들의 잠재력이 드러나자 물물교환 경제에서 교환이 용이한 상품이 화폐로 사용되는, 화폐경제로 이행될 수 있는 환경이 만들어졌다. 이러한 화폐의 '탄생신화'는 캠브리지학파 경제학자인 윌리엄 스탠리 제번스William Stanley Jevons가 쓴《화폐와 교환 메커니즘Money and the Mechanism of Exchange(1875)》에서 확고하게 정립되었다. 그는 화폐가 물물교환 과정에서 '욕망의 이중적 일치가 이루어지지 않아' 발생하는 '불편함'을 피하기 위해 자연발생적으로 나타났다고 말했다. 이런 생각은 동식물연구가인 알프레드 러셀 월리스Alfred Russel Wallace가 1850년대 말레이반도를 탐험했을 당시 물물교환에 쓸 상품이 없어 주위에 음식이 많아도 굶주릴 수밖에 없었다는 일화에서도 나타난다.

주화의 발달과정은 상품교환이론과 함께 귀금속의 장점(휴대성, 가분성, 내구성)을 추가로 가정하는 것으로 쉽게 설명되었다. 즉, 귀금속을 가지고 일정한 중량과 순도를 가진 표준적인 형태로 상품화폐를 주조할 수 있다는 것이다. 그래서 이러한 화폐이론을 '금속주의metalism'라고 부르기도 했다. 17세기 후반 논쟁과정에서 뛰어난 헌법학자이면서 철학자였던 존 로크John Locke는 금속주의를 지지했고, 그 결과 금속주의는 화폐 관련 실무와 정책의 준거 이론이 되었다(Martin, 2013, chap. 8). 당시 유럽 시장에서 은의 가격은 런던의 주조가격에 비해 높았다. 결과적으로 영국에서 은은 주조목적으로 사용되지 않았고 비금전적인 가치저장 수단으로만 비축되었다. 이를 해결하기 위해 영국의 재무장관이었던 윌리엄 라운즈William Lowndes는 영국 크라운(5실링)의 은 함유량을 20% 정도 줄일 것을 제안했다. 이는 영국에서 은화의 명목가치를 은의 시장가격 이상으로 높여 주화의 액면가치에 비해 높은 시장가격을 찾아서 은이 해외로 유출되는 것을 막으려는 시도였다. 로크는 이러한 제안은 잘 못된 화폐이론에 근거한 것이라면서 일축했다. 로크는 1695년 은이 "수량단위로 상업에 사용되는 수단이자 그 자체가 내재가치를 가지는 척도이기도 하다"라고 주장했다(Martin, 2013, 126). 그는 경제적, 물리적 현상의 측정은 같은 원칙에 따라 이루어져야 한다고 보았다. 즉, 측정대상으로서 가치와 수치는 모두 '자연'적으로 주어졌다는 것이다.[9] 로크는 은 함유량을 20% 덜어낸 주화가 종전의 가치를 유지할 수 있다고 본 라운즈에 대해 1피트를 12개가 아닌 15개로 나누고선 둘 다 똑같이 인치(1피트는 12인치다 – 옮긴이)라고 부르는 것과 마찬가지의 잘못을 저지르는 것이라고 비판했다(Martin, 2013, 127).

금속주의는 물가수준이 귀금속의 양과 재화의 수량 사이의 상대적 비율에 의해 결정된다고 본 '화폐수량설quantity theory of money'

---

9 로크는 자유권과 소유권(사유재산권)은 모두 국가가 성립되기 이전부터 사람들이 가지고 있었던 자연법상 권리라고 보았다. 그는 국가란 사람들이 이러한 자연법상 권리를 보호하기 위해 만든 것이라고 생각했다. 화폐도 인간의 본성에 내재된 경제적 힘이 작용해 만들어낸 시장체제에 따라 움직이도록 하는 것이 자연스럽다고 보았다. 따라서 그가 정부의 개입을 통한 인위적인 평가절하를 자연적 경제질서의 작동을 방해하는 행위라고 부정적으로 평가한 것은 당연하다고 볼 수 있다.

과 밀접히 관련되어 있다. 어빙 피셔Irving Fisher는 금본위제가 한창이었을 당시 이 이론을 수학적으로 체계화했다(Fisher, 1911). 그의 단순방정식 MV=PT는 물가수준P은 화폐량M과 화폐의 유통속도V를 거래량T으로 나눈 것의 정正의 함수임을 나타내고 있다. 이 방정식은 논리적으로 좌변과 우변이 항상 일치하는 항등식임에도 불구하고 일반적으로 MV가 PT를 결정하는 것으로 받아들여지고 있다. 즉, 화폐량을 인플레이션의 원인으로 보고 있는 것이다. 4장에서 우리는 화폐수량설이 1970년대와 1980년대 인플레이션을 억제하려고 했던 통화주의자의 이론적 기반이었다는 점을 살펴볼 것이다.

고전학파 이론의 정수: 중립적 화폐와 실질가치

19세기 후반까지 화폐의 중립성과 실물경제 개념을 기반으로 한 상품교환이론은 정설로 자리 잡았다. 존 스튜어트 밀John Stuart Mill은 《정치경제학의 원리Principles of Political Economy(1871)》에서 화폐의 존재는 "어떤 가치법칙의 작동도 방해하지 않는다"라고 했다(Ingham, 2004, 19). 또한 화폐는 화폐가 없었을 때 우리가 했던 일들을 보다 효율적으로 할 수 있도록 해준다고 말했다. 이 이론에서 가치는 생산요소의 효용이나 기여에서 나오는 것이지 화폐의 사용과는 무관하다고 본다. 화폐는 이미 존재하고 있던 실물적 가치들을 나타내는 데 사용될 뿐이다. 실물적 가치는 실물적 생산요소들이 상대적 기여나 효용을 나타내는 비율에 따라 상호 교환되는 과정에서 나타난다. '자본'은 기계, 토지, 건물, 유형자산 등이 생산에 기여한다는 측면에서 착안된 개념이다. 근대 주류 경제학에서도 마찬가지로 자본을 계속적 이윤을 창출할 것으로 기대되는 생산요소들의 '저량stock[10]'이라고 보았다. 우리가 주목했듯이, 이러한 자본에 대한 인식은 기업의 실무와는 차이가 있다. 13세기 이탈리아부터 18세기 영국에 이르기까지 자본이라는 용어는 대개 소유주 또는 주주들이 사업체 설립을 위해 미리 지급한 화폐라는 의미로 사용되었다. 대체로 오늘날 대차대조표를 다루는 사람들이 생각하는 것과 같다(Hodgson, 2015).

실물경제이론은 1870년대 프랑스 경제학자 레옹 발라스Léon Walras가 시장경제에서 최종적 균형의 존재를 증명하기 위해 일련의 연립방정식으로 구성된 수학모델을 제시하면서 한층 가다듬어진 형태를 갖추게 되었다(Orléan, 2014b). 이 균형점에서 수요와 공급의 두 힘은 모든 수요가 충족되고, 모든 공급이 소진되는 가격을 만들어낸다. 그러나 이 방정식들을 풀기 위해 발라스는 여러 상품들 중에서 다른 상품들의 가치형성에는 어떤 기여도 하지 않으면서, 가격을 만들어내는 데에만 쓰이는 하나의 상품에 임의적인 수치를

---

10 저량은 비축, 존재량을 말하며 흐름을 뜻하는 '유량'과 대비되는 개념이다. 저량은 국부나 재고처럼 어떤 특정 시점을 기준으로 파악된 경제에 존재하는(또는 경제주체가 소유하는) 재화 전체의 양을 말하고, 유량은 연간 소득처럼 일정 기간 동안 경제에서 만들어진(또는 경제주체에 흘러들어온) 양을 의미한다.

11 주류 경제학에서 가격이론은 상대가격체계를 가정한다. 경제에 n개의 재화가 존재한다고 가정하면, 재화 사이의 상대적 교환비율을 의미하는 가격은 수학적으로 n-1개만 있으면 된다. 가령, 보리, 쌀, 옥수수의 3가지 재화만 존재하는 경제에서 모든 재화의 가격을 표시하기 위해서는 2개의 상대가격이 존재하면 된다. 즉, 쌀의 가격을 기준으로 1보리=0.5쌀, 1옥수수=0.25쌀의 가격만 존재하면, 당연히 1보리=2옥수수의 관계가 도출될 수 있다. 이처럼 다른 재화들의 가격을 표현하는 기준이 되는 재화를 단위재라고 한다. 계산적인 측면에서 단위재는 어떠한 재화여도 상관없으며, 새로운 재화로서 화폐를 도입해도 결과에는 차이가 없다. 즉, 위의 사례에서 화폐를 도입해 4개의 재화가 존재하는 것으로 모형을 확장하더라도 화폐로 표시된 가격은 3개만 존재하면 된다. 그 가격은 마치 절대가격처럼 보이지만 실제로는 상대가격에 불과하다. 화폐 자체의 절대가격과는 상관없이 재화 사이의 상대가격은 전혀 변하지 않기 때문이다. 여기서 화폐는 순수하게 계산단위로만 사용된다.

부여해야만 했다.[11] 이러한 상품을 단위재numeraire라고 부른다. 발라스의 모델을 기초로 1954년 케네스 애로Kenneth Arrow와 제라르 드브뢰Gérard Debreu가 발전시킨 '일반균형이론general equilibrium theory'은 고급 수리경제이론의 기초로 여겨지고 있다. 하지만 저명한 현역 수리경제 이론가 중 한 명은 "그렇게 뛰어난 애로-드브뢰 경제모델에 화폐가 들어갈 자리가 없다는 점은 황당하고 혼란스럽기 그지없다"라고 평가하기도 했다(Hahn, 1987, 1).

근대 자본주의 화폐와의 타협

역사를 통틀어, 일상적인 거래는 주로 산업용으로 쓰이던 비卑금속base metal[12]과 훼손된 은화로 이루어져 왔다(Davies, 1996). 정량의 귀금속 주화는 가끔씩 사용되었고 19세기 말까지 금본위제 국가[13]에서 사용이 급증했지만 화폐공급의 일부만 차지했을 뿐이었다. 종이 지폐는 금과의 태환 없이도 유통되었다. 자본주의적 기업들은 '약속어음'과 '환어음' 같은 신용을 활용해 운영되었다. 이런 어음들은 결국 통화로 상환될 것이었다. 정치적으로 안정된 국가에서는 객관적으로 보장된 것이 아님에도 불구하고 이러한 모든 형태의 화폐가 금에 의해 뒷받침된 것이라는 확신이 일상에 널리 퍼져 있었다. 물론 은행권에 표시된 양만큼의 금을 "소지인이 요구하는 경우에는 즉시 지급한다"는 약속이나 "상인들이 환어음을 상환하겠다"는 약속을 모두 이행할 정도로 금의 양이 충분한 것은 아니었다.

---

12 귀금속의 반대어로서 공기 중에서 쉽게 산화되는 금속을 말한다.

13 1821년 영국이 처음 금본위제를 채택했으며, 당시 다른 나라들은 대부분 금과 은을 함께 화폐로 사용하는 복본위제를 유지하고 있었다. 그러던 차에 통일 국가로서 면모를 갖춘 독일이 1871년 전격 금본위제를 실시하자, 1875년 네덜란드, 1878년 라틴 통화연합 국가들(프랑스, 이탈리아, 스위스, 벨기에 등), 마지막으로 1879년 미국이 금본위제 도입에 동참했다. **45**

앞에서 지적했듯이, 이러한 화폐의 진화는 호모 이코노미쿠스 homo economicus의 사익 극대화라는 경제학의 기본전제와 상충하는 것이었다. 언뜻 보기에는 내재가치와 효용을 지니면서 교환 매개물로 기능하는 상품을 보유하는 것이 합리적이라고 할 수도 있다. 스미스의 쇠못과 마른 대구는 **사용가치**와 **교환가치**의 두 가지 목적에 모두 부합하는 것이었다. 그러나 오스트리아 경제학자인 칼 멩거Carl Menger의 유명한 질문처럼, 합리적 개인이 '쓸모없는 작은 금속판이나 종이 문서'를 수취하고 기꺼이 상품을 넘겨주는 이유는 무엇일까(Menger, 1892, 239)? 이는 화폐의 출현이 내재가치나 효용을 지녔기 때문이라는 '탄생신화'가 유발한 쓸모없는 질문에 불과하다. 비상품화폐 시대를 지나서 이것과 '양립할 수 없는' 신용이론이 현실을 잘 설명한다고 인정받자 멩거는 정통이론을 지키기 위해 합리적 사익이라는 공리를 반복했다. 하지만 개인이 쓸모없는 금속판과 종이를 수취하는 이유가 그것들이 유용한 교환 매개물이기 때문이라는 주장은 순환논법이다. 앞장에서 살펴보았듯이, 다른 모든 사람들이 그렇게 한다면 합리적 개인도 그렇게 하는 것이 유리하지만, 이는 동일한 공리로는 설명될 수 없다. 그럼에도 불구하고 기존의 학문적 전통을 고수하기 위한 노력은 끊이지 않았고, 멩거의 재진술은 어떤 현대 경제학파들에게는 여전히 따라야 할 성구로 남아 있다.

상품이론과 화폐수량설이 설명력을 가지기 위해서는 화폐와 신용을 엄격하게 구분할 수 있어야 할 텐데, 이론상이나 실무상으로 그 구별은 점차 희미해지고 있는 것이 사실이다. 약속어음

promissory notes과 다른 형태의 신용, 즉 화폐에 대한 청구권은 중세 후기 상업에서 귀금속 통화로 상환되지 않은 채 널리 유통되었다. 하지만 19세기에 이르러 자본주의는 거의 전적으로 이러한 지급 수단에 의존하게 되었다. 조지프 슘페터는 "말에 대한 청구권으로 는 말을 탈 수 없지만 이제는 화폐에 대한 청구권으로 지불할 수 있 게 되었다"라고 말하기도 했다(Schumpeter, 1994 [1954], 321). 상품 이론과 화폐수량설은 화폐량과 재화 및 거래량 사이의 격차가 벌어 지는 현상을 설명하기 위해 화폐의 **유통속도**라는 개념을 도입함으 로써 돌파구를 마련해보려 했다. 같은 양의 화폐가 사람들의 손을 더욱 빨리 거친다면 유통속도가 증가해 보다 많은 거래에 사용될 수 있다는 이유에서다. 케임브리지 대학의 경제학자 데니스 로버트 슨Dennis Robertson은 30여 년간 여러 차례 재판을 찍은 교과서《화폐 Money(1928)》에서 경마가 개최되는 날에 맥주 한 통을 팔기 위해 엡 섬Epsom 지역으로 이동하는 밥과 조의 여정에 대해 이야기하면서 화폐의 유통속도를 설명했다(Robertson, 1948 [1928], 33). 6월의 어 느 더운 날 두 사람이 갈증을 느끼던 차에, 밥은 조에게 3페니를 줄 테니 그의 몫 중 1파인트를 팔겠냐고 물었다. 조는 동의했고 조금 후에 자신의 갈증을 해소하기 위해 밥의 몫에서 1파인트를 그 3페 니를 되돌려주고 샀다. 그들의 갈증과 거래는 엡섬에 도착할 때까 지 계속되었고 결국 맥주통은 텅 비게 되었다. 그들이 경마장에서 맥주를 팔았다면 큰 이익을 보았겠지만, 이제 그들에게 남은 것은 3페니 동전뿐이었고 그마저도 다시 조의 주머니 속에 들어갔다.

이 이야기는 경제학이 단 하나의 중립적 교환 매개물의 유통속도를 통해 어떻게 밥과 조의 '효용'을 충족시키는지 설명하는 방법을 잘 보여주고 있다. 사업실패 같은 문제는 언급되지 않는다. 그러나 이 이야기는 물리적인 교환 매개물의 '수량'의 '유통속도'라는 개념이 얼마나 공허한 것인지를 드러내기도 한다. 슘페터는 다시 한 번 화폐가 "같은 사물이 여러 지역에 동시에 존재하도록 하는 위대한 유통속도"를 가졌다면서 빈정거렸다(Schumpeter, 1994 [1954], 320). 사실 밥과 조의 이야기는 화폐의 신용이론이라는 대안을 쉽게 설명한 것이라고도 볼 수 있다. 그들은 자신의 필요를 충족시켜줄 맥주를 얻기 위해 3페니 동전을 교환할 필요조차 없었다. 그들은 최종 소비된 맥주의 양이 서로 다를 경우에 청산한다는 전제하에 거래에 따른 채권과 채무를 계산화폐로 기록하는 것만으로 충분했을 것이다.

동전을 직접 주고받는 방법부터 가상공간에서 전기 신호를 보내는 방법까지 화폐의 전송방법은 기술적으로 큰 변화를 거쳤지만, 현대 경제학 교과서에서는 여전히 수량과 유통속도를 통해 화폐를 분석하고 있다(Mankiw and Taylor, 2008). 로버트슨 같은 사람들은 이러한 개념이 순환하는 동전을 잘 설명한다고 생각했다. 하지만 이러한 개념이 가상공간을 가로질러 신용을 전송하는 전기 신호에도 통할 수 있을까? 이 문제에 대해서는 4장에서 신용화폐이론과 국정화폐이론을 논의하면서 다시 다루도록 하고, 우선 상품교환이론이 가진 심각한 문제를 살펴보겠다.

상품교환이론: 역사와 논거

19세기 상품교환이론의 주창자들은 화폐가 물물교환에서 발전한 것이라는 역사적 기록이 없으므로 어쩔 수 없이 화폐의 기원을 '논리적으로' 추정할 수밖에 없다고 지적했다. 여기서 개인의 효용 극대화에 따라 나타난 경제적 교환들의 거대한 망은 바로 사회라는 개념에서 파생된 것이다. 결국 교과서에서 수년간 되풀이된 '추정'은 '사실'로 변했다. 하지만 물물교환이 가장 일반적인 재화의 교환방법이었던 당시에 화폐가 물물교환의 단점을 보완하기 위해 진화한 것이라는 주장을 뒷받침할 어떤 역사적 증거도 없다(Graeber, 2011). 화폐가격을 만들어내는 시장이 나타나기 이전의 사회에서는 재화를 상호성 원칙(예를 들어, 부족사회나 친족사회에서 연령, 성별, 지위 등을 기준으로 분배하는 것)이나 배급적 방식(고대 이집트 등 중앙집권형 명령체제에서 채택하는 것) 등을 통해 분배했다(Polanyi et al., 1957).

1장에서 화폐의 기능 중 교환 매개물과 지급수단을 구분했지만, 이 두 가지가 워커의 목록에서 합쳐져서 기술된 이후로 그 구별은 흐릿해졌다. 그리어슨과 케인스 이후에는 계산화폐, 가치척도, 가치표준의 기능이 그 차이를 설명하는 기준이라는 주장이 제기되었다. 지급수단은 구매나 차입에서 발생한 채무를 청산하는 신용이라고 할 수 있다. 이는 신용과 채무가 모두 같은 계산화폐로 표시되기 때문에 가능한 것이다. 상품들의 가격이 계산화폐로 매겨지는 것은 일종의 신호라고 볼 수 있다. 다수의 고립된 개인들은 여러 사람이 관계하는 거대한 시장에서 익명성을 유지하면서 이 신호에 반응하는 것이다. (발라스가 시장균형에 대한 수리적 모델의 방정식을 풀기 위해 하나의 상품[단위재]에 대해 계산화폐와 같은 일정한 가치를 임의로 부여해야만 했다는 점을 상기해보자.) 그러나 물물교환을 위해 거래 당사자가 각자의 선호에 근거하여 상대방과 협상을 진행하는 과정에서 보편적인 화폐단위가 출현한다고 보는 것은 현실적이지 않다. 상품 사이의 교환비율(상대가치)은 특정 거래에 한정된 특수한 것이다. 예를 들어, 오리와 닭의 교환비율은 매번 거래할 때마다 다를 것이다. 즉, 오리와 닭은 '계산화폐'로 표시된 '가격'을 갖지 않는다는 것이다. 물물교환을 위해 나온 상품은 셀 수 없이 많은 다양한 교환비율을 가지게 된다. 100개의 재화가 있으면 총 4,950개의 교환비율이 생기게 된다(Davies, 1996, 15). 상품화폐의 유래를 물물교환에서 찾는 이론은 수많은 잠재적 물물교환 비율들이 끊임없는 '흥정'을 거치면서 하나의 시장'가격'으로 수렴한다고 주장한다. 하지만 "교환되는 재화들과 그 거래 상황들의 수만큼이나 많은 가치평가가 존재할 것이므로 여기에서 무언가가 정리되어 나올 가능성은 전혀 없을 것이다"(Orléan, 2014a, 127). 상품이론과 양립할 수 없는 대안으로 제기된 신용이론에서는 화폐와 시장의 인과관계를 반대로 본다. 상품이론은 계산화폐가 물물교환에서 '흥정'을 통해 출현한다고 보지만, 신용이론은 계산화폐가 미리 존재한다는 것을 전제로 한다 (Ingham, 2004; Orléan 2014a, 2014b).

제2차 세계대전 당시 포로수용소에서 담배를 교환 매개물로 사용했다는 레드포드(1945)의 경험은 상품화폐가 자생적으로 출현한 사례로서 여러 경제학 교과서에 실려 있다(Mankiw and Taylor, 2008, 126). 담배가 거래에 사용된 것은 분명하지만 임시수용소에서 그랬을 것처럼 담배의 물물교환 비율은 매우 다양했다. 상설수용소라는 이례적인 상황에서 담배가격은 좀더 안정적으로 형성되었다. 한정된 수의 구성원들이 서로를 잘 알고 있는 상황에서 소규모의 거래가 반복적으로 이루어졌기 때문이다. 더군다나 '고위급 영국 장교의 통제를 받는' 수용소 상점들의 '상인회 대표'는 물물교환을 금지하고 가격표를 게시하고 담배만을 지급수단으로 받기로 정했다. 추후 상점들은 고정된 비율의 음식('bully'[14])과 교환이 보장된 수용소 지폐('Bully Mark, BMk')를 만들어냈다(Radford, 1945, 192, 197-8).[15] 즉, 수용소의 통화체제는 장교의 권위에 근거하여 상점들을 통제하는 것이었다. 화폐는 개개인들의 물물교환 과정으로부터 자연발생적으로 출현한 것이 아니다.

신용화폐이론과 국정화폐이론

화폐의 '신용이론' '화폐 명목주의' 그리고 화폐의 '국정이론'은 모두 공통적으로 상품화폐이론에 대항하는 요소를 가지고 있다.

---

14 소금에 절인 쇠고기 통조림을 말한다. 오늘날 스팸과 비슷하다.

15 처음에 1BMk는 담배 1개비의 가치를 가지고 있었고, 식당과 상점에서 담배와 함께 지급수단으로 사용되었다. 하지만 BMk의 가치는 일정한 양의 음식에 고정되었고 담배 1개비에 고정된 것은 아니었으므로, 음식의 BMk 가격은 일정했지만 담배로 표시된 음식 가격은 심하게 변동했다. 그 지폐 덕분에 식당은 번성할 수 있었고, 포로들도 지폐를 선호했다고 한다.

화폐 명목주의와 신용이론

고전학파의 정통 화폐이론과 결별한 케인스가 쓴《화폐론 A Treatise on Money(1930)》의 첫 문장은 워커가 제시한 화폐의 여러 기능 중 어느 것이 더 중요한 것인지에 대한 우리의 앞선 의문에 해답을 제시하고 있다. "채무, 가격 그리고 일반 구매력을 표시하는 계산화폐는 화폐이론에서 으뜸 개념이다"(Kenyes, 1930, 3). 케인스는 화폐와 교환 매개물을 구분하는 작업을 계속 이어왔다. 계산화폐는 실제 채무를 청산하는 데 사용할 수 있는 '엄밀한 의미에서의 화폐money proper'의 범위를 확정한다. 엄밀한 의미에서의 화폐는 계산화폐와 같은 단위로 표시되어 있으므로 채무를 청산할 수 있게 된다. 엄밀한 의미에서의 화폐는 "현장에서 교환 편의를 위해 매개물로 쓰이는 것과 구별되어야만 한다. 그것이 아무리 화폐와 비슷하다고 해도 말이다. 하지만 이 정도로는 아직 물물교환 단계에서 벗어나기 어렵다. 엄밀한 의미에서의 화폐는 용어의 본래 의미상으로, 화폐단위와 관계를 맺어야만 비로소 존재하게 된다"(Keynes, 1930, 3). 즉, 케인스는 화폐는 교환 가능한 상품이 아니라 화폐의 '서술description에 부합'하는 것이라고 보았다는 점에서 명목주의적 화폐관을 제시한 것이다.[16]

케인스의 생각은 1920년대 초반 고대 근동 지역의 화폐와 도

---

16 케인스는 화폐단위로서 각종 채무나 물건값을 표시(가격표)하는 데 사용되는 계산화폐와 실제 지급에 사용되는 구매력을 가진 사물인 엄밀한 의미에서의 화폐를 구분했다. 교환의 매개로 사용되는 것이 모두 엄밀한 의미에서의 화폐는 아니며, 계산화폐와 일정한 관계를 가져야만 엄밀한 의미에서의 화폐가 될 수 있다. 엄밀한 의미에서의 화폐가 아닌 것을 가지고 교환하는 것은 아직 물물교환의 단계를 벗어나지 못한 상태다. 아울러 케인스는 엄밀한 의미에서의 화폐가 계산화폐와 관계를 가지기 위해서는 어떤 것이 그 서술에 부합하는 물건인지에 관해 국가의 공표가 있어야 한다고 보았다. 즉, 케인스가 주장하는 엄밀한 의미에서의 화폐는 국가화폐인 것이다. 반면, 케인스는 엄밀한 의미에서의 화폐의 대용물로서 사적 채무증서의 존재를 인정하고 이를 은행화폐라고 불렀다. 종합하면 케인스는 계산화폐가 엄밀한 의미에서의 화폐와 은행화폐를 통해 실제에서 구현된다고 보았다.

량형에 관한 연구에서 싹튼 것이다. 케인스는 약혼자 리디아 로포코바Lydia Lopokova에게 쓴 편지에서 자신의 연구를 '바빌론을 향한 광기'라고 표현했다(Ingham, 2004). 5,000년 이전 관료주의적 국가들은 통화를 발행하지 않고 상품가치의 측정, 세금과 대출의 금액 표시, 임금과 지대의 계산을 위해 회계단위를 사용했다. 점토판에 설형문자로 기록된 채권과 채무는 상계 처리했고, 남은 채무는 보리나 은을 가지고 무게를 달아서 상환했다. 채무는 보리 수량gur과 은 중량shekel 사이의 비율을 고정시킨 계산화폐 또는 가치척도로 표시했다.

계산화폐를 통해 '화폐성'을 정의할 수 있다고 본 명목주의 이론에 반기를 든 비판가들은 바빌론에서의 보리와 은의 존재를 물질적 상품화폐의 기원으로 보았다(Lapavitsas, 2005; Ingham, 2006). 하지만 계산화폐는 단순히 물질로서의 보리 또는 은일 뿐 아니라 둘 사이의 불변적 가치비율이기도 했다. 즉, 계산화폐는 인간의 의식에서 생겨난 추상적 관념이라고 할 수 있다. 또한 보리를 중심으로 봐도, 그 비율은 한 달간 가족들을 먹이는 데 필요한 가상적인 수량을 의미했으므로 역시 추상적 관념이라고 할 수 있다.

컵과 창문처럼 물질적 외형으로부터 그 용도가 정해지는 것과 달리 화폐에는 의도적으로 임무를 부여할 필요가 있다(Searle, 1995). 명목가치가 부여되고 널리 받아들여질 수만 있다면, 그 가치를 지니고 이전할 수 있는 신용증표로는 어느 것을 사용해도 무방하다. 상품이론에서 주장하는 것과 달리, 명목가치(계산화폐)는 교환 과정에서 발생하는 것이 아니라 국가나 공동체의 권위에 의해 부여되는 것이다(Keynes, 1930, 3). 화폐가치가 의도적으로 부여될 수 없다고 주장하면서 반복적으로 등장하는 반대론은 화폐가치에 대한 두 가지 오해에 기반하고 있다. 첫번째는 화폐가 교환 매개물로 사용되기 위해 내재가치를 가져야만 한다는 억측에서 발생한 것이다. 맹거가 지적한 쓸모없는 원판과 종이의 문제처럼 말이다. 두번째는 화폐가 실물경제에서 물질적 요소에 의해 생산된, 이미 존재하는 가치를 측정하고 대변하는 것이라는 주장이다.

막스 베버가 화폐를 무기에 비유한 것은 신용이론의 함의를 상세하게 설명하고 이를 둘러싼 다툼이 있음을 명확히 지적하기 위해서였다(Ingham, 2019). 쓸모없는 원판과 종이는 **명목적이지만 미래의 가치를 지닌** 것이며, 명목적이면서 미래의 신용을 가진 자와 재화의 소유자가 이러한 가치를 가지고 투쟁을 하는 과정에서 실질적인 가치인 가격이 형성된다. 즉, '구매력'은 화폐에 '내재된' 것이 아니며, '상품과 신용을 교환하는 판매와 구매가 이루어지는' 사회 및 경제적 관계 속에서 생기는 것이다(Mitchell Innes, 1914, 355).

상상 속 화폐와 채무증서

명목주의 화폐론과 신용이론은 중세유럽 화폐의 두 가지 진전사례에 대한 분석에서 그 진가를 잘 드러내고 있다. 이런 분석은 근대 자본주의 형성에도 영향을 미쳤다. 첫번째는 신성로마제국의 복잡한 화폐제도를 통일했던 카롤루스 대제(742-814)의 개혁으로 계산화폐와 주화의 '분리décrochement'가 일어난 것이다. 분리는 프랑스 역사가 마르크 블로크Marc Bloch가 이름을 붙였다(Bloch, 1954 [1936]). 두번째는 사적신용 또는 채무증서가 상인들의 네트워크에서 지급수단으로서 광범위하게 사용되었다는 점이다. 두 가지 사례는 같은 '물건'이 항상 같은 화폐의 '서술'에 부합한다면[17] 계산화폐로서의 화폐와 지급수단으로 쓰이는 화폐라는 물건money thing 사이의 차이는 중요하지 않다고 말한 케인스의 예리한 통찰을 잘 나타낸다 (Keynes, 1930, 3).

로마제국이 멸망한 이후 남발된 주조와 주화를 통일하기 위해 카롤루스 대제는 1파운드 무게의 은을 유일한 계산화폐로 도입했다. 1파운드는 20실링과 240페니로 나눌 수 있었다(1파운드는 20실링, 1실링은 12페니에 해당한다 - 옮긴이). 파운드, 실링, 페니 이 세 가지 화폐단위는 모두 채무와 가격을 표시하는데 사용되었다. 하지만 파운드 은화와 실링 은화는 실제로 주조되지 않았다. 파운드와 실링은 명목가치에 불과했다. 실제로 주화는 페니 은화로만 구성되었다. 그 당시 존재했던 주화들은 새로운 계산화폐와의 교환비율로서 표시될 수 있었다. 이에 따라 두 가지 중대한 결과가 나타났다. 첫째, 주조된 적이 없는 화폐단위의 존재로 인해 화폐는 원래 내재가치를 가진 물질이 아니라 추상적인 개념에 불과하다는 생각이 확산되었다. '상상 속' 화폐나 '유령'화폐가 유럽인들의 의식에 자리 잡게 된 것이다(Einaudi, 1936; Fantacci, 2008). 둘째, 화폐의 두 가지 요소인 명목적 가치단위와 귀금속으로 구성된 주화의 물질적 가치가

---

17 "같은 물건이 항상 같은 화폐의 서술에 부합한다"라는 말은 그 물건 자체가 계산화폐로 사용되는 경우다. 예를 들어, 1파운드 무게의 은을 계산화폐인 1파운드라고 정했을 경우에 그 무게의 은화는 정확히 화폐의 서술에 부합한다고 볼 수 있다.

분리되자 통치자들은 화폐의 가치를 '무기'처럼 자신의 입맛에 맞게 마음대로 조작할 수 있게 되었다.

군주들은 화폐의 악주debasement[18]를 통해 자신의 구매력을 늘리는 데 일가견이 있었다. 그들은 귀금속의 함유량을 줄임으로써 동일한 명목가치를 가진 주화를 보다 많이 생산할 수 있었다. 실제 주화와 계산화폐를 분리함으로써 자신들이 가진 화폐권력으로부터 많은 이익을 거둘 수 있는, 보다 용이한 수단을 확보할 수 있었던 것이다. 군주들은 이제 조세채무를 표시하는 계산화폐로 사용되는, 주조된 적이 없는 상상 속 주화를 실제 유통되는 주화보다 가치 있는 것으로 대체할 수 있게 되었다. 예를 들어, 14세기 프랑스 왕 샤를 6세는 당시 유통되던 수sous 주화 20개의 명목가치를 가졌던 '가상의' 프랑cheval á franc을 22수 가치를 가진 에쿠écu à la couronne로 대체했다.[19] 부유한 귀족지주와 많은 땅을 보유한 교회들은 새로운 화폐단위로 표시된 조세채무를 이행하기 위해 보다 많은 통화가 필요했으므로, 이전보다 불리한 입장에 놓이게 되었다. 그들은 파리 나바르Navarre 대학의 석학인 니콜라스 오렘Nicolas Oresme에게 이 문제를 해결하고 합리적인 통화정책을 제시해줄 것을 부탁했다(Martin, 2013, 91-5). 오렘은 자신의 저서《화폐의 기원, 본질, 법칙 그리고 가치변경에 관한 고찰A Treatise on the Origin, Nature, Law, and Alterations of Money(1360)》에서 절대적이고 신성화된 왕권인 중세의 사고에 문제를 제기했다. 아리스토텔레스와 마찬가지로 오렘도 화폐는 모든 사람들의 상호 편익을 위한 수단이며 특정한 이해관계만을 위해 사용

---

18 악주는 명목가치를 유지하면서 금과 은의 함유량을 줄이는 방식이나 금과 은의 함유량을 그대로 유지하면서 명목가치를 높이는 방식으로 이루어진다. 어느 방식을 채택하든지 실질적인 효과는 같다. 역사적으로 전자는 주화를 다시 찍는 방법으로 실현되었고, 후자는 화폐단위를 바꾸는 방식으로 실현되었다.

19 프랑스에서 파운드는 리브르, 실링은 수, 페니는 드니에라고 불렀다.

되거나 통제되어서는 안 된다는 점을 분명히 했다.

오렘의 분석은 오늘날까지 화폐권력과 화폐정책의 핵심에서 해결되지 않는 딜레마와 모순을 보여주고 있다. 프랑스에서 나타난 문제(군주의 빈번한 악주 – 옮긴이)에 대해 그가 제시한 해법 중 하나는 계산화폐와 본위화폐standard coin[20]에 포함된 귀금속 함량의 비율에 대해 채권자, 채무자, 부유층과 국왕을 포함한 모든 이해관계자가 협의하자는 것이었다. 하지만 논쟁이 있었다는 것은 그러한 공통적 이해가 존재하지 않았다는 방증이다. 더군다나 군주에게 이득이 되지 않는 방안이 어떻게 실행될 수 있었겠는가? 오렘은 또한 엄격하게 고정된 귀금속 본위제가 확장되는 경제의 통화수요를 충족하지 못하게 될 것이라고 우려했다. 이는 나중에 통화당국이 깨달은 사실이기도 하다. 한편 국왕의 주화발행 권한을 제한한다는 것은 상상조차 할 수 없었던 일이었다. 하지만 오렘은 군주가 신뢰를 받지 못하면 '공동체가 독자적으로' 화폐의 공급과 명목가치를 '결정할 권한을 가질 것'이라고 단언했다. 그러나 단일한 이해관계를 가진 '공동체'는 존재할 수 없으며, 불공평한 사회에서 화폐가치의 변경은 계급과 이해관계가 다른 사람들에게 상이한 영향을 미칠 수밖에 없었다. 특히 채권자와 채무자에 미치는 영향은 상반될 수밖에 없었다.

후기 중세유럽에서 나타난 '상업혁명'은 상인들 사이의 현금 지불은 줄고, 약속어음 또는 환어음 사용은 늘어나게 만들었다. 이러한 개인의 채무증서는 천 년 동안 주화와 함께 사용되었다. 또한

---

20 본위화폐는 화폐제도에 있어서 화폐단위의 정의에 부합하는 순도와 중량을 가진 소재로 만들어진 화폐를 말한다. 여기서 '본위'라는 용어는 화폐제도에 있어서 일정한 기준을 뜻하는 말인데, 실제로는 금본위제, 은본위제처럼 화폐의 소재를 구분하거나 파운드, 달러처럼 국가 간 화폐단위를 구분하는 데 사용된다.

이는 개인의 채무증서임에도 불구하고 중세유럽에서 점차 양도성 transferable, negotiable을 가지게 되었다. 즉, 채무자의 재산상태를 알고 있는 채권자를 대상으로 발행된 채무증서를 제3자가 받아들이게 된 것이다. 제3자도 그것을 다른 사람에게 지불하는 데 사용할 수 있을 것이라고 기대했기 때문에 이를 받아들였다. B가 가지고 있는 A가 발행한 채무증서는 A가 미래에 지불하겠다는 약속이다. B의 채권자인 C가 B의 채무에 대해 A가 발행한 채무증서를 받아들이는 것이다. 이런 식으로 A의 채무증서는 D, E 등에게도 양도된다. 이 채무증서의 수취인은 누구라도 발행자인 A에 대해 채무를 통화로 상환해줄 것을 요청할 '청구권'을 가진 것이었다. 어떤 상업적 네트워크에서는 이러한 수취의 사슬이 매우 길었을 것이다.

16세기까지 환어음과 약속어음은 최초의 서명인을 넘어서 법적으로 양도될 수 있는 지급계약의 성격을 가진다는 점이 널리 인정되었다. 이를 통해 발권은행이 자신의 법적 채무로서 은행권을 발행할 수 있는 길이 열리게 되었다(Ingham, 2004, 121-4). 앞으로 살펴보겠지만, 국가도 채무증서의 발행인이 될 수 있었다. 국가는 재화와 용역에 대한 대가로 채무증서를 발행했고 자신이 부과한 세금을 이 증서로 수취함으로써 채무를 상환했다. 이러한 발달과정을 거치면서, 네트워크에서 상인들의 생존 능력에 근거한 언제든지 깨질 수 있는 인격적 신뢰가 발권은행과 국가권위라는 비인격적 신뢰로 대체되어 갔다.

화폐: 실재일까, 상상일까?

계산화폐와 주화통화의 단절과 마찬가지로, 환어음과 약속어음의 유통은 화폐 개념에 영향을 미쳤다. 약속의 수취가 화폐로 기능하기 위해 필요한 전부라고 한다면, 모든 화폐는 결국 재화에 대한 청구권이나 채무를 청산할 수 있는 신용에 불과한 것이 아닐까? 화폐를 물질적 힘이라기보다 추상적 개념으로 봐야 하지 않을까? 대니엘 디포Daniel Defoe는 1710년에 "신용은 운동을 일으키지만 존재한다고 말할 수 없다. 그것은 다른 무언가의 본질적 그림자다"라고 말했다(Ingham, 2004, 41). 제임스 스튜어트 경Sir James Stueart은 주화화폐와 계산화폐를 구분하고 상품화폐이론의 논리를 뒤집었다. 즉, 화폐는 "그 자체로 사람들에게 물질적으로 유용한 것은 아니지만, 가치에 대한 보편적 척도로서 평가를 받는 것"이라는 주장이다(Schumpeter, 1994 [1954], 297). 물질화폐의 '실재성'은 결국 상상 속 화폐의 개념에 의존할 수밖에 없었다. 금속주의자들의 이론이 공식적으로 받아들여지고 실제로 귀금속 주화가 사용되었지만, 약속어음과 환어음은 18세기 후반까지 화폐공급에서 빼놓을 수 없는 큰 부분을 차지하게 되었다. 그럼에도 불구하고 상품이론은 현대 경제학에서 여전히 널리 인정되고 있는 화폐와 신용 사이의 구분에 집착하면서 반박을 애써 외면했다.

잉글랜드은행이 나폴레옹 전쟁(1797) 중 은행권의 금 태환을 중단하자 그 논쟁은 한층 더 치열해졌다. 은행권을 금으로 바꿔주지 않더라도 경제가 별다른 영향을 받지 않고 작동하자, '본질적' 가치를 가진 귀금속이 화폐의 기능과 가치에 필수적인 것은 아니라는 견해가 힘을 받았다. 자본주의 기업가들은 태환에 의해 제약을 받지 않는 탄력적인 화폐공급이 가진 장점을 알게 되었다. 하지만 부유한 채권자와 지주들로 구성된 지배층은 일반적으로 금으로 뒷받침되는 '건전한' 화폐sound money를 옹호했다. 실제로 전쟁이 끝나자 태환이 재개되었다. 정부가 금속주의 정책으로 복귀한 데에는, 데이비드 리카도David Ricardo 같은 저명한 경제학자가 소속된 '통화학파Currency School'의 지지표명이 있었다. 하지만 이 같은 기득권층의 입장은 다시 산업 자본가의 이해를 옹호하는 측의 지속적인 반발에 직면했다. '은행학파Banking School'는 생산과 소비를 자극할 수 있는 신용화폐에 기반을 둔 보다 탄력적인 통화정책이 필요하다고 주장했다. 버밍엄의 자본주의 은행가와 토머스 애트우드Thomas Attwood 의원은 "모든 주요 산업부문에서 노동에 대한 일반적인 수요가 그 공급을 상회하는 수준에 이를 때"까지 신용이 공급되어야 한다는 원시적인 케인스적 처방을 내리기도 했다(Ingham, 2004, 108). 은행학파 구성원들은 화폐의 '신용이론'을 제시했다. 화폐 거래는 재화를 얻기 위해 귀금속을 지급하는 상품의 교환이 아니라 신용을 가지고 채무를 청산하는 것이라고 보았다. "우리가 다뤄야 할 진짜 문제는 어떤 특정한 형태의 신용이 '화폐'로 지정받을 수 있는 자격을 갖추었느냐가 아니라, 용어의 왜곡과 원칙의 훼손 없이 어떠한 형태의 신용에 대해 화폐라는 명칭을 붙일 수 있느냐는 것이다"(Ingham, 2004, 42).

중립적 화폐에는 두 가지 의미가 얽혀있다[21]는 점은 통화학파의 자연적 금속화폐 개념에 대한 리카도의 지지에서 잘 드러난다. "어떤 표준이 없다면 화폐는 사람들이 발행자에 대해 아는 정도나 발행자의 이해에 따라 급격한 가치 변동에 노출될 수밖에 없다. 측정의 표준으로 삼고 있는 어떤 물건이 자연 속에 존재하지 않는다면 길이, 무게, 시간 또는 가치는 절대로 정확히 측정될 수 없다"(Ingham, 2004, 15). 화폐가 실물경제에서 생산된 가치를 측정하는 중립적 척도라고 하는 것은, 화폐는 결국 효과적으로 통제될 수 없으므로 특정한 이해관계에 의해 통제되도록 해서는 안 된다는 의미도 가진다. 오로지 실물적 생산요소만이 부를 창출하기 때문에 '환상에 불과한' 은행의 신용화폐는 결국 과잉공급과 인플레이션을 초래하게 된다는 것이다.

이러한 상반된 주장은 서로 다른 이해관계를 대변하는 것이었고 타협에 이르지 못한 채 평행선을 달렸다. 여기서 화폐는 바로 자신들의 이해관계를 옹호하기 위한 무기로 활용되었다. 원활한 생산과 소비를 위해 탄력적인 은행의 신용화폐가 필요하다는 주장은 인플레이션에 따른 부의 침식을 방지하기 위해 건전한 화폐가 필요하다는 채권자의 요구와 상반되는 것이었다. 그후로 백 년이 지나, 1930년대 케인스가 금본위제라는 '야만적 유물barbarous relic'을 거부하고 화폐는 본질적으로 공공재 및 인프라라는 점을 다시 강조하면서 사태는 정점으로 치달았다.

---

21 중립적 화폐는 원래 화폐가 생산이나 소비 등 실물경제에 영향을 미치지 못한다는 의미지만, 여기서 저자는 화폐가 경제 내 특정 이해관계에 의해 통제되어서는 안 된다는 의미로까지 확장하고 있다.

국정화폐이론

화폐가 국가에 의해 고안되어 사용된 법적 구상물이라는 견해는 오랜 전통을 가지고 있다. 17세기 후반에 로크의 금속주의에 반기를 든 니콜라스 바본Nicholas Barbon 같은 반대론자들은 주화를 포함한 모든 화폐는 법적으로 확립된 신용이라고 주장했다(Desan, 2014, chaps 7, 8, 9 Fox and Ernst, 2016).

그러나 최근 부활한 국정이론은 19세기 통일 독일이 성립되는 정치적 맥락 속에서 나타난 게오르그 크나프Georg Knapp의 《국정화폐이론State Theory of Money》을 전형으로 삼고 있다. 크나프는 경제적 시장교환이 안정적인 화폐와 사회질서를 바탕으로 돌아간다고 믿는 이들을 몰아붙이면서 "국가를 고려하지 않고 화폐를 이해한다는 것은 터무니없다"라고 말했다(1973 [1905], vii-viii).

국가 수립에 필수적인 요소인 영토적 공간과 화폐적 공간에서의 강제적 독점력은 동시에 확보되었다. 화폐적 공간에서의 독점력은 계산화폐에 대한 통제를 통해 확보되었다. 국가가 납품업자나 피고용인들에게 진 채무를 계산하고 청산하는 데 사용하기로 선언한 계산단위와 화폐형태는 국가가 부과한 세금의 유일한 납부수단이었다. 크나프가 라틴어 카르타charta(token)에서 착안하여 화폐를 증표적chartal 지급수단이라고 정의했기 때문에 국정이론은 '증표주의chartalism'라고도 알려져 있다. 국가가 화폐의 유일한 발행자일 필요는 없지만, 크나프는 사적으로 발행된 은행권은 오로지 국가의 계산화폐로 표시되고 국가에 대한 채무를 상환하는 데 사용될 수 있는 경우에만 유효한 화폐valid money(valuata money)가 될 수 있다고 주장했다. (오늘날 세금은 국가의 계산화폐로 표시된 민간은행의 예금을 전자적으로 이체해서 납부한다.)

크나프의 국정화폐이론에 큰 영향을 받은 케인스는《고용, 이자 및 화폐에 관한 일반이론》에서 '용감한 이단자들'인 은행학파가 제시한 신용이론에 대한 설명을 포함했다. 이는 "스페인에 만연했던 종교재판만큼이나 영국의 방방곡곡을 휩쓸었던" 리카도의 고전학파 정통이론에 대한 도전이었다(Keynes, 1973 [1936], 32-3, 370-1). 케인스는 고전학파 경제학이 "도달한 결론이 교육받지 못한 일반인들의 예상과 매우 다르다"는 것에 대해 "기이하고 괴상하다"고 평가했다. 하지만 그는 오늘날까지도 잘 알려진 특유의 명석함으로 "고전학파 경제학이 사회적 불평등과 적나라한 잔인성을 아름다운 논리로 치장하고 자본가들의 자유로운 활동을 정당화하면서 공식적인 권위의 뒤에 있던 사회 지배세력에 대한 지지를 이끌어냈다"는 점을 알아차렸다(Keynes, 1997 [1936], 33). 케인스는 정통파 동료들과 정치인들이 유효수요 부족으로 인한 실업이라는 '현안'을 이론적으로 등한시했다고 확신했다(Skidelsky, 2018).

전간기(제1차 세계대전과 제2차 세계대전 사이 기간 - 옮긴이)에 주요 국가들은 정치와 경제위기를 거치면서 금본위제를 유지할 수 없었다. 자신들의 통화가 금에 의해 담보되어 있다고 약속한 만큼의 충분한 금을 가지지 못했던 것이다. 하지만 금본위제에 묶였던 화폐공급에 대한 제약이 없어지자, 각국 정부는 완전고용과 소득을 창출해낼 민간투자가 충분하지 않을 경우에 스스로 지출을 확대해야 한다는 케인스의 주장을 채택할 수 있었다. 국가는 '총수요'를 생산 자극에 필요한 수준까지 끌어올리기 위해 지출을 늘려 총수요의 부족분을 메워야 했다. 그러나 정통 화폐론자들은 정부지출이 단기적으로 유효할지 몰라도 결국 장기적으로 인플레이션을 초래할 것이라는 주장을 되풀이했다.

비슷한 조치가 20세기 중반 다른 곳에서도 취해졌다. 예를 들어, 미국의 아바 러너Abba Lerner는 정부지출이 특정 시점에서 생산 가능한 모든 재화가 구매될 수 있는 수준까지 이루어져야 한다는 '기능적 재정주의functional finance'를 주장했다(Lerner, 1943, 39). 러너, 크나프, 케인스 그리고 초기 신용주의자의 뒤를 이은 랜달 레이Randall Wray와 그의 미국 동료들은 현대통화이론MMT, Modern Money Theory을 제시했다(Wray, 2012). 그들은 현재 정부의 통화정책과 재정정책의 기틀을 마련한 주류 경제학의 가정과 제언이 잘못되었음을 주장했다.

먼저 현대통화이론은 국가지출은 민간소득으로부터 미리 징수한 세금을 통해 이루어지는 것이 아니라고 주장한다. 국가가 금본위제 같이 스스로 화폐발행에 제한을 두지 않는 한, 자신의 지출에 필요한 재원을 화폐발행을 통해 조달할 수 있다고 본다(Wray, 2012). 현대 국가는 컴퓨터 키를 눌러서 '명령fiat' 형식으로 화폐를 발행하기 때문에 재정지출 이전에 미리 세금을 걷을 필요가 없다는 것이다. 오히려 사람들이 자신의 조세채무를 이행하기 위해 국가화폐를 필요로 하기 때문에 세금은 경제로부터 화폐를 뽑아내 인플레이션의 가능성을 제거하는 수단이 된다는 것이다.

현대통화이론은 국가가 금본위제를 채택하고 있을 때와 같이 스스로 화폐공급에 제한을 두지 않는다면, 화폐주권을 가진 국가가 화폐를 지출함으로써 화폐를 창조한다고 본 것이다. 결국 완전고용에 이르기까지 화폐를 공급하지 못할 기술적 이유는 찾을 수 없다는 것이다. 현대통화이론이 아직까지 주류 경제학계에 미친 영향은 미미하지만, 미국(www.neweconomicperspectives.org)과 유럽(www.sovereignmoney.eu)에서 다양한 논쟁을 일으키고 있다. 현대통화이론은 '미신타파'처럼 화폐의 본질과 창출 그리고 현재의 재정 및 통화정책에 관한 기존의 설명이 잘못되었다고 지적했다. 그러나 화폐를 얼마나, 어떻게 생산할 것이냐의 문제는 경제 및 기술적 문제가 아니라 결국 정치적 문제다. 우리는 4장과 5장에서 오늘날 화폐창출을 위한 제도가 수 세기 동안 국가, 자본주의 금융가 그리고 납세자 사이에 있었던 정치적 갈등과 투쟁의 산물이라는 점을 살펴볼 것이다. 7장에서는 이러한 갈등을 거쳐 마련된 통화제도가 기술적 효율성이 검증된 '모범 관행'의 진화를 잘 반영하고 있는지 아니면 역사적 진전이 실행은 가능하나 본질적인 결함을 가진 결과를 초래한 것은 아닌지에 대해 살펴볼 것이다.

국정이론은 상품교환이론으로 제대로 설명되지 못했던 두 가지 문제에 대한 해답을 제시하고 있다. 첫째, 국가는 명목적 계산단위를 창출하기에 가장 효과적인 권위자였다는 점이다. 이렇게 해서 화폐가 변동하는 다수의 교환비율을 가진 상품과 구별될 수 있었다. 둘째, 국가를 등장시키자 화폐의 수용성은 높이 신뢰할 만한 근거를 가질 수 있었다. 국가가 화폐를 사용함으로써 화폐를 창출하고 세금으로 화폐를 환수하는 역할을 하기 때문이다. 이로써 다른 모든 사람들이 그렇게 할 것이므로 그렇게 하는 것이 합리적이라고 주장했던 멩거의 동어반복에서도 벗어날 수 있게 되었다. 나아가 세금의 가치가 화폐에 가치를 부여한다는 점도 명확해졌다. 사회학자들은 화폐가 수용성을 갖기 위해 신뢰가 중요하다고 강조해왔지만, 그 신뢰는 좀더 특정될 필요가 있었다. 화폐의 수용성 또는 신뢰성은 본래 거래당사자의 인격적 신뢰로부터 나오는 것이 아니다. 오히려 화폐가 널리 받아들여지는 것은 발행자가 자신에 대한 채무를 상환하는 데 그 화폐를 받아들이겠다고 약속함으로써 생기는 것이다. 발행자의 그러한 약속을 통해 비인격적 신뢰와 잊어서는 안 될 요소로서 어느 정도의 강제성이 형성되면서, 신뢰의 부담은 거래당사자로부터 발행자로 이전된다.

17세기 초반 영국에서 있었던 '뒤섞인 화폐 사건Case of Mixt Monies'(Gilbert v. Brett, 1604)은 국가가 화폐에 관한 '서술'을 드러냄으로써 화폐를 어떻게 '사전'적으로 정의했는지를 잘 보여주고 있다. 이에 대해서는 케인스도 언급한 바 있다. 화폐는 바로 채무와 가격을 표시할 수 있는 계산화폐로 묘사되었다. 이 사건은 1601년 엘리자베스 1세가 아일랜드 통화의 품질을 낮춤으로써 발생했다. 브레트Brett는 런던 상인 길버트Gilbert로부터 200파운드짜리 물건을 구매하면서 영국 주화와 명목가치는 같지만 은 함유량은 적어진 아일랜드 주화를 포함한 금전을 내밀었다. 이런 이유로 '뒤섞인 화폐'라는 명칭이 붙었다. 길버트가 이 금전의 수취를 거절하자, 이 사건은 추밀원(왕의 자문기구 – 옮긴이) 수석판사에게 맡겨졌다. 결과는 브레트의 승리였다. 채무는 계약 당시에 국가가 선언한 추상적인 화폐단위로 가치가 매겨진 의무일 뿐이며 실제 지급에 사용되는 금전의 귀금속 함유량이 얼마여야 하는가를 정해놓은 것은 아니라는 보통법상 원칙이 정립되었다(Fox, 2011).

국정이론은 많은 오해를 받아왔다. 먼저 화폐창출에 국가가 꼭 필요한 것은 아니라는 주장의 근거로 사적 신용화폐와 함께 나중에 살펴볼 지역공동체의 '보조complementary'화폐(6장 참조)가 존재한다는 사실이 제시되었다. 이 문제는 다음 장에서 다루겠지만, 몇 가지는 짚고 넘어가겠다. 이미 설명했듯이, 가격과 채무의 표시에 사용되는 계산화폐를 공표하고 실행하기 위해서는 권위자가 있어야 한다. 화폐단위는 사익을 추구하는 개인들의 교류과정에서 저절로 생기는 것이 아니다. 16세기 유럽 상인들의 금융네트워크에서는 수용소에서 장교가 한 것처럼 자신만의 사적 회계단위를 사용한 경우가 있었다. 그렇기 때문에 그 권위자가 꼭 국가일 필요는 없다고 할 수도 있다. 하지만 국정이론에 배치되는 것으로 여겨졌던 수많은 지역공동체 화폐와 자본주의 금융네트워크에서 사용된 채무증서 중에는 해당 국가의 회계단위로 표시된 것들도 있었다. 이 경우에 이들은 달러, 유로 등의 '그림자'였던 것이다. 더욱이 이러한 비국가적 화폐들은 구성원들의 신뢰에 의지한 채 금융네트워크에서 널리 사용되는 것이므로 불안정할 수밖에 없다. 일부 국가는 화폐의 불안정을 스스로 유발하기도 했지만, 성공적인 국가들은 최고의 안정성과 지속성을 갖춘 화폐를 만들어냈다.

주류 경제학계에서는 실물적 또는 비화폐적 경제가치 이론에 사로잡혀, 국정이론 지지자들을 '괴짜'로 치부하고 시장이 아닌 국가가 가치를 창조한다는 주장을 비웃기도 했다. 베버가 제시한 화폐의 형식적 유효성과 실질적 유효성 사이의 구분이 이 이슈를 다루는 데 도움이 될 것이다(Ingham, 2019). 국가는 직접 화폐의 실질적 유효성, 즉 특정 시점에서의 구매력 수준을 결정할 수 없다. 하지만 국가는 화폐의 형식적 유효성을 공표하고 실행할 수 있다. 앞서 살펴본 1604년 뒤섞인 화폐 사건의 추밀원에서 했던 것처럼 국가는 무엇이 유효한 채무상환으로 받아들여질 수 있는지를 정할 수 있다. 형식적으로 유효한 미래가치는 실제적인 실질가치를 결정하는 투쟁에서 무기로 사용될 수 있다. 게다가 조세채무를 강제적으로 부과할 수 있는 국가는 화폐의 형식적 유효성과 실질적 가치 모두에 대해 보다 큰 통제력을 확보할 수 있다. 국가는 가장 큰 지불자이면서 동시에 가장 큰 지불의 수취자다. 강력하고 성공적인 정부는 자신이 구매하는 재화와 서비스에 대한 지급수단으로 화폐를 도입하고 그 화폐를 세금납부의 유일한 수단으로 강제할 수 있다. 반대로 러시아나 아르헨티나의 경험에서 드러난 것처럼 자신이 공표한 화폐로 세금을 부과하고 징수할 수 없다는 것은 무력한 정부의 원인이자 결과라고 볼 수 있다(Woodruff, 1999; Ingham, 2004; Saiag, 2019).

현실 직시를 계속해서 거부한다?

논리적 결함과 역사적 부정합성을 가졌으며 유력한 대안(물론 채택되지 못했다)이 존재했음에도 불구하고, 양립 불가능한 이론들은 어떻게 그토록 오랜 기간 동안 공존할 수 있었을까? 중립적 화폐와 이와 관련된 전제들이 주류 경제이론과 실무를 지배했던 이유는 무엇일까? 이는 코페르니쿠스의 혁명이 태양이 지구 주위를 회전한다고 본 프톨레마이오스의 '지구 중심'설을 일시에 대체할 수 없었던 것과 같다. 저명하면서도 비판적인 어느 실무 전문가에 따르면 정통 화폐경제학은 '계속되는 혼동'에 시달리면서도 '현실을 직시하는 것을 계속해서 거부'해왔다고 평가했다(Goodhart, 2009). 정통 화폐경제학은 중립적 화폐에 대한 가정과 함께 경제적 가치는 물물교환에서처럼 화폐의 존재와 상관없이 실물적 요소로부터 발생한다는 결론을 고집했다(Mankiw and Taylor, 2008, chap. 4). 다시 반복하자면, 이는 단지 학문적 문제에 불과한 것이 아니다. 화폐이론은 경제적 생존투쟁에서 필수적인 부분이다. 중립적 화폐개념이 초래한 정치적, 실제적, 이데올로기적 결과에 관한 두 예시는 나중에 들겠다. 하나는 유럽에서 공동의 통화를 창출하기로 한 경제적 논거에 관한 것(5장)이며 다른 하나는 주류 거시경제 모델이

포착하지 못했던 금융위기의 가능성(실제로는 확률적)에 관한 것(7장)
이다.

결론

결국 화폐이론들의 양립 불가능성은 그 이론들이 암묵적으로
바탕을 두고 있는 상이한 사회이론과 사회'상'에서 나온 것이다. 스
미스의 해석을 따르는 대부분의 주류 경제학에서는 사회질서가 개
인들의 사익추구 과정에서 자연적으로 형성된다고 본다. 분업에 기
반한 사회에서는 개인들이 거미줄처럼 엮인 경제적 상호 의존관계
를 통해 공고히 결합되어 있다. 이타주의, 동포애와 직업의식이 존
재한다고 해서, 그것이 빵집 주인이 건강에 좋은 빵을 제공하는 주된
동기는 아니다. 빵집 주인은 그저 우리가 다음 날에도 방문하기를
바랄 뿐이라는 것이다. 유사한 사회관을 가진 프리드리히 하이에크
Friedrich Hayek는 국가의 화폐 독점을 대신하여 합리적 개인이 가장
안정된 화폐를 선택할 수 있도록 무수한 자유경쟁 화폐를 허용해야
한다고 주장했다(Hayek, 1976). 실제, 교환가치의 급변동으로 화폐
기능을 수행할 수 없는 비트코인 같은 가상자산이 확산되면서 그의
가설은 심판대에 올랐고 부적합하다는 결론에 이르렀다. 케인스는
이러한 시장의 무정부 상태를 염두에 두고 개인의 합리성과 시장경
쟁에 매몰된 하이에크의 경제이론에 대해 "논리 완벽주의자가 실수

로 시작해서 대혼란으로 끝맺는 과정을 보여주는 매우 이례적인 사례"라고 평가했다(Keynes, 1931, 394).

사회질서에 대한 또 다른 두 관념은 각각 신용이론과 국정이론의 기초로 작용하고 있다. 먼저 화폐 거래를 신용-채무관계로 파악하는 신용이론은 화폐에 대한 신뢰가 사회질서를 공고하게 하는 관습과 믿음에서 유발된 것이라고 본다. 이는 에밀 뒤르켐Émile Durkheim의 사회학에서 자세히 설명되기도 했다. 반면, 국정이론은 토마스 홉스Thomas Hobbes의 '만인에 대한 만인의 투쟁'을 회피하기 위해 '레비아탄Leviathan'의 강제력에 복종해야 한다는 주장을 생각나게 한다. 이러한 세 가지 형태의 사회질서는 여태까지 살아남은 사회들과 그들의 화폐시스템에서 정도는 다르지만 공통적으로 찾아볼 수 있다.

3장

화폐 및 화폐제도에 대한 사회이론

카드, 전화 그리고 다른 장치를 통해 전자적으로 전송되는 디지털 임펄스가 빠르게 은행권, 주화 그리고 종이 수표를 대체하고 있다. 화폐는 점차 '가상적인' 것이 되고 있다. 이러한 기술적 변화에 따라 화폐가 근본적으로 탈바꿈할 것이라는 예상이 널리 퍼지고 있지만 이는 잘못된 생각이다. 분명히 엄청난 영향은 있을 것이다. 예를 들어, 현금이 디지털 화폐로 대체되어 모든 국민이 중앙은행에 계좌를 가지게 된다면 화폐공급에 대한 통제력은 훨씬 커질 것이다(7장 참조). 그러나 화폐의 본성에 근본적인 변화는 없을 것이다.

화폐는 가상적이며 과거에도 늘 그래왔다. 화폐는 사회에서 형성된 추상적(비물질적) 힘에 속하는 것으로서 사회제도의 뒷받침으로 모습을 드러낸다. 짐멜은《돈의 철학》에서 화폐란 "존재하지 않는 물건의 가치를 나타내는 것, 가장 순수하게 구현된 수단 그리고 추상적 관념과 완전히 동일한 구체적인 수단[22]"이라고 했다 (Simmel, 1978 [1907], 121, 211). 또한 1장에서 언급했듯이, 알프레드 미첼 이네스는 달러는 눈에 보이지 않고 손으로 만져질 수도 없으며 단지 채무를 달러로 상환하겠다는 비물질적 약속에 불과하다고 단언하기도 했다.

반면, 화폐가 물질적인 '것'이라는 고정관념은 화폐 형태가 아날로그에서 디지털로 변화하는 과정에서 매우 중요한 결과를 초래할 것이라는 생각에 빠지게 만들었다. 하지만 상품이론과 금속주의의 화폐에 대한 오해에서 비롯된 유산은 이제 청산해야 한다. 귀금속 주화의 내재가치 또는 지폐의 태환성은 단지 지급수단의 안정성과 수용성을 높이기 위한 하나의 방법에 불과하다. 화폐가 '금과 마찬가지인 것'이 되기 위해서는 귀금속의 가격과 계산화폐와의 연계 관계를 유지하겠다는 발행자의 약속이 필요하다. 이는 곧 주화의 '액면가치'가 된다. 예를 들어, 금본위제 당시 영국에서는 금화와 태환지폐를 모두 가상의 단위인 파운드 스털링으로 표시했다. 귀금속 주화, 비금속 주화, 지폐 그리고 전자적 임펄스 기록들은 모두 화폐를 전송하는 수단들이다. 즉, 이들은 계산화폐로 표시된 지급수단들이다. 이들 두고 필립 그리어슨은《화폐의 기원Origins of Money》에서 "화폐는 주화 뒤에 숨어있다"라고 표현했다(Grierson, 1977, 12).

---

22 짐멜은 '수단'을 그 자체로서 존재가치를 지니는 것이 아닌, 그 배후에 있는 사람들의 목적과 의지에 기여함으로써 비로소 가치를 지니는 것으로 정의했다.

이러한 측면에서 화폐가 주화나 지폐처럼 하나의 '물건'으로서 몸속에 피가 흐르듯 다양한 '유통속도'로 '순환'한다고 보는 비유는 낡고 부적절하다. 오히려 화폐는 거대한 네트워크 관점에서 바라봐야 한다. 그 네트워크 안에 채권채무계약이 중첩적으로 얽혀 있으며, 재사용이 가능한 신용을 주고받고 이전함으로써 그 계약은 청산된다. 얼마 전 나는 학생들에게 서폭Suffolk 지역에서 금속 탐지기를 통해 발견된 로마 주화 더미를 화폐라고 볼 수 있는지를 물어본 적이 있다. 나는 로마가 멸망하여 조세채무가 사라졌으므로 그 주화들은 더 이상 화폐가 아니라고 알려줬다. 이제 로마제국 내 지방에서는 "세금납부에 필요한 화폐를 구하기 위해 재화를 중앙에 수출할 필요"가 없어졌기 때문이다(Hopkins, 1978, 94).

겉으로는, 다 그렇지는 않겠지만, 화폐를 가지고 채무를 청산하는 것은 '물건'을 교환하는 것과 다르지 않아 보일지도 모른다. 정확하게는 그 물건에 채무를 청산할 수 있는 신용을 담아 전달하는 것이라고 표현해야겠지만 말이다. 하지만 화폐는 **교환 가능한 상품**과는 구별되어야 한다. 통화가 부족하거나 수용성이 낮아서 상품 같은 현물로 지급하는 경우를 두고 물물교환으로 돌아간다고 오해하기도 한다. 예를 들어, 1990년대 소련이 붕괴한 후, 러시아의 전력회사는 전기요금으로 페인트를 받았다. 하지만 전기를 공급받는 대가로 지급해야 하는 채무는 루블이라는 회계단위로 표시되었으므로, 이는 엄밀히 말해 화폐거래이며 물물교환이 아니었다. 이 사례에서 페인트는 '대용surrogate'화폐로서 케인스가 말한 화폐의 '서술

description'에 부합하는 것이었다(Keynes 1930, 4; 6장 참조).

화폐의 구매력과 채무의 청산능력은 같은 화폐단위로 표시된 채 청산을 기다리는 채무와 현재화될 수 있는 잠재적 채무가 있기에 존재하는 것이다. 폐기된 로마 주화의 경우에는 그렇지 않다. 우리가 흔히 생각하듯이 신용을 무언가를 '외상으로' 구매하는 후불 deferred payment의 개념으로 이해해서는 안 된다. 전형적인 화폐거래의 세 가지 형태인 후불, 선불payment in advance 그리고 '맞돈'거래payment on the spot는 모두 채무계약이다. 즉각적으로 현금을 지불하는 맞돈 거래조차 초단기의 채무를 청산하는 것이다(Hicks, 1989, 41). 화폐 거래의 본질적 요소는 무엇과의 교환으로 다른 것을 넘겨주는 것이 아니라 구매나 차입으로 발생한 채무를 청산하는 것이다. '즉각적인' 채무거래의 특성은 신용카드와 직불카드에서 명확하게 드러난다. 카드는 주화나 지폐와 달리 일정량의 추상적 가치(신용)를 전송하고 나면 바로 카드를 되돌려 받는다. 직불카드를 긁는 것이나 현금을 내는 것 모두 신용을 전달한 것이며, 그 신용은 나중의 거래에서 같은 또는 다른 지급수단을 통해 여러 사람들에게 반복적으로 전달된다.

이단의 경제학자인 하이먼 민스키Hyman Minsky는 누구나 화폐를 발행할 수 있으나 그것이 받아들여지도록 하는 것이 문제라는 유명한 말을 남겼다(Minsky, 2008 [1986]). 그는 화폐는 '신용', 즉 채무증서라는 점을 강조했다. 누구나 신용을 발행할 수 있으나 그것이 화폐로서 받아들여지도록 하는 것이 문제라고 말했더라면 더 정확했을 것이다. 모든 화폐는 신용이지만, 모든 신용이 화폐가 될 수 있는 것은 아니다. 화폐시스템과 화폐적 공간을 만들어내는 사회적 관계와 제도는 신용을 화폐, 즉 보편적 수용성을 가진 최종적인 지급 수단으로 변모시킨다. 화폐이론을 성격에 따라 분류해서 가상적인 연속선상에 놓는다면, 모든 사람이 자신의 채무증서를 지불하는 데 사용할 수 있는 하이에크의 경쟁적 통화모델과 유사한 상황은 한 쪽 끝자리를 차지할 것이다. 그 반대쪽 끝에는 서로 관련성을 가진 두 개의 핵심요소들을 가지고 있는 '이상적인' 화폐시스템이 존재 한다. 이 화폐시스템의 첫번째 요소는 추상적 화폐가치를 규정짓는 계산화폐이다. 두번째 요소는 추상적인 잠재가치를 전달하는 형식 과 수단이다. 이는 현실적인 실제 가치를 만드는 데 사용된다. 두 가 지 요소 모두 화폐의 수용성을 결정하는 제도와 사회적 관계에 의 해 형성되고 유지된다.

실제 사회는 이러한 '이상'과는 거리가 멀다. 중세유럽을 비롯 한 여러 지역에서는 관할 안팎으로 다수의 계산화폐가 사용되었다. 하지만 이러한 현상은 화폐주권이 통합되면서 점차 사라지게 되었 다(Fantacci, 2008). 오늘날 다수의 계산화폐가 존재하는 경우는 일 반적으로 권위가 약하거나 붕괴되고 있음을 상징한다. 반면, 가치 를 전송하는 형식과 수단이 주화, 카드, 수표 등으로 다양화되는 것 은 흔히 볼 수 있는 현상이다. 케인스가 이해했던 바와 같이 계산화 폐의 화폐적 서술에 부합하는 물건들은 여러 가지가 있을 수 있다. 하지만 보다 중요한 점은 그 각각의 수용성이 천차만별이라는 점이다. 러시아의 페인트 사례를 떠올려보기 바란다. 대부분의 화폐시스템은 느슨하고 유동적인 계층구조의 형태를 띤다. 그 구조에서는 다양한 화폐의 형태들이 수용성을 기준으로 각기 다른 지위를 차지한다(Bell, 2001). 유력한 단일 발행자가 있는 곳에서 다른 형태의 화폐들의 수용성은 계층구조의 꼭대기에 있는 화폐로 얼마나 쉽게 전환되느냐에 따라 결정된다. 계층구조의 꼭대기에 있는 그 화폐는 바로 최종적 지급수단[23]이라고 할 수 있다. 근대 자본주의에서 은행예금은 국가에서 발행하여 수용성이 가장 높은, 현금으로 전환될 수 있는, 사적으로 발행된 지급수단 중 하나였다. 6장에서 살펴보겠지만, 복수의 '보조'화폐는 조화롭게 공존할 수도 있지만 화폐적 무정부상태를 초래하기도 한다.

　　수표나 카드 같은 다른 형태들도 살펴보자. 지배적인 계산화폐로 표시되고 사적예금에 근거하여 발행되는 수표는 태환성에 대한 추가적인 보증이 없으면 수취가 거절될 수도 있다. 마찬가지로 신용카드로 화폐를 전송하는 경우에는 사용자가 유발한 어떤 손실도 발행자가 책임을 지겠다는 약속을 통해 수용성을 높일 수 있다. 경제학자들은 종종 신용과 화폐를 구별하기 위해 신용카드를 예로 든다. 신용카드 사용자는 지불을 미룰 수 있다는 이유에서다. 이러한 견해의 연장선상에서, 직불카드와 수표는 화폐가 아니라 은행예금에 '담겨있는' 화폐를 전송하는 수단이라는 주장도 제기되고 있다. 반면, 통화(현금, 은행권, 예금 등)와 은행예금은 진짜 화폐라고 한다(Mankiw and Taylor, 2017, 196). 여러분도 느끼겠지만, 너무 혼동

---

23 지급수단이 '최종성finality'('완결성'이라고도 부름)을 갖는다는 것은 그 지급수단을 인도했을 때, 기존의 채권-채무관계가 완전히 소멸되어 추가적인 자금결제가 필요하지 않게 되는 효과를 가지는 것이다. 또한 그것으로 결제가 이루어진 후에는, 지급인(기존 채무자)이 지불을 취소할 수 없고, 제3자(가령, 지급수단의 진정한 소유를 주장하는 자)도 수취인에게 그 지급수단의 반환을 청구할 수 없게 되는 효과가 있다.

스럽다! 화폐와 신용의 범주를 구분하려다 보면 더욱 불명확한 화폐(추상적인 잠재가치)와 그 전송수단의 구분과 마주하게 된다. 먼저 신용카드는 사용자에게 후불 혜택을 주는 것은 맞지만, 이는 신용카드 회사가 자신의 계좌에서 가맹점 계좌로 '화폐'를 즉시 전송하는 방식에 불과하다. 둘째로, 은행권, 현금과 은행예금이 화폐를 '담고 있다'는 생각은 화폐를 여전히 내재가치를 '함유하는' 것으로 보는 관념의 혼란스러운 흔적이라고 할 수 있다. 은행예금은 추상적 가치를 가진 신용의 존재를 기록한 것일 뿐이다. 그 추상적 가치는 여러 방식으로 전송될 수 있으며, 주화나 은행권처럼 '휴대용 신용 portable credit'을 사용하는 것도 그중 하나일 것이다. 반복하자면, 우리가 화폐라고 알고 있는 신용의 가치는 청산되어야 할 현재 또는 미래의 채무의 존재에 의해 생겨난 것이다.

현실적인 측면에서, 화폐를 전송하는 수단 중 통화(은행권과 주화)가 차지하는 비중은 이제 크게 낮아졌다. 이러한 현실은 1980년대 '통화주의monetarism'와 마찬가지로 화폐공급을 측정하고 통제하려는 시도를 곤란하게 만들었다(4장 참조). 통제대상으로서 화폐공급을 측정하려면 무엇을 포함해야 할까? 은행권과 주화는 M0(본원통화 - 옮긴이)이고, 여기에 다양한 은행예금과 금융자산이 추가됨에 따라 M1(협의통화 - 옮긴이), M2(광의통화 - 옮긴이), M3(금융기관 유동성 - 옮긴이), M4(유동성 - 옮긴이) 등 다양한 범주가 만들어진다. 화폐와 화폐가 아닌 것(신용)을 구분하는 과정에서 직면하는 어려움(측정의 문제가 아닌 개념 구분상의 문제)은 다양한 신용들이 각기 다른 수준의 수용성을 가지고 있다고 함으로써 해결될 수 있다. 당연히 그 수용성은 자신이 발행한 신용을 어떤 채무에 대해서라도 상환수단으로서 받아들이겠다는 발행자의 약속의 신뢰성을 바탕으로 한다.

추상적 가치를 표시하는 것(계산화폐)과 그 전송수단의 형태에 대한 수용성은 그것들이 사람들에게 제공하는 유용성과 이점의 측면에서 설명될 수 없다는 점은 이미 살펴본 바와 같다. 화폐가 불확실한 미래에도 경제적 기능을 제대로 수행하는 것은 당연지사가 아니다. 짐멜이 설명한 것처럼, 화폐적 관계는 쌍방의 물물교환과 개인 간의 차입과는 달리 "양 당사자 사이에 제3의 요소가 개입한다. 그것은 바로 화폐를 받아들이는 공동체라는 존재다. 모든 사적채무를 화폐적 수단을 가지고 청산할 수 있다는 것은 이제 공동체가 채권자에 대해 이러한 의무를 떠맡는다는 것을 의미한다"(Simmel, 1978 [1907], 177).

이러한 제3의 요소는 화폐시스템이 모든 참가자를 대상으로 행사할 수 있는 권한을 의미한다. 6장에서 살펴보겠지만, 이는 '지역 내 교환 및 판매 프로그램'이나 오늘날 많이 나타나고 있는 '보조'화폐를 운영하는 '공동체'에서 실제로 존재한다. 17세기 유럽에서 나타났던 것처럼 상인들의 네트워크가 그 권한을 행사하는 경우도 있다. 하지만 어떤 사회질서가 권위를 가져 화폐의 안정을 가져올 수 있는지의 여부는 영토 내에서 합법적 무력행사가 가능한 독점적 권력이 존재하는지에 달려있다. 즉, 성공적인 국가에서 강제와 합의가 발견된다. 화폐적 주권을 확립하려는 국가들은 칼 베널린드Carl Wennerlind가 《신용 사상자Casualties of Credit (2011)》에서 밝혔던 것처럼 빚을 지거나 위조하는 것에 대하여 잔인한 신체형을 부과했다.

합의와 강제는 또한 국가와 사회 사이의 경제적 관계를 떠받치는 기능을 한다. 정부는 가장 규모가 큰 지불자이자 수취자(조세수입)다. 정부는 현대 사회에서 가장 중요한 단일 경제주체이기 때문에 사람들로 하여금 자신의 화폐를 가장 필요로 하도록 만들 수 있다. 하지만 사람들이 국가와 화폐시스템이 정당하다고 생각하게 함으로써 '권력might'을 '권리right'로 대체할 수 있다면 국가와 그 화폐는 더욱 안정될 수 있을 것이다.

정당성은 틀림없이 국가와 화폐시스템의 바탕이 되는 힘이다. 정당성은 관습, 법 그리고 헌법이 인정하는 권력을 행사할 수 있는 국가 권한의 중요성과 타당성에 대한 자발적 동의를 의미한다. 좀 더 깊이 들어가 보면, 국가의 정당성은 헤게모니hegemony와 결합되기도 한다. 헤게모니는 마르크스주의자였던 안토니오 그람시Antonio Gramsci가 사람들로 하여금 일상생활의 현 상태를 아무런 의심 없이 정상적이고 불가피한 것으로 받아들이도록 함으로써 지배당하고 있다는 사실을 느끼지 못하도록 하는 지배방식을 기술하기 위해 사용한 용어다. 이는 막강한 힘을 가진 화폐의 생산자와 통제자가 우리로 하여금 믿게 만들려는 바로 그 내용일 것이다. 화폐의 내재가치가 우리의 통제를 벗어난 자연계나 경제학 전문가만이 해석할 수 있는 객관적인 경제 현실에 존재하는 것이라는 믿음을 퍼뜨릴 수 있다면 화폐의 헤게모니는 완성되었다고 볼 수 있다. 화폐이론의 미스테리가 사회질서를 유지하는 데 중요한 역할을 하는 것은 이 때문이다. 헨리 포드Henry Ford Sr는 "국민이 우리의 은행과 화폐시스템을 이해하지 못하는 것은 천만다행이다. 만약 그들이 이를 알았다면, 내일 아침이 오기 전에 혁명이 발생했을 것이다"라고 말하기도 했다(Ingham, 2004, 134).

마찬가지로, 앙드레 오를레앙André Orléan은 사회학자 에밀 뒤르켐의 '사회적 표상social representations' 개념을 차용해 "고전적인 기능 목록을 언급하는 전통을 따르지 않고 가치 표현의 정당성에 대한 구성원들의 광범위한 동의를 얻어내는 능력에서 화폐의 현실을 바라보고자 했다"(Orléan, 2014b, 55). 화폐를 사회적 표상으로 보면, 화폐는 우리를 지배하는 힘을 갖게 된다.[24] 모든 사람은 자신의 재산과 사회적 지위의 가치를 매기는 데 화폐를 사용해야 한다. 그렇게 되면 필요한 재화를 구입하고 보다 많은 화폐를 벌기 위한 수단으로서 합법적인 가치의 저장소인 화폐에 집착하게 된다. 경제학에서는 실물경제에서 물건의 유용성으로부터 가치의 근원을 찾으려고 하지만, 사회학에서 경제적 가치는 화폐에 투영된 객관적인 사회적 관념이라고 주장한다. 즉, 모든 사람들로부터 인정받은 가치가 경제적 가치라는 것이다. 이는 사회가 '불변표준에 대한 통속적인 허구 the working fiction of an invariant standard'를 형성해야 한다는 미로프스키

---

[24] 사회적 표상은 사회심리학자인 모스코비치Moscovici가 뒤르켐이 제시한 '집단적 표상collective representation' 개념을 발전시킨 것이다. 저자가 여기서 언급하는 것은 사회적 표상이 아니라 집단적 표상에 가깝다. 집단적 표상은 사회 구성원들이 공통적으로 가지는 감정, 의식, 신념 등을 의미한다. 이는 사회 구성원들이 상호작용과 반작용을 거쳐 자연스럽게 형성해내는 것이며, 이성적 판단과 의도적 선택을 거쳐 만들어진 것이 아니다. 이렇게 형성된 집단적 표상은 다시 개인들의 사고와 태도에 영향을 미치는 힘을 가진다.

Mirowski의 주장(Mirowski, 1991, 579)과 화폐안정에 대한 '종교에 가까운 신념quasi-religious faith'이 필요하다는 짐멜의 주장을 떠올리게 한다(Simmel, 1978 [1907], 179). 화폐는 양도 가능한 신뢰다. 극도로 불확실한 현실 세계에서도 사회적, 정치적 정당성에 근거한 자기충족적[25]이고 장기적인 신뢰는 존재한다. 이렇게 되면 신뢰할 수 없을지도 모르는 이방인도 복잡다단한 관계에 참여할 수 있게 된다. 역사적으로 이것이 바로 국가의 임무였다.

요약하면, 화폐는 결국 화폐가 만들어진 그 사회시스템의 생명력viability에 의존한다는 것이다. 짐멜은 다시 한번 그 관계를 지적했다. "화폐를 소유함으로써 개인이 안도감을 느끼는 것은 아마도 사회정치적 조직과 질서에 대한 신뢰가 흠씬 묻어난 모습이나 징후라고 할 수 있다"(Simmel, 1978 [1907], 179). 혼란스러운 사회는 혼란스러운 화폐를 가진다. 그 반대도 성립한다. 또한 인과관계는 어느 방향으로든 성립할 수 있다. 사회과학자에게 화폐의 무질서와 붕괴는 기술자가 실험적으로 파괴검사를 해보는 것과 유사하다. 평상시에는 일상생활의 헤게모니에 의해 가려졌던 화폐의 사회적 기반이 극심한 위기상황에서 "얼굴을 내밀게 된다"(Orléan, 2008).

화폐: 무질서와 붕괴

화폐의 사회이론은 시스템이 정상적으로 작동하지 못하게 되는 것이 화폐나 통화정책 자체의 결함 때문이라는 주장을 배격한

---

25 사람들은 다른 사람들이 신뢰하는 대상을 신뢰하는 법이므로 신뢰는 쌓일수록 더욱 커진다는 의미에서 자기충족적 또는 자기강화적 성격을 가진다.

다. 인플레이션이나 부채위기가 몰아친 이후에 귀금속 본위가 화폐의 건전성을 보장하는 유일한 방안이라는 반복되는 주장도 마찬가지로 거부대상이다. 장 카틀리에Jean Cartelier는 "화폐는 사회에서 준수되고 있는 암묵적 또는 명시적 규칙들로부터 독립된 것이 아니다. 일반적인 사회현상, 특히 화폐는 그러한 맥락에서 벗어나서는 더 이상 이해할 수 없게 된다"라고 하면서 이를 화폐의 '정체 hypostasis'라고 불렀다(Cartelier, 2007, 227). 엄밀히 말해 화폐의 '무질서'라는 표현은 부적절하다. 화폐가 기대와 같은 역할을 수행하지 못하는 경우에는 화폐의 사회적, 정치적 기반인 '암묵적 또는 명시적' 규칙들의 무질서에 주목해야 한다.

화폐의 사회적 본성은 화폐가 자기충족적인 가치등락에 민감하게 반응하는 것에서 잘 드러난다. 인플레이션은 가격의 추가 상승이 기대될 때 가속화되는데, 이는 가격상승에 따른 구매력 손실을 막기 위해 사람들이 지출을 확대하기 때문이다. 마찬가지로 국내 통화를 보유한 외국인이 인플레이션에 따른 환율하락을 우려하여 통화를 매각하는 경우에는 수입품 가격이 상승하기 때문에 국내 인플레이션이 추가로 심해지는 상황이 발생한다. 그 결과, 중앙은행은 '불변표준에 대한 통속적인 허구'를 형성하기 위해 사람들의 기대를 관리하는 것에 심혈을 기울이게 된다.

화폐가 제대로 기능하지 못하는 상황은 기본적으로 세 가지가 있다. 디플레이션, 인플레이션 그리고 가치를 화폐적으로 표현하는 계산화폐의 사용이 중단되는 붕괴상황이 있다.

디플레이션

특정 상황에서 화폐가 가치저장 수단으로서 매력적이라는 '환상'은 경제를 정상적으로 돌아가게 하는 화폐의 다른 기능과 크게 상충될 수 있다. 제임스 버컨James Buchan은 화폐를 '냉동된 욕망frozen desire'이라는 무언가를 연상시키는 용어로 표현했는데, 이는 화폐가 소비와 투자를 일시적으로 연기한다는 뜻이다(Buchan, 1997). 화폐를 보유하고 나면 대안을 생각할 수 있는 시간을 가질 수 있다. 하지만 불안감과 불확실성 때문에 '냉동된' 가치에 집착하는 것은 무질서를 초래하기도 한다. 케인스는 1930년대 자본주의의 심각한 디플레이션을 두고 이와 유사한 설명을 했다. 케인스가 '유동성 선호liquidity preference'라고 묘사한 화폐를 향한 집착은 악순환을 초래한다. 지출, 투자와 고용의 감소는 불확실성, 불안감과 비관주의를 유발하는 바로 그 상황을 악화시키기 마련이다. 디플레이션은 나아가 추가적인 가격하락을 기대하는 사람들이 지출을 더 멀리 연기하도록 만든다.

따라서 중앙은행은 인플레이션이 전혀 일어나지 않는 상태를 목표로 삼지 않는다. 가격하락에 대한 기대가 형성되어 실제로 디플레이션이 발생할 것을 우려하기 때문이다. 경기침체와 디플레이션을 초래하는 초기 원인은 다양하겠지만, 자본주의에서 반복적으로 발생하는 채무-파산 위기debt-default crises도 그중 하나일 것이다(4장 참조). 자본가들은 주로 차입금으로 사업을 한다는 슘페터의 관찰을 바탕으로 하이먼 민스키는 '금융 불안정성 가설financial instability hypothesis'을 제시했다(Minsky, 1982, 36-7). '호황과 불황'의 완만한 순환은 "일들이 제대로 돌아가고 있다"는 것을 의미한다. 거기에서 낙관적인 기대를 바탕으로 보다 높은 이윤을 추구하는 부채가 추가로 증가하게 되면 대차대조표는 취약해지고 결국 채무불이행은 더욱 늘어나게 된다(Ingham, 2011, 39-42). 채무가 확대됨에 따라 취약 기업들의 채무불이행이 크게 증가하면 리스크 회피성향이 빠르게 확산된다. 은행들이 기존 대출을 거둬들이고 신규대출을 줄임으로써 신용확장은 중단된다. '신용경색credit crunch'으로 알려진 2008년 금융위기Great Financial Crisis, GFC를 초래한 서브프라임 위기 당시 채무불이행의 연쇄반응은 '민스키 모멘트Minsky moment'라고 불렸다(Ingham, 2011). 1930년대의 재현을 막기 위해 정부는 민간은행과 사적금융이 제공하기 어려웠던 화폐를 충분히 공급하는 제로금리와 '양적완화quantitative easing' 정책을 취했다. 이에 대해서는 나중에 살펴보겠다(4장과 7장 참조).

디플레이션은 인플레이션에 비해 통화정책으로 해결되기가 훨씬 어렵다. 화폐수요의 감축이나 화폐공급의 제한은 종종 인플레이션을 낮추기도 한다. 하지만 반대 조치로 디플레이션을 중단시키기는 어렵다. 경제에 화폐를 쏟아 붓는 것은 '줄을 미는 것pushing on string'과 마찬가지라서 반드시 소비와 생산을 자극한다고 볼 수도 없다. 그렇기 때문에 케인스학파는 재정정책을 옹호한다. 정부가 무력한 실업자와 망설이는 자본가 및 은행가들이 방기한 책무를 직접 담당해야 한다는 것이다. 다시 말하면, 정부가 화폐를 더 많이 만들어서 지출해야 한다는 것이다. 하지만 주류 경제학에서 이 같은 재정 지출은 실물경제의 소비재 생산능력을 초과하는 화폐의 공급을 가져와 결국 인플레이션을 초래할 것이라는 두려움을 불러일으켰다.

인플레이션

약간의 인플레이션은 문제가 아니다. 이는 실제로 경제가 생산능력의 최대치에 가깝게 가동되고 있으며 높은 수준의 수요가 단기적인 공급 부족을 가져와 가격이 상승하고 있다는 것을 의미한다. 현대의 통화정책은 가격하락이 디플레이션으로 이어지지 않도록 낮고 안정된 2% 수준의 인플레이션을 달성하는 것을 목표로 하고 있다. 그렇더라도 중앙은행은 이 약간의 인플레이션이 갑자기 치솟을 징후를 계속 경계하고 있다(4장 참조).

아주 높은 수준의 인플레이션은 모든 사회구성원이 두려워하는 것이다. 예를 들어, 물가가 하루에 두 배씩 상승했던 2008년 짐바브웨와 2019년 베네수엘라의 경우처럼 하이퍼인플레이션은 혼란을 유발했다. 사회적, 정치적 분열도 초래했다. 일반적으로 월간 인플레이션율이 50%를 초과하는 것으로 정의되는 하이퍼인플레이션은 자본주의 시스템의 금융기반을 위협한다. 대출기관이 실질 이윤율을 유지할 수 있게 해주는 명목금리수준은 차입자가 감당하기에 너무 높으므로 은행업은 마비될 것이다. 차입수요가 줄고 채무불이행은 증가할 것이다. 은행이 제 기능을 수행하지 못하니, 통화는 대체적 형태의 화폐에 자리를 내주고 외면받을 것이다. 세금이

징수되지 않고 국가재정이 황폐해지니, 정부와 국가는 몰락하게 될 것이다. 결국 하이퍼인플레이션이 발생하면 모든 사회구조는 아노미적 혼란에 빠지면서 모든 것이 끝장나고, 사회적 삶은 의미와 질서를 모두 상실하게 된다.

엄밀히 말하면 실물경제 모델에서 화폐는 부차적이기 때문에 인플레이션이 존재할 수 없다. 교환 매개물에 대한 수요와 그 수요에 의해 결정되는 공급은 오로지 구매될 수 있는 재화의 양에 의해 결정된다.[26] 발라스의 수학적 '일반균형모델general equilibrium model'에서 화폐가치의 변동은 여러 상품 중 하나를 단위재로 삼아서 고정된 가치를 부여하는 경우에 완전히 제거될 수 있다. 이러한 순수이론과 달리 실용적인 거시경제학에서는 인플레이션이 현재화될 것을 우려하는 중앙은행이 활용할 수 있도록 통화안정에 대한 신뢰 형성의 분석 틀을 제시하는 데 노력을 기울이고 있다. 통화정책에 대해서는 4장과 5장에서 살펴보도록 하고, 여기서는 인플레이션에 관한 일반적인 이론적 이슈에 대해 설명하겠다.

우리는 화폐의 상품교환이론이 화폐수량설과 밀접히 관련되어 있다고 알고 있다. 화폐수량설에서 가격수준은 두 가지 수량의 비율로 결정된다고 본다. 여기서 두 가지 수량의 비율은 상품화폐와 다른 모든 상품 사이의 비율을 말한다. (일반 물가수준을 계산하는 방법은 무시하겠다.) 앞장에서 살펴보았듯이, 1911년 피셔방정식 MV＝PT는 인과관계를 나타낸다. 즉, 인플레이션은 '너무 많은 화폐

---

26 '공급이 스스로 수요를 창출한다'는 세이Jean-Baptiste Say의 법칙은 고전학과 경제학의 핵심명제다. 물물교환경제를 생각해보면, 어떤 물건을 공급하는 것은 필연적으로 다른 물건에 대한 수요를 의미한다. 화폐경제에서도 화폐가 교환 매개물로만 사용된다고 가정하면, 실물의 판매(실물의 공급)를 통해 얻은 화폐는 결국 다른 실물을 구매하는 데 사용(실물의 수요)될 것이므로 세이의 법칙이 여전히 성립한다. 여기서 실물의 공급은 곧 화폐의 수요이며 실물의 수요는 화폐의 공급과 같다. 따라서 화폐의 수요가 곧 화폐의 공급을 결정하게 되며, 화폐의 수요는 물건의 공급, 즉 그 생산량에 의해 결정된다.

가 너무 적은 재화를 쫓는' 상태라고 간단히 정의할 수 있다. 피셔가 활동하던 시기는 인플레이션이 심각하지 않았고, 화폐가치가 반세기 이상 안정을 유지했다.[27] 19세기 후반에는 이발료와 면도료가 아예 이발소 거울에 새겨져있을 정도였다고 한다! 당시의 관심사는, 첫번째는 금광의 발견과 금괴bullion의 국내유입으로 인한 화폐공급 증가가 가져오는 영향, 두번째는 프랑스혁명 당시의 아시냐assignat, 미국 남북전쟁 당시의 '그린백greenback' 같이 불건전하고, 태환될 수 없고, 내재가치가 없는 지폐의 발행(Ingham, 2004, 19-22)에 대한 경고와 관련된 것들이었다. 20세기 후반에는 이러한 두 나라의 화폐실험과 1920년대 바이마르 독일의 경험(뒤에서 설명할 예정)이 사례로 제시되면서 정부지출의 위험성이 강조되었다. 케인스의 최대 적수인 하이에크는 금본위제의 통제가 사라진 뒤, 통화공급에 대한 정부독점이 초래할 인플레이션의 위험을 재빨리 간파하고 화폐의 민영화와 자유경쟁 통화제도를 옹호했다.

20세기에 들어서서까지, 주류 경제학은 인플레이션 유발요인으로 오로지 정부지출에만 관심을 두면서 또 다른 유발요인인 자본주의 경제의 두 가지 특징적 요소[28]를 간과했다. 상품이론의 논리에 집착하고 금본위제가 효율성의 극치라고 생각하는 화폐수량설 주창자들은 화폐(금속통화)를 은행신용과 엄격하게 구분했다. 그 결과, 그들은 은행대출로 늘어난 '신용'이 '예금'을 낳고 그 예금은 차입자가 여러 경제활동에 사용함으로써 '화폐'가 된다는 사실을 알아차리지 못했다. 이러한 과정은 피셔방정식에서 인과관계가 거꾸

---

27 1821년 영국이 세계 최초로 금본위제를 도입한 이래, 1870년대에는 독일, 프랑스, 미국 등 세계 주요국들이 금본위제에 동참했다. 이때부터 제1차 세계대전(1914-1918)이 일어나기 이전까지, 국제적으로는 물가가 안정되고 국제교류가 확대되는 등 세계 경제는 금본위제의 황금시대를 누리게 된다. 어빙 피셔는 1867년 출생해 금융위기의 황금시대에서 활동한 뒤, 1947년 사망했다.

로, 즉 가격에서 수량으로 작용하는 것을 의미한다. 가격이 상승하면 화폐도 채무(은행대출)의 형태로 따라서 증가하게 되어 방정식에서 등호가 유지될 수 있다. 하지만 은행신용은 화폐가 아니라고 간주되어, 방정식의 화폐 수량에 포함되지 못했던 것이다. '불완전한' 경쟁시장에서 자본과 노동의 가격인상에 관한 독점력을 가진 자가 존재한다면 이러한 일이 발생할 가능성은 보다 명확해진다. 다시 말하면, 가격상승으로 인해 은행대출을 통한 화폐증가가 발생하는 것은 자본주의의 일상적인 모습이라고 하겠다.

이와 같은 자본주의 경제에 대한 보다 현실적인 견해를 가진 일부 케인스학파 경제학자들은 1960년대와 1970년대 점진적으로 늘어나는 인플레이션에 대해 화폐공급 중심에서 벗어나 반대의 관점에서 '화폐방정식quantity equation'을 분석하기 시작했다. 완만한 '비용인상cost-push'형 인플레이션과 '수요견인demand-pull'형 인플레이션은 경제가 완전고용과 최대 생산능력 상태에서 작동하고 있다는 표상이다. 비용인상형 인플레이션에서는 기업이 최대생산능력으로 운영되는 가운데 나타난 노동, 자본, 원재료 등 생산요소의 가격상승이 물가를 '밀어 올리게' 된다. 다시 말해, 생산성이 이미 최대치에 도달한 기업이 생산비용의 증가에 맞닥뜨리면 같은 수준의 생산으로는 이윤을 유지할 수 없게 된다. 결과적으로 완전경쟁이 아닌 시장의 독점적인 생산자는 비용상승을 소비자에게 전가하며, 이는 일반 물가수준의 상승을 초래하는 것이다. 독점적 자본과 노동이 물가를 끌어올리는 힘을 가졌다고 보는 케인스학파의 비용

---

28 첫째는 자본주의에서 은행대출이 화폐로 사용될 수 있다는 사실이고, 둘째는 인플레이션이 수요 측 요인이 아니라 공급 측 요인(비용상승)에 의해서도 발생할 수 있다는 점이다.

인상형 인플레이션 모델은 상충적 권리투쟁이 임금을 인상시킨다고 본 마르크스주의자나 사회적 갈등시각의 인플레이션 모델과 궤를 같이 한다고 볼 수 있다(Rowthorn, 1977; Aquanno and Brennan, 2016; Hung and Thompson, 2016; Volscho, 2017).

반면, 수요견인형 인플레이션은 장기적 생산능력이 경제에 제약요인으로 작용한다고 본 주류적 분석에 보다 가깝다. 최대 생산능력수준에서 운영되면서 확장을 거듭하는 경제에서 가계, 기업, 정부 및 해외 구매자의 수요가 한정된 재화와 서비스를 대상으로 서로 경쟁하게 되면, 호가가 올라 인플레이션이 발생하게 된다. 이러한 수요와 공급의 불일치는 다양한 요인에 의해 발생할 수 있다. 예를 들어, 수요는 정부 구매, 감세 그리고 환율의 평가절하로 인한 외국인의 지출확대에 따라 증가할 수 있다.

실물경제의 힘이 아니라 화폐에 관한 기대가 가격에 영향을 미칠 수 있다는 케인스의 주장은 결국 정통 경제학에 수용되었다. 하지만 아이러니하게도 이들은 수요와 공급의 균형에서 화폐의 중립성은 장기적으로 성립한다는 식으로 케인스의 이론을 근본 교리에 편입했다. 토마스 사전트Thomas Sargent와 닐 월리스Neil Wallace는 노벨상 수상자 로버트 루카스Robert Lucas의 '합리적 기대rational expectation' 이론을 활용해 고용을 자극하기 위한 정부지출은 '정책 무력성policy ineffective'을 가진다고 증명하면서 케인스의 주장을 반박했다(Sargent and Wallace, 1975). 화폐팽창이 인플레이션을 가져올 것이라고 합리적으로 기대함으로써 명목임금에 대한 인상 요구가 발생하고 이에 따라 실질임금, 생산과 고용은 이전수준으로 복귀한다는 것이다. 여기서 합리적 기대에 대한 면밀한 비판은 삼가고 인플레이션의 역사는 모든 경제주체들이 이 가설을 개발한 경제학자들이 상정하는 합리적 기대를 가지는 것은 아니라고 알려준다는 점만 언급하고 넘어가겠다! (Mankiw and Taylor, 2017, chap. 9; Skidelsky, 2018, 194-7)

하지만 화폐량과 물가 사이에 단순한 선형관계는 없다. 예를 들어, 1990년대 미국과 영국은 오랫동안 완화된 통화정책을 시행했지만, 인플레이션은 낮은 수준을 유지했다. 또한 앞에서도 살펴보았듯이, 디플레이션은 종종 화폐 자극에 반응을 보이지 않기도 한다. 일본 정부와 중앙은행이 경제에 쏟아부었던 엄청난 화폐는 일본경제가 1990년 금융위기 이래로 겪어왔던 만성적 디플레이션에서 벗어날 수 있는 자극이 되지 못했다. 이렇듯 화폐량과 물가 사이의 상관관계가 일관되지 못하다 보니 주류 경제학에서 단기와 장기를 가르는 기준에 대해 오랫동안 합의에 이르지 못했던 것이다. 이들은 화폐량이 얼마인지와 상관없이 온갖 종류의 단기적 현상(화폐환상, 잘못된 기대, 불완전 정보 그리고 환율의 평가절하 같은 일회성 쇼크)은 가격에 영향을 미칠 수 있지만, 결국 가격은 재화와 화폐의 수량적 비율에 따라 결정된다고 보았다. 희소성을 의미하는 가격상승은 공급을 자극하여 늘리거나 그렇지 못하면 수요라도 억압할 것이므로 인플레이션은 멈추고 새로운 균형이 성립된다고 보는 것이다.

화폐 (무)질서의 사회이론

화폐가치의 무질서한 변동은 바랄 수도, 예상할 수도 없지만 언제나 발생하기 마련이다. 첫째, 여기에는 지식과 불확실성의 문제가 관련되어 있다. 화폐량이 극단적으로 위축, 팽창되는 경우를 제외하면 우리는 주어진 화폐량이 경제활동에 어떤 영향을 미치는지 정확하게 알 수 없다. 우리는 화폐결핍이 1930년대 공황을 악화시켰던 상황이나 물가상승에 화폐의 공급을 늘리는 것으로 대응함에 따라 자멸적인 결과를 초래했던 사례에서 화폐의 영향을 그나마 파악할 수 있었다. 그럼에도 불구하고 화폐량의 정의, 측정 및 통제의 어려움은 20세기 후반 통화주의로 하여금 갑자기 설 자리를 잃게 만들었다(4장 참조). 중앙은행이 확률적 경제모델에 기반한 예측을 통해 문제를 해결해보려고도 했지만 그 예측은 터무니없이 부정확했다. 알기 어려운 미래에 관한 예측일수록 그 계산은 더욱 부정확했다. 그들은 도널드 럼즈펠드Donald Rumsfeld가 말한 '무엇을 모르는지 모르는 상태unknown unknowns'에 빠져 있었던 것이다. 그 결과, 통화당국은 그들의 노력으로 화폐안정에 대한 자기충족적 기대가 형성되기만을 그저 바라고 있을 수밖에 없었다.

둘째, 화폐시스템의 구조와 그 시스템이 공급하는 화폐량은 여러 이해관계 사이에서 일어난 대립의 산물이라는 점이다. 화폐는 호모 이코노미쿠스가 '효용'을 추구하는 과정에서 채택한 단순한 중립적 수단이 아니다. 사심 없는 통화당국이 제공하는 '공공재' 또한 아니다. 역사를 되돌아보면 화폐를 창출하는 권력을 의미하는 화폐주권은 치열한 다툼의 대상이었다. 그러기에 화폐적 무질서는 불가피한 것이었다. 화폐에는 세 가지 광범위한 이해관계가 존재한다. 하나는 발행자와 관련된 것이다. 발행자는 화폐로 간주되는 것, 즉 채무를 청산할 수 있는 수단을 선언하고 그 공급을 지배하는 권한을 가진다. 우리는 앞에서 고대 그리스 시대에 화폐가 초래한 정치적 불안에 대한 아리스토텔레스의 지적, 프랑스 왕에 대한 오렘의 저항 그리고 은행학파의 화폐 분권화 옹호론에 대한 정부와 통화학파의 반대를 살펴보았다. 7장에서는 2008년 금융위기 당시 화폐생산을 둘러싼 최근의 갈등에 대해서도 살펴보겠다. 다른 두 가지는 화폐사용에 따른 필연적 결과로서 채권-채무관계의 양 당사자와 관련되어 있다. 채권자와 화폐적 부를 보유한 자는 인플레이션에 따른 자신의 부와 채권의 가치하락을 막기 위해 화폐공급에 대한 엄격한 통제를 요구했다. 역사적으로 그들은 가치가 고정된 금속본위제 형태의 '경화hard money', 정부지출에 대한 엄격한 통제 그리고 높은 이자율을 선호했다. 반면, 생산자와 소비자는 채무자인 경우가 많아 '유연'하고 느슨한 화폐통제를 선호했다. 인플레이션은 그들이 부담하는 채무의 실질가치를 낮추기 때문에 인플레이션이 발생할 가능성이 큰 방식의 통제를 선호했던 것이다. 여기서 화폐를 창출할 수 있는 주권을 가진 자는 채무를 회피할 힘을 가지게 된다. 이는 중세 군주는 물론 현대 정부에서도 마찬가지다. 중세 지주나 국채 매수자 같은 채권자들은 국가지출은 수입에 의해 조달되어야 하며 인플레이션을 초래하는 화폐조작을 통해 이루어져서는 안 된다고 주장했다. 우리는 앞에서 중세 군주들의 노력을 살펴보았으며, 국채보유자가 현대 정부의 정책에 대한 주요 감시자 역할을 한다는 점도 곧 살펴볼 것이다(4장). 즉, 화폐의 수급량은 실제 또는 예상 생산능력과 실물경제에서 상품의 획득 가능성에 의해서만 결정되는 것이 아니다. 오히려 화폐는 경제, 사회 및 정치적 권력 사이의 다툼의 대상이었으며, 그 투쟁의 결과로 화폐의 창출방법 및 규모가 어떻게 결정될지는 불확실하기 마련이다.

셋째, 사회에서 경제적 보수의 분배를 둘러싼 갈등은 금전적 청구로 표출된다. 경제학의 완전경쟁 모델에서 수많은 개인은 모두 '가격수용자price-taker'로 취급된다. 즉, 어떤 개인도 가격에 영향을 미칠 수 있는 시장 권력을 가지지 못한다. 하지만 자본주의 현실에 존재하는 권력자들은 사회적 생산물 중 보다 많은 몫을 화폐적으로 청구할 수 있는 '가격설정자price-maker'다. 4장에서는 1970년대 경제적 분배갈등이 경제이론, 정책 그리고 화폐제도에 어떤 영향을 미쳤는지 살펴보겠다. 20세기 남미의 포퓰리즘 민주주의에서는 각계각층의 지지를 받으며 상충하는 요구를 들어줌에 따라 발생한 '화폐남발printing money'이 역효과를 가져왔다는 점이 증명되었다. 그후 발생한 인플레이션과 불안은 불만을 악화시켰을 뿐이다.

따라서 기존의 소득과 부의 분배상태에 만족한 채 '경제적 생존 투쟁'을 중단하는 것이 물가안정의 필요조건이다. 평화로운 경제적 공존은 누구도 자신의 이해와 필요를 강요할 수 없는 사회에서 힘의 균형이 이루어진 결과일 수 있다. 또는 '공정한 노동fair day's work'이 '공정한 임금fair day's pay'을 받도록 하는 가치와 보상에 관한 기존의 분배규칙에 합의가 존재하는 것일 수도 있다. 이러한 사회적 균형이나 합의가 존재하는 것은 국가의 사회질서 유지능력 및 정당성과 밀접한 관련이 있다. 국가에 대한 신뢰와 그 화폐에 대한 신뢰는 떼려고 해도 뗄 수 없을 정도로, 때로는 위태롭기까지 할 정도로 연관되어 있다. 질서 유지능력과 정당성을 가진 국가는 성공적으로 경제적 생존투쟁을 완화하거나 억제할 수 있을 것이다. 1945년 직후 영국에서는 특정 유형의 통화정책이 사회적 의견일치 social consensus 또는 경제적 이해관계 사이의 '합의settlement'에 의해 뒷받침되었다. 하지만 1970년대에는 둘 다 사라지고 말았다(4장 참조).

화폐적 불안은 다양한 외부 요인들에 의해 유발되기도 한다. 예를 들어, 환율하락 및 이에 따른 수입물가의 상승 같은 경제적 사건에 의해 발생한 인플레이션은 불평불만을 야기하고 정부의 정당성을 손상시킬 수 있다. 물론 그 반대의 경우도 가능하다. 무력한 정부는 자국통화에 대한 외국인들의 신뢰를 잃게 된다. 이 경우에는 투매sell-off와 환율하락이 발생하고, 수입재 가격이 상승하면서 높은 인플레이션이 유발된다. 또한 패전이나 국내에서 발생한 혁명으로 국가가 멸망하는 경우에는 십중팔구 화폐적 불안이 뒤따르게 된다. 화폐 무질서의 원인과 결과 사이의 관계는 복잡하기 때문에 성급하게 판단해서는 안 된다. 그러나 화폐의 안정이 단지 경제적 문제는 아니라는 점은 강조해야겠다. 정치적, 사회적 불안이 화폐적 불안과 때때로는 화폐의 몰락을 초래하기도 한다. 이제는 화폐의 무질 서와 관련된 사회, 경제 및 정치적 요인이 총체적인 상호관계를 맺고 있음을 보여주는 사례로서 하이퍼인플레이션에 대해 설명하겠다. 이는 극단적이면서 거의 '실험에 가까운' 사례라고 할 수 있다.

붕괴: 바이마르 독일의 하이퍼인플레이션, 1921-3

독일의 하이퍼인플레이션은 1921년에 나타났다가 1923년에 갑자기 사라졌다. 그 혼란 속에서 독일 국가와 화폐가 붕괴했던 상황은 화폐의 본성과 사회적, 정치적 기반을 적나라하게 '드러냈다'(Orléan, 2008). 1918년 패전에 이어 발생한 혁명으로 인해 독일은 안정적인 군주국에서 불안전한 바이마르 민주공화국으로 한순간에 변모했다. 사사건건 대립했던 사회주의, 진보주의 및 중도정당으로 이루어진 힘없는 연립정부가 바이마르 공화국에 연이어 들어섰다(Feldman, 1996; Evans, 2002). 전쟁 이전에 존재하던 독재국가의 질서는 파업하는 근로자, 반역하는 군인과 선원, 탐욕스러운 지주, 폭리를 취하는 산업가 그리고 분열된 정치 대표자의 무질서한 아귀다툼에 자리를 내주고 말았다. 사회주의자들은 완전고용 정책, 8시간 근무, 연금인상, 실업보험, 복지 등을 내세우면서 새로운 민주주의에서 자신들의 입지를 강화해나갔다. 생산을 빨리 복구하기 위해 세금감면과 기업 보조금이 제공되었다. 수요는 팽창했고,

기세가 꺾인 파산 국가가 승전국에 지불해야 했던 막대한 전쟁배상금에 대해서는 신속히 양해가 이루어졌다. 하지만 독일이 직면한 위기는 곧 주권국가의 핵심요소인 화폐의 위기에서 더욱 명확하게 드러났다.

바이마르 공화국이 처음부터 국가와 통화에 대한 신뢰를 얻을 수는 없었다. 준비자산인 금gold reserve이 없었기 때문에 금으로의 태환을 보장했던 전쟁 이전의 마르크로 돌아갈 수도 없었다. 그만큼 통화발행에 대한 별도의 제약이 없었기 때문에 단순한 화폐남발로 국내의 상충하는 요구사항들과 배상금의 지급이 충족될 수 있었다. '금 마르크gold mark'는 명목상 계산화폐로만 유지되었다. 지폐의 명목상 가치는 계산화폐인 금 마르크와 1:1 비율로 교환되는 것으로 정했지만, 그 교환비율은 비현실적이었다. 1923년에 실제 교환비율은 1:1,000,000,000[10 billion](백만의 1,000배 또는 1조[29])이 되었다. 액면금액이 1억 마르크인 지폐를 도입했음에도 불구하고, 지폐의 발행량은 계속 늘어만 갔다. 처음에는 거대한 화물열차를 통해 지폐를 실어 나르다가 나중에는 항공기까지 동원했지만 어지러울 정도로 상승하는 가격이 만족할 줄 모르는 화폐수요를 따라잡기는 역부족이었다. 당시 상황은 '밀리어드의 광란delirium of the milliards[30]'이라고 묘사되기도 했다(Fergusson, 2010 [1975], 39).

---

29 우리나라는 수數를 '만萬' 단위로 끊어 읽는다. 즉, 만(10의 4승)보다 큰 수인 10의 8승은 '억億', 10의 12승은 '조兆', 10의 16승은 '경京', 10의 20승은 '해垓'라고 부른다. 마찬가지 개념으로 국제적으로 수의 표기법은 'short scale'과 'long scale'로 나눌 수 있다. short scale의 경우, million(10의 6승) 이후 나오는 새로운 수의 단위는 thousand(10의 3승)씩 커진다. 즉, billion은 million의 thousand배인 10의 9승(10억)을 의미하고, trillion은 billion의 thousand배인 10의 12승(1조)를 의미한다. 반면, long scale의 경우, million 이후 나오는 새로운 수의 단위는 million(10의 6승)씩 커진다. 즉, billion은 million의 million배인 10의 12승(1조)을 의미하고, trillion은 billion의 million배인 10의 18승(100경)을 의미한다. 따라서 본문에서처럼 billion은 short scale에서는 thousand million(10억)이며, long scale에서는 million million(1조)을 의미한다.

제국은행Reichsbank[31]의 루돌프 하펜슈타인Rudolph Havenstein 총재는 지폐발행과 운송이 물가상승을 충분히 따라잡지 못했던 점에 대해 사과했다. 화폐수량설의 지지자들은 그가 독일의 '국정화폐이론'에 끌려서 초기에는 화폐량 증가가 물가상승을 초래하지 않을 것이라고 잘못 생각했다고 주장했다. 어떤 의미에서 보면 하펜슈타인이 맞았을 수도 있다. 물가상승은 독일이 직면한 두 가지 문제에서 발생했다는 점에서 그의 행동은 정당화될 수 있다. 독일은 프랑스와 영국이 부과한 배상금을 지불해야 했고, 또 다른 혁명을 막기 위해 과격분자들의 요구에도 응해야만 했다. 화폐를 찍어내는 것이 즉시 활용할 수 있는 유일한 해결책이었던 것이다. 하펜슈타인과 정부는 화폐생산을 중단했을 때, 정치와 사회가 완전히 붕괴될 것을 우려해서 결단을 내린 것이었다.

게다가 배상금 지불에 사용할 수 있는 경화(달러, 스털링, 금)는 새로 발행되어 빠르게 가치를 잃어가고 있던 마르크 지폐를 주는 대가로서만 얻을 수 있었다. 상황이 이러하다보니, 1919년 달러당 8마르크였던 환율은 배상금을 지불해야 했던 1922년 320으로 상승했다. 결국 독일은 석탄으로 배상금을 지불할 수밖에 없었다. 석탄이 바로 '대용'화폐였던 것이다(6장 참조). 하이퍼인플레이션이 끝나갈 무렵이었던 1923년 달러-마르크 환율은 무의미한 수준인 1:4,000,000,000,000까지 상승했다. 마르크의 가치하락은 가뜩이

---

30 milliard는 long scale하에서 10의 9승(10억)을 나타내는 수의 단위다.

31 제국은행은 독일제국이 출범한 1871년에서 5년이 지난 1876년에 설립되어, 제2차 세계대전에서 승리한 연합국에 의해 1945년에 해체된 독일제국의 중앙은행이다. 제국은행이 없어지고 1946-8년 초에 걸쳐 각 주에는 주중앙은행Landeszentralbank이 설립되었고, 1948년 3월에는 주중앙은행을 통합하는 독일랜더은행Bank deutscher Länder이 설립되었다. 독일랜더은행은 1957년 독일연방은행Deutsche Bundesbank으로 이름을 바꾼다.

나 꼬리에 꼬리를 무는 임금과 연금의 인상 요구를 충족하기 위한 화폐남발과 거대기업들의 부당이득 추구로 초래된 국내물가 상승을 더욱 부추겼다.

하이퍼인플레이션은 한번 생기고 나면 스스로 증식하는 특성을 가진다. 물가가 상승할수록 임금과 이윤에 대한 인상 요구는 더욱 거세지고, 이러한 요구는 신속한 화폐생산을 통해 관철되기 마련이다. 사람들은 화폐가치가 추가적으로 급락하는 것을 염려하기 때문에 그렇게 생산된 화폐를 받자마자 사용한다. 거의 헛된 시도에 가깝지만 말이다. 당시의 기록들이 사회적 혼란을 생생하게 증언하는데, 어떤 프랑스인은 화폐가치가 계속 급변하기 때문에 누군가의 부를 대략적으로라도 파악한다는 것은 불가능하다고 기록하기도 했다(Orléan, 2008, 31).

정부는 화폐남발을 멈출 의지도, 능력도 갖지 못했다. 1921년 하이퍼인플레이션 첫해에는 무정부상태를 가져온 두 주역 역시 화폐남발이 중단되는 것을 원하지 않았다. 조직화된 노동계급과 거대독점으로 폭리를 취하던 그들의 고용주들 모두 인플레이션 추세를 충분히 따라잡을 수 있었고 심지어 앞서기도 했다(Ahamed, 2009, 123). 생산확장을 위해 일으켰던 채무는 즉시 가치가 급락했다. 두 강력한 이해관계자들 사이에 낀 중산층 공무원, 교사, 공공부문의 고정급 근로자 그리고 비조합 근로자들은 기아상태로 전락했다. 1922년 점원의 연봉은 한 달 치 가계생계비를 겨우 감당할 수 있을 정도였다(Fergusson, 2010 [1975], 84).

사람들은 마침내 빵을 사기 위해 손수레에 지폐를 싣고 가는 것을 주저하기 시작했다. (사람들이 계산에 쓸 수 없을 정도가 된 계산화폐에 그토록 집착했다는 것은 일상생활에서 화폐적 계산이 얼마나 중요한지를 나타내는 실례이다.) 결국 마르크는 가격을 매기고 물건을 사는데 더 이상 사용할 수 없게 되면서 마침내 폐기되었다. 농부들이 농산물에 대한 대가로 화폐수취를 거절한 것이 도화선이 되었다. 도시민들은 시골 지역을 습격해 가축을 잔인하게 도살하고 음식을 빼앗았다. 사회적, 정치적 질서가 한순간에 붕괴되었다.

1923년 하이퍼인플레이션은 '기적'같이 갑자기 끝나버렸다. 렌텐은행Rentenbank(새로운 은행 - 옮긴이)이 발행한 렌텐마르크Rentenmark(새로운 지폐 - 옮긴이)가 가져온 화폐안정은 화폐의 수용성을 위해 경제적 요소보다는 사회적, 정치적 기초가 중요하다는 점을 잘 보여주었다. 렌텐은행 설립에 참여한 자본가와 토지소유자들은 정치적 연합을 맺어 렌텐마르크는 독일 내 재산을 법적 담보로 제공함으로써 보증된다는 점을 약속했다.[32] 하지만 이건 순전히 허구였다. 청구권의 유효성이 실체가 없는 것에 달려있었다. 즉, 담보의 가치는 렌텐마르크가 성공적으로 안정되느냐에 의해 좌우되었던 것이다(Orléan, 2008).[33]

결국 화폐안정은 화폐발행을 둘러싼 적개심으로 가득 찬, 혼

---

32 새로 발행된 렌텐마르크는 농지와 공장 등을 담보로 해 미국 달러에 가치를 고정(1$=4.2rentenmarks)시켰다. 기존의 1조 마르크가 1렌텐마르크로 교환되었다. 렌텐마르크는 법화가 아니었지만 부동산을 담보로 하고 있어, 총발행량에 제한이 있을 것이라는 기대로 인해 사람들의 신뢰를 받았다. 이를 '렌텐마르크의 기적'이라고 한다.

33 렌텐마르크는 부동산으로 가치를 담보하는 구조로 설계되었지만, 실제 그 담보의 가치는 렌텐마르크로 표현될 수밖에 없는 순환논법과 비슷한 문제가 발생한다.

란스러운 투쟁에 참여한 주요 이해관계자들이 정치적 타협을 이룬 이후에 찾아왔다. 정치적 합의는 불신을 중단시켰다. 렌텐은행은 가치를 잃은 지폐를 새로운 지폐로 교체할 수 있었는데, 그것은 단지 새로운 지폐가 옛날 지폐가 아니라는 이유로 가능했던 것이다 (Fergusson, 2010 [1975], 216). 예전에 마르크로 표시된 가격들에서 12개의 0을 없애고 새로운 마르크로 표시되자, 새로운 가격은 '기적적으로' 안정성을 갖게 되었다.

이제는 현대 자본주의의 특징적 요소가 발달한 과정을 다시 살펴보겠다. 바로 신용화폐가 자본으로서 탄력적으로 창출되는 과정에 대한 것이다.

MONEY

2부

자본주의와
화폐

4장

자본주의 화폐의 진화

국가가 지정한 계산화폐로 표시된 지급수단은 현대 자본주의 사회에서 가장 보편적인 화폐다. 하지만 국가의 화폐 주권이 절대적인 것은 아니다. 첫째, 민간소유 은행도 함께 화폐를 창출한다. 실제로 자본주의의 독특한 특징 중 하나는 규제를 받는 프랜차이즈 형태의 은행시스템이 존재한다는 점이다. 은행시스템은 중앙은행이 발행하거나 정부지출로 유발된 '외생적' 화폐 외에 수표, 직불카드와 신용카드 등으로 전송되는 화폐(국가의 계산화폐로 표시된다)를 '내생적으로' 만들어낸다. 이렇게 화폐창출 과정이 나뉘다 보니, 중앙은행의 화폐공급 통제력이 제한되고 추후에는 학문적, 정치적 논쟁이 발생하기도 한다(7장 참조). 둘째, 자본주의에서는 계약법으로 인해 금융네트워크에서 지급수단으로 통용될 수 있는 사적 채무증서(지불약속이나 IOUs 등)의 발행이 가능하다. 이러한 '준'화폐[near money]는 프랜차이즈화 된 은행시스템에 침투해 중첩적으로 존재한다. 이는 화폐공급에 대한 통제력을 추가로 약화시키며, 어떤 경우에는 국가화폐와 맞서기도 한다. 이러한 준화폐는 국가화폐로의 전환 용이성, 즉 '유동성'에 따라 서열이 매겨진 다양한 형태의 화폐로 구성된 화폐 계층구조에서 일부를 차지한다(Bell, 2001; Ricks, 2016). 우선 현대 자본주의에서 계층구조의 꼭대기에 있는 국가화폐와 은행화폐[bank money]를 생산하는 제도의 진화과정에 대해 간단히 설명하겠다. 비국가화폐에 대해서는 나중에 자세히 살펴보겠다.

진화는 크게 두 시기로 나누어볼 수 있다. 첫번째는 16세기에서 20세기 초반까지다. 이 시기에 국가의 귀금속 통화와 상인들이 사업을 하면서 사용한 사적신용의 융합이 있었다. 두번째는 20세기 초반부터다. 이때부터 화폐가 귀금속과 점차 단절되기 시작했다. 화폐가 자연적으로 희소한 가치 있는 물질로부터 분리되었다. 이에 따라 화폐는 집단적 복지를 향상시킬 수 있는 잠재력을 지닌 사회적 기술이라는 자신의 본성을 명백히 드러내게 되었다.

현대화폐의 원형: 공적화폐와 사적화폐의 융합

16세기부터 19세기까지 서유럽에서는 세 개의 독립된 기관이 현대의 보편적 화폐의 '원형'으로서 서로 관련을 맺게 되었다. 첫째는 국가다. 국가는 실제적이거나 '가상적인' 귀금속 주화를 염두에 둔 계산단위에 기반하여 통화를 창출한다. 이는 세금납부 수단으로 사용될 수 있다. 둘째는 민간은행 네트워크다. 이곳에서 민간은행들은 상인들이 교역을 위해 발행한 환어음을 관리하며 예금을 받아 정부와 통치자에게 대출을 실행했다. 셋째는 국가로부터 특허를 받은 은행이다. 국가는 민간 상인 자본가로부터 자금을 조달해 자신들에게 대출을 해주는 민간은행에 특허를 부여했다. 이러한 국가의 특허를 받은 은행은 민간은행 네트워크를 통제, 관리하고 '최종대부자lender of last resort' 역할을 통해 위기에 대응하는 '중앙'은행으로 발전했다(Ingham, 2004; Calomiris and Haber, 2014; Vogl, 2017).

여기서 핵심은 재화와 서비스에 대한 대가를 지불하는 과정에서 민간은행의 은행권과 환어음이 국가가 발행한 공적통화와 점차 융합되어 갔다는 점이다. 모든 화폐가 그렇듯이 사적화폐도 '부채' 형태로 발행된 것이다. 즉, 발행인이 자신에 대한 채무를 상환하는 데 그 화폐를 받아들이겠다는 방식으로 상환을 약속한 것이다. 예를 들어, 1837년에서 1886년까지 미국의 '자유은행업free banking' 시대에는 은행뿐 아니라 철도회사, 교회, 음식점 등 거의 모든 단체가 화폐를 발행할 수 있었다. 1844년 영국의 은행면허법Bank Charter Act에서는 잉글랜드은행에게 은행권 발행의 독점권을 부여하고 기존 은행이 아닌 신규 은행에 대해서는 은행권 발행을 금지했다. 19세기 영국에서 기존 은행들이 합병과 통합을 거쳐 '신규' 은행들로 바뀌자, 은행권을 발행할 수 있는 기존 은행들은 점차 줄어들었다.[34]

영국의 마지막 발권은행이었던 팍스파울러앤컴퍼니Fox, Fowler and Company 은행은 1921년 문을 닫았다.

오늘날 법화는 국가와 은행시스템에 의해 만들어진다. 국가는 통상적으로 중앙은행에 있는 정부의 계좌에서 인출하여 재화와 서비스에 대한 대가를 지불한다. 규제를 받는 은행시스템은 국가의 계산화폐로 표시된 법화를 발행할 수 있는 독점적 면허를 가지고 있다. 은행은 차입자에게 대출을 실행하는 과정에서 법화를 발행하게 된다. 즉, 자본주의는 이처럼 민간 채권자와 채무자 사이의 계약을 일상적으로 '화폐화하는' 사회적 메커니즘을 가지고 있다. 국가, 중앙은행 그리고 은행시스템 사이의 연관성은 **사적채무를 공적화폐로 변환**시키게 된다.

1장에서 살펴보았듯이, 현재 은행들은 컴퓨터 자판을 두드려 **새로운 화폐**를 차입자의 예금으로 기재함으로써 대출을 실행한다. (이는 대출을 하면 대여자의 화폐 잔고가 줄어들 수밖에 없는 주화 시대와는 다르다.) 경제학 교과서에서는 이를 '허공에서out of thin air' 또는 '무에서ex nihilo' 화폐를 창출한 것이라고 묘사한다. 이는 분명히 상품화폐이론의 전방위적인 영향 때문일 것이다. 하지만 현대 은행화폐는 그냥 허공에서 나온 것이 아니다. 은행화폐는 채무를 상환하겠다는 법적으로 구속력 있는 채무자의 **약속**으로부터 **사회적으로** 창출된 것이라고 보아야 한다. 은행예금(차입금)은 은행에 대해 지고 있는 **사적채무**이며 이를 차입자가 지출하게 되면 **공적화폐**로 바뀌게 된다. 이 시점에서 사적채무라는 말은 화폐를 지급받은 사람에게는 전혀

---

34 당시 은행면허법에서는 기존에 은행권을 발행하고 있던 은행들에 대해 법 시행 직전까지 발행했던 은행권 총량을 한도로 법 시행 이후에도 은행권을 계속 발행할 수 있도록 허용했다. 하지만 이러한 은행들이 다른 은행과 합병하는 경우에는 더 이상 은행권을 발행할 수 없도록 제한했다.

해당되지 않는다. 이러한 현대의 '연금술alchemy'은 납에서 금을 만들려고 했던 중세의 실패한 시도가 끝내 결실을 맺은 것이라고 볼 수 있다.

고객이 은행에 맡긴 예금은 은행이 예금자로부터 받은 것이므로 은행의 부채에 해당한다. 반면, 은행이 대출(차입자의 채무 또는 부채)을 통해 창출한 예금은 차입자의 상환 약속을 바탕으로 한 것이므로 은행의 자산으로 분류된다. 은행의 자산과 부채는 종종 네트워크상 다른 은행으로부터의 차입과 중앙은행에 보관해야만 하는 지급준비금을 통해 메워지게 된다.[35]

화폐의 발행, 보다 정확히 말하면 정부에 의한 자금 지불도 마찬가지로 재무부와 중앙은행에 의해 관리되는 채무 및 신용과 관련되어 있다. 국가지출을 위한 지불은 재무부에 의해 중앙은행에 있는 국가계좌를 통해 이루어진다. 국가와 중앙은행이 귀금속 본위제와 지폐의 태환성을 도입하지 않았다면, 그 화폐는 '명령'에 의해 발행된 것이다. 즉, 국가가 화폐로 공표한 것이다. (이러한 논리를 바탕으로, 2장에서 본 바와 같이 현대통화이론은 화폐적 주권은 화폐를 사용함으로써 화폐가 존재하도록 하는 것이며 정부지출을 위해 실제로 조세징수가 선행되어야만 하는 것은 아니라고 주장한다.)

인플레이션을 유발할 수 있는 명목화폐fiat money의 무분별한 발행은 건전한 화폐를 위한 규칙과 규범에 의해 제한을 받게 된다. 다시 말하면, 정부가 따라야 할 수입과 지출 사이의 합리적인 균형을 명시함으로써 명목화폐가 '과도하지 않게' 발행되도록 하는 것이

---

35 은행은 중앙은행에 예치해놓은 지급준비금이 부족할 경우, 은행 사이의 지급준비금 시장인 콜시장에서 다른 은행으로부터 빌려온다.

다. 조세수입을 초과하는 지출로 발생한 재정적자는 화폐시장에서 민간 금융자본에 대한 이자부 채권(국채 - 옮긴이)의 매각에 의한 차입을 통해 충당된다. 바로 여기서 정부의 재정상태, 즉 수입과 지출이 균형이 이루는지에 대한 판단이 내려지게 된다. 이러한 평가는 금융계와 통화당국이 가지고 있는 업계의 통념에 따라 이루어지며, 이는 주류 경제학계로부터 영향을 받기 마련이다. 정부지출이 '너무 과다하여' 인플레이션을 초래할 위험이 있다고 여겨지면, 화폐시장은 그 위험을 상쇄하기 위해 보다 높은 이자율을 요구한다. 여기서 중요한 점은 정부지출에 의해 창출된 화폐가 '어느 정도'여야 '과도한 것인지'에 대해서 명쾌한 대답을 내릴 수 없다는 것이다. 어떤 판단도 여러 요소에 영향을 받기 마련이다. 여기에는 여러 경제 모델이 제시하는 다양한 해법 중 학계 논쟁을 통해 가장 나은 것으로 판명난 주장도 당연히 포함되어 있을 것이다.

이러한 현대 자본주의 화폐의 생성과정은 다음 장에서 보다 상세히 살펴보도록 하겠다. 여기서는 어떻게 국가화폐와 민간 상인화폐가 민관합작private-public partnership의 갈등과 협력을 거치면서 자본주의 화폐로 발전했는지에 대해 대략적으로 살펴보겠다. 14세기와 15세기 유럽에서는 '상업혁명'을 거치면서 부유한 상인계층이 등장했는데 막스 베버의 표현을 빌리자면, 그들은 국가와 '기념비적 동맹memorable alliance'을 맺고 근대 자본주의의 기초를 만들었다.

베버의 자본주의 서유럽 기원설은 동아시아의 상업과 은행업을 무시한 '유럽 중심적'인 근대 역사관이라는 비판을 받기도 한다.

그러나 동아시아에서 국가와 자본의 관계는 유럽에서 형성된 동맹과는 다른 것이었다(Ingham, 2015). 넓게 보면 상인자본과 국가 사이의 관계는 세 가지 유형으로 나눌 수 있다. 첫째, 이탈리아 도시국가처럼 국가가 상업을 겸하는 이종동형isomorphism이 있다. 예를 들어, 베니스 상인공화국은 그 자체가 하나의 주식회사joint-stock company라고 할 수 있다. 여기서 총독은 사장, 상원은 이사회, 시민은 주주다. 둘째, 중국처럼 상호 축출과 지속적 적대의 관계가 있다. 예를 들어, 중국의 은행업은 지방정부와 중앙정부가 예금을 약탈할 수 있다는 우려로 발달하지 못했다. 셋째, 네덜란드와 영국의 군주, 정부 그리고 상인들 사이의 '기념비적 동맹'에서 나타난 바와 같이 상호 타협과 상호 의존의 관계가 있다(Ingham, 2004, chap. 7; Calomoris and Haber, 2014, chap. 4). 이제는 이러한 관계들에 대해 살펴보기로 하겠다.

기념비적 동맹

15세기까지 서유럽 일부, 특히 이탈리아에서 부르고뉴 공국을 거쳐 네덜란드에 이르는 회랑지대는 장거리 무역이 널리 행해질 만큼 매우 평화로웠다. 상인들의 네트워크에서는 상파뉴나 브장송 같은 '정기시장fair'에서 주기적으로 상계, 정산되는 사적 신용화폐(약속어음, 환어음)가 사용되었다. (신용과 채무는 상인은행가들 고유의 계산단위로 표시되었기 때문에, 그들은 국가의 계산화폐와 자신의 계산단위 사이의 환율을 임의로 변동시키면서 이익을 거둘 수 있었다[Boyer-Xambeu et al., 1994; Ingham, 2004].) 상인화폐는 통화와 영토에 대한 독점적인 통제력을 행사하려던 군주들의 야욕과 충돌했다. 군주들의 화폐주조는 재정능력을 강화하고, 2장에서 지적했듯이, 시뇨리지seigniorage(주조차익 — 옮긴이)와 계산화폐 조작을 통해 이윤을 얻을 수 있는 기회였다. 이 때문에 화폐주조는 주권의 상징이자 원천이었다. 한편 상인화폐는 주권적 수입의 감소를 초래하는 탈세수단으로 활용되기도 했다. 오늘날에도 여전히 벌어지고 있는 일이다.

15세기와 16세기 동안 이러한 두 가지 화폐발달의 경로는 마침내 융합되어 독특한 자본주의 화폐시스템을 만들어냈다(Ingham, 2004, chap. 6; Vogl, 2017, chaps. 2-4). 첫번째 단계는 북부 군주제와 달리 사적 상인화폐와 국가화폐 사이의 융합에 유리한 정부 형태를 가진 지중해 도시국가에서 나타났다. 상인 지배계층은 바르셀로나(1401), 제노바(1407)에 이어 가장 중요하다고 불 수 있는 부르주아 공화국인 베네치아에 리알토은행Banco della Piazza di Rialto(1587) 같은 '공공'은행을 설립했다. 공공은행은 도시 정부에 대해 상인이 실행한 대출을 양도 가능한 채권bonds으로 전환하기 위해 설립되었다.[36] 그 채권은 국가의 상환 약속에 기반한 것이었으며 주화와 함께 지급수단으로 널리 통용되었다. 실제로 부르주아 공화국의 지배자들

---

36 실제로 이들 공공은행이 설립된 것은 도시의 지급결제를 원활하게 할 목적이었다. 당시에는 지급결제에 사용되는 주화가 다양하고 품질 또한 천차만별이었기 때문에 실제 지급결제에는 많은 불편이 있었다. 이들 공공은행은 이러한 다양한 주화들을 예금으로 수입(품질이 떨어지는 주화는 할인율을 적용)하고 주로 예금계좌의 이체를 통해 지급결제 서비스를 제공했다. 이러한 장부 형태의 예금 이외에, 어떤 공공은행들은 채권, 정기예금 또는 지분청구권 같은 것들을 발행하기도 했다. 은행권의 전신으로서 유동성이 있는 어음도 발행되었지만 18세기에 들어서야 일반화되었다. 이러한 부채에 대응해 공공은행들은 다양한 범주의 자산을 보유하고 있었는데, 주화, 금괴, 개인채무, 목적세뿐 아니라 때로는 정부채무도 포함되어 있었다. 즉, 공공은행들은 이러한 자산을 바탕으로 화폐로 사용될 수 있는 다양한 청구권을 발행함으로써 도시의 지급결제를 원활하게 했던 것이다. 저자는 여기서 정부의 채무를 바탕으로 민간에서 사용되는 화폐를 발행하는 기능에 주목했다.

은 (공공은행을 통해 – 옮긴이) 서로간에 대차를 실행했으며 자신의 채무증서를 화폐로 사용했던 것이다. 마르크스는 국가가 부르주아에게 양도되었다고 확신했다.

하지만 도시국가에서 사적채무와 공적채무 사이의 중첩은 불안정의 원인이 되기도 했다. 국가채권의 수용성은 상인들의 채무불이행과 지배층 상인들의 정치적 갈등에 의해 손상을 받았다. 하지만 화폐창출을 위한 새로운 사회적 기술이 발전함에 따라 부르주아와 국가 사이의 관계가 중첩적이기보다 상호 의존적이었던 북부 유럽은 안정을 되찾을 수 있었다.

16세기에 북부 유럽의 몇몇 군주들은 외국주화의 유통과 환어음의 사용을 금지하고 자신들의 금속화폐를 개선함으로써 주권적 화폐공간에서 통제력을 강화할 수 있었다. 영국의 엘리자베스 1세는 1560-1561년에 은 4온스를 파운드 스털링의 표준으로 삼고 영국에서 대대적인 재주조recoinage를 실시함으로써 통화에 대한 신뢰를 높일 수 있었다.[37] 하지만 아이러니하게도 품질이 개선된 금속통화는 오히려 화폐부족을 초래했고 군주들은 전쟁자금을 조달하기 위해 상인들의 대출에 점점 더 의존하게 되었다. 채무불이행이 흔해지자 군주와 부르주아 사이의 갈등도 심화되었다. 예를 들어, 일찍이 1339년에도 영국의 에드워드 2세[38]가 그 당시 피렌체의 연간 직물생산량에 맞먹는 피렌체의 채무[39]를 상환하지 못한 사건이 있었다(Arrighi, 1994, 103).

1672년 '국고지급정지Stop on the Exchequer'으로 알려진 찰스 2세

---

37 엘리자베스 1세가 추진한 화폐개혁은 '악화가 양화를 구축'한다는 말로 유명한 당시 왕실 재정고문이었던 그레샴의 건의에 따라 이루어졌다. 하지만 당시 화폐개혁을 통해 악화를 모두 퇴출시킬 수는 없었으며, 한 세기가 훨씬 지나서 명예혁명 이후 1696년 잉글랜드은행의 화폐개혁을 통해 마침내 작업을 완성할 수 있었다. 이를 1696년 '대주조'라고 한다.

의 런던 상인에 대한 채무불이행은 근대 자본주의 화폐발달 과정에서 가장 중대한 사건 중 하나를 초래하는 계기가 되었다. 빈털터리가 된 상인들의 불만이 고조되었고, 부르주아들은 1609년 암스테르담의 '네덜란드식 금융Dutch finance'을 적극 지지했다. 암스테르담 비셀은행Wisselbank은 신용화폐를 만들어내기 위해 지중해 도시국가에서 발달한 공공은행을 모델로 삼아 대출을 양도 가능한 채권과 어음으로 전환시켰다.

1685년 찰스 2세가 사망하고 제임스 2세가 왕위를 계승하고 난 뒤, 런던 상인들과 의회 의원들은 영국 침공을 위해 네덜란드의 오렌지Orange공을 불러들였다. 그는 1688년 '명예혁명Glorious Revolution' 과정에서 윌리엄 3세로 영국의 왕위를 계승하게 된다. 하지만 영국 왕권을 부여하는 데에는 몇 가지 전제조건이 달려있었다. 이에 따라 '네덜란드식' 공공은행이 설립되었고, 왕은 의회와 부르주아에게 금융을 의존해야 한다는 재정에 관한 헌법적 합의가 이루어졌다. 런던 상인들은 1694년 잉글랜드은행 설립을 위해 120만 파운드의 자본을 제공하고, 무역 경쟁국과의 전투를 위해 많은 자금이 필요했던 윌리엄 3세가 지출에 충당하도록 했다. 그 120만 파운드의 자본은 왕과 그 정부로부터 연 8%의 이자를 받는다는 조건으로 대출되었고, 조세와 관세 징수를 통해 상환될 예정이었다. 이러한 새로운 금융기법이 활용되는 가운데 은행은 은행의 자산인 왕

---

38 실제로 피렌체 채무 지급을 거절한 인물은 에드워드 3세다.

39 14세기 초까지 피렌체는 양모를 중심으로 한 상업과 은행업이 번성했다. 영국 국왕들도 피렌체 은행 가들로부터 대출을 받아 전쟁과 호화생활에 필요한 자금을 조달하기도 했다. 하지만 1348년 흑사병 창궐, 영국 국왕의 채무불이행 선언 등에 따라 도시경제가 침체하고 주요 은행 가문이 파산했다. 수십 년이 지나 피렌체는 르네상스와 함께 다시 부활했는데, 그 과정에서 유명한 메디치 가문이 등장했다.

113

과 그 정부의 잉글랜드은행 채무에 대한 상환 약속을 바탕으로 똑같은 규모인 120만 파운드의 은행권을 발행하여 민간에 대출할 수 있었다. 화폐가 두 배로 창출되었던 것이다.

실제로 주권이 '의회 내 국왕crown in parliament'에게 귀속되도록 한 1688년 헌법적 합의는 왕의 개인채무를 국가채무로 미묘하게 바꾸어놓았다. (1장에서 살펴보았듯이, 이는 근대은행이 은행에 진 사적채무를 상환하겠다는 차입자의 약속에 근거하여 공공화폐 형태인 예금을 창출하는 것과 유사하다.) 이러한 국가채무는 상환할 필요가 없는 영구적인 대출이 되었고, 계속되는 연 이자를 수령하는 채권자들을 국가에 묶어둘 수 있었다. 소수 자본가의 이해관계가 공공 또는 국가채무를 소유, 통제하는 것은 현대 국가에도 고스란히 남아 있다. 현대 국가는 그야말로 '자본가의 나라capitalist state'인 것이다(Hager, 2016).

마르크스는 이 점을 정확하게 간파했다.

마법사의 지팡이가 휘둘려진 것처럼, 〔공공채무가〕 불모의 화폐에 번식력을 불어넣으니, 화폐는 산업 또는 대부업에 사용될 경우에 직면하게 될 고통과 위험에 노출될 필요가 없는 자본으로 전환된다. 국가의 채권자는 빌려준 금액만큼 쉽게 양도할 수 있는 공공채권을 받게 되고, 그 채권은 그들이 손에 그만큼의 현금을 쥔 것과 마찬가지로 기능할 것이기 때문에 실제 양

보한 것은 아무것도 없다. (Marx, 1981 〔1887〕, 529)

현대 자본주의에서 화폐창출은 국가, 채권자와 납세자가 적대적 상호 의존 관계를 가지게 된 기념비적 동맹에서 유래한 재정준칙fiscal norms에 따라 이루어진다. 국가는 이제 자본가와 납세자 모두에게 의존하고 있다. 국가가 지속적인 차입을 위해서는 이자지급을 처리할 수 있을 만큼의 조세수입이 있어야만 했다. 18세기에 효율적인 관료적 징세체계는 영국의 '힘의 근원sinews of power'이었다 (Brewer, 1989). 하지만 세금은 인기가 없었다. 채권자들은 국가의 채무불이행이나 국가의 과다지출로 유발된 인플레이션에 따른 투자가치의 하락을 걱정해야 했다. 상황이 이러하니, 국가는 자신의 이익을 추구하면서도 이러한 요구들에 귀를 기울여야만 했다.

18세기 중에는 동일한 화폐생산 방식을 채택한 수백 개의 '지방'은행country bank이 설립되었다. 차입자가 은행에 지는 사적채무를 바탕으로 창출된 예금은 은행권 발행을 위한 자산이 되었다. 발행된 은행권은 주조된 주화와 함께 공존하면서 화폐공급을 늘렸다. 잉글랜드은행이 발행한 은행권은 국왕과 정부의 채무에 대한 이자를 지불하겠다는 약속이 담보가 되었기 때문에 가장 선호되었다. 이러한 이점을 활용한 잉글랜드은행은 지방은행의 은행권을 할인하여 자신의 은행권과 교환해줌으로써 이익을 거둘 수도 있었다. 결과적으로 잉글랜드은행의 은행권은 엘리자베스 1세가 4온스의 은에 맞추어놓은 파운드 스털링 화폐단위를 사용하는 화폐공간에서 널리 통용되기 시작했다.

윌리엄 라운즈와 존 로크 사이에 있었던 화폐의 본성에 관한 오랜 논쟁에서 표출되었던 화폐의 두 형태가 가진 명백한 상충관계에도 불구하고, 은행권과 금속통화는 상호 보완적이었다. 금속주화만 사용하는 것은 국가지출과 경제확장을 제약한다는 인식이 점차 확산되었지만, 귀금속 본위가 없었다면 그 화폐에 대한 청구권인 은행권에 대한 신뢰도 약해질 수밖에 없었을 것이다. 옥스퍼드 대학의 해부학 교수이자 영국학술원 창립회원인 윌리엄 페티 William Petty는 1692년 "우리가 가진 화폐가 너무 적다면 어떻게 해야 할까?"라는 다분히 수사적인 질문을 던지고선, "우리는 은행을 세워야 한다. 잘 계산해보면, 우리가 가진 주화의 거의 두 배에 해당하는 효과를 거둘 수 있을 것이다"라고 대답하기도 했다(Hull, 1997 [1899], 446).

영국에서 민간 은행신용과 국가통화의 두 화폐 형태의 통합이 가능했던 이유는 이러한 방식이 부르주아와 군주 사이의 갈등을 해소할 수 있었기 때문이다. 헌법적 합의를 통해 국왕과 의회 사이의 적대적이었던 관계는 의회 내 국왕으로 재정립되었다. 그 타협 modus vivendi은 국가권력이 너무 과하지도, 부족하지도 않도록 세심한 균형을 추구한 결과였다. 국가권력이 너무 강할 경우에는 상인의 은행업을 억눌렀을 것이며, 국가권력이 너무 약할 경우에는 은행화폐의 핵심적인 기초인 금속통화를 지탱하기가 어려웠을 것이다.

미국의 역사는 경제적, 정치적 갈등이 해소되지 못하면 국가

화폐와 은행화폐의 통합과 중앙은행에 의한 조정을 기반으로 한 통화시스템은 구축될 수 없다는 점을 보여주고 있다. 은행가의 권세가 농민의 이익과 정부의 화폐통제력을 위협할 것을 우려한 토머스 제퍼슨Thomas Jefferson 대통령은 1791년 알렉산더 해밀턴Alexander Hamilton의 북미은행Bank of the United States 설립계획에 반대했다. 결국 특허가 났고 1816년에는 갱신까지 되었지만 지역 내 경제적, 정치적 갈등은 끊이지 않았다. 또 한 번의 갱신은 거부되었고, 제2차 북미은행은 1841년[40] 문을 닫았다(Calomiris and Haber, 2014).

미국은 6년 전에 있었던 심각한 은행위기에 대응하기 위해 1913년 연방준비제도Federal Reserve, Fed를 설립할 때까지 중앙은행이 없었다. 중앙은행이 연방구조를 띤 것은 12개 구역에 자체 준비은행을 제공하여 경제적, 정치적 이해의 갈등을 해소하기 위한 의도였다.[41] 하지만 이는 단지 갈등을 은행시스템에 밀어 넣은 것에 불과했다. 특히 중서부에서는 뉴욕 월스트리트에 대한 반감을 가지고 있었다. 분권적이며 파편화된 불안정한 은행시스템은 '포퓰리즘에 의해 불구'가 된 채 용케도 20세기까지 버텨왔다(Calomiris and Haber, 2014, 153).

영국에서의 지역적, 경제적 그리고 정치적 갈등은 잉글랜드은행의 통화시스템에 대한 통제와 관리 권한이 확대되는 것을 차단할 정도로 심각하지 않았다. 19세기 후반 잉글랜드은행은 은행파산과

---

40 제2차 북미은행은 1816년부터 1836년까지 운영되었다.

41 미국 중앙은행을 총칭하여 연방준비제도라고 부른다. 연방준비제도는 미국 전역을 12개 지역으로 나누어, 그 지역을 대표하는 12개 지역연방준비은행Regional Federal Reserve Bank 으로 구성된다. 연방준비제도에서 주요한 의사결정은 연방준비제도이사회Board of Governors of the Federal Reserve System, FRB와 연방공개시장위원회Federal Open Market Committee, FOMC에서 담당한다. 연방준비제도이사회는 연방준비은행에 대한 실질적인 통제력을 가지며, 연방공개시장위원회는 기준금리를 결정하고 본원통화 공급을 결정하는 공개시장조작 관련 의사를 결정한다.

현금인출 쇄도의 공포가 촉발한 금융위기를 겪으면서 마침내 최종 대부자 역할을 담당하게 되었다. 시스템 붕괴를 막기 위해 생존 가능한 은행에 대해서는 대출을 해줘야 한다는 주장은 1840년대부터 있었지만, 그것이 수용된 데에는 월터 베그홋Walter Bagehot이 쓴《롬바드 스트리트Lombard Street》의 공이 크다. 베그홋은 현금인출 쇄도를 막고 신뢰를 회복하기 위해서 잉글랜드은행이 "담보가 확실한 이상, 상인, 소규모 은행가, 이 사람 저 사람에게 제한 없이" 대출을 해야 한다고 주장했다(Bagehot, 1873, 51). 잉글랜드은행의 개입은 미국 연방준비제도를 포함한 다른 모든 국가가 중앙은행을 설립하는 데 본보기가 되었다(Calomiris and Haber, 2014).

19세기 후반까지 세계적 선진경제를 바탕으로 '건전한' 금본위제와 탄탄한 은행시스템을 결합한 영국식 통화모델은 여러 나라의 모범이 되었다. 하지만 성공의 정점에 있던 금본위제는 그 특유한 약점을 드러내고 말았다.

야만적 유산

20세기 초반에 이르자, 환어음과 지폐를 금으로 상환하겠다는 약속을 이행하기 어렵다는 사실이 점점 뚜렷해졌다. 실제로 금속본위제는 지폐가 태환을 위해 제시되지 않은 채로 계속 유통되어야만 지속할 수 있었다. 이러한 점은 국제적 차원에서 보다 명확하게 드러났다. 국제 무역거래에서는 런던의 상인은행merchant bank이 발행한 신용 성격의 환어음과 지폐를 가지고 지불이 이루어졌다(de Cecco, 1974). 단도직입적으로 말하면, 자본주의의 국제적 팽창에 따라 급증한 지불수요를 따라잡기에 충분한 금을 확보하는 것이 불가능해진 것이다.

더욱이 금본위제가 가진 화폐공급을 제한하는 '황금족쇄golden fetters'를 정부가 그대로 유지했다면, 제1차 세계대전 이후 경제 혼란과 침체에 대응하기 위해 실시된 정부지출 확대는 이루어질 수 없었을 것이다(Eichengreen, 1995). 케인스의 시각에서 이 같은 금본위제라는 '야만적 유산'은 반드시 폐기되어야 했을 것이다(Keynes, 1971 [1923]. 172). (아이러니하게도 미국이 때늦게 금본위제를 도입한 1900년[42]은 이미 금본위제가 그 지속성에 한계를 드러낸 시점이었다.)

황금빛 외관 뒤에 숨겨져 있던 근대화폐의 실상은 1914년 제1차 세계대전이 발발하자 바로 드러났다. 그 당시 대규모 주식매각과 예금인출이 쇄도하면서 대륙의 금융시스템은 마비되었다. 이러한 공황상태가 런던으로 퍼지자 잉글랜드은행 밖에서도 은행권을 금화로 태환하려는 대기행렬이 장사진을 이루었다. 얼마 남지 않은 금 보유량이 금방 소진될 것을 우려한 정부는 4일 동안 은행 휴무Bank Holiday를 선언하고, 은행 문을 걸어 잠갔다. 잉글랜드은행은 금 태환을 중지하고 예금을 끌어 모으기 위해 이자율을 10%로 올렸다. 또한 은행시스템에 엄청난 신용을 주입하고 대륙의 은행들이 청산하지 못해 남아 있던 런던은행의 신용을 거둬들였다.

---

42 미국이 공식적으로 금본위제를 도입한 시기는 금본위제법안Gold Standard Act이 통과된 1900년도다. 하지만 남북전쟁으로 인해 중단되었던 지폐의 금 태환이 재개된 1879년도를 실질적으로 금본위제를 시행한 시기로 본다.

가장 참신한 조치는 당시 900만 파운드의 금밖에 가지지 못했던 잉글랜드은행을 대신하여 재무부가 직접 1파운드 10실링의 가치를 가진 지폐를 총 3억 파운드 발행한 것이었다. 재무부장관 존 브래드베리John Bradbury가 서명한 지폐인 '브래드베리즈Bradburys'는 대중들에 의해 기꺼이 받아들여졌고 위기는 잦아들었다. 국가가 최초로 대규모로 직접 발행한 화폐였다. 다행스러운 구원의 손길이었음에도 불구하고, 은행가들은 수익성이 괜찮았던 정부채무로 인한 이자 사업에 문제가 생기자 태세를 바꿨다. 그들은 더 이상 재무부가 '무이자' 화폐를 발행해서는 안 된다고 주장했다. 금으로 담보되지 않은 화폐를 발행하려면, 확립된 관행에 따라 국가의 상환 약속을 잉글랜드은행의 자산으로 하고 이에 근거하여 잉글랜드은행이 추가로 발행하는 식으로만 해야 한다고 주장했다. 더군다나 전쟁 중에 발생한 정부채무는 민간으로부터 연 3.5%의 이자율로 자금을 빌리는 유서 깊은 방식대로 차환되어야 한다고 했다. 민간은 1914년 공적자금에 의해 구제된 은행들을 의미했다. (2008년 금융위기 이후 유사한 구제사례와 무이자 화폐, 주권화폐에 대해서는 7장 참조.)

이 사건은 17세기 후반 이후에 등장한 민간 금융자본과 정부채무 사이의 합의나 금 없이도 생존 가능한 화폐가 창출될 수 있다는 점을 보여줬다. 하지만 그 당시 국가, 중앙은행 그리고 은행시스템 중 누구도 기념비적 동맹과 그들 사이의 관계를 포기하려고 들지 않았다. 오히려 도시 금융업계, 재무부 그리고 잉글랜드은행 사이의 제도적 연계를 주도해왔던 엘리트들은 전쟁 전 세계의 재현과 과거 영국의 권세 회복을 기도했다(Ingham, 1984). 국내와 국제 금본위제도는 논란을 일으키며 1926년 다시 도입되었지만, 불명예스럽게도 1931년 유럽에서 발생한 은행위기로 인해 다시 중단되고 말았다. 이제 화폐공급은 더 이상 희귀하고 고귀한 자연적 물질에 고정되지 않게 된 것이다. 그렇다면 과연 화폐는 사회가 인간의 복지증진을 위해 마음대로 만들어 쓸 수 있는 자원이 되었다고 볼 수 있을까? 서유럽 민주주의에서 독점기업이 번성하고 1930년대에 대공황이 발생하면서 이는 시급하게 다뤄야 할 문제가 되었다.

현대화폐: 전쟁과 민주주의

영국이 금본위제를 지속할 수 없게 되자, 국제통화체제는 어떤 주요국 경제도 자신의 통화를 국제무역을 위한 '세계화폐'로 운영할 수 없는 불안정한 시대로 진입했다. 가장 강력한 통화였던 미국 달러가 그 역할을 맡기에 적합했지만, 미국 정부는 뜻이 없었다. 아마도 취약한 은행시스템과 정치적 논란 속에 있던 미숙한 수임자인 연방준비제도가 달러를 국제화폐로 관리할 능력이 없다고 보았기 때문에 이를 꺼렸을 것이다. 국제적으로 수용 가능하며 발행량이 넉넉한 지급수단이 존재하지 않게 되자, 세계무역은 정체되고 경기침체는 악화되었다. 그 결과로 보호무역주의, 국가주의적 포퓰리즘 그리고 제2차 세계대전이 발생했다.

금본위제의 붕괴가 정통 경제학자들이 애지중지했던 균형예산과 건전한 화폐라는 경제적 전통주의를 포기하는 것으로 이어지지는 않았다. 그럼에도 불구하고 통화정책은 1930년대 대공황 당시 전 세계적 위기로 인해 일부 완화되었고, 추후 미국의 뉴딜 프로그램에서는 현저히 완화되었다. 하지만 공산주의와 파시스트 체제에서 성공을 거둔 거대한 공공사업 지출은 곧 회의주의에 직면하고 말았다. 이러한 조치들이 단기적으로 고용 창출을 가져올 수 있다는 점에 대해서는 공감대가 이루어졌다. 그러나 영국에서는 중립적 화폐와 실물경제를 중시하는 고전학파의 교리를 중시하면서 수입을 초과하는 공공지출은 결국 인플레이션을 초래한다고 보는 '재무부의 견해Treasury view'가 득세했다.

자본주의 아래에 있는 민주주의에서 화폐통제를 위한 투쟁이 본격적으로 시작되었다. 케인스를 비롯한 다른 이들은 정부지출이 만들어낸 '유효수요'가 생산, 고용 및 소비의 선순환을 가져온다고 주장하면서 화폐의 효능에 대한 이론적 근거를 제시했다. 그러나 이러한 아이디어는 영국과 미국의 화폐창출과 통제에 영향을 미친 두 가지 중요한 변화를 가져왔던 제2차 세계대전이 끝나고 나서야 일반적으로 받아들여질 수 있었다. 첫째, 경제 전체를 마치 하나의 기업을 대하듯 관리하는 기법이 발전했다. 케인스의 이론을 기반으로 정부가 원재료, 노동비용 그리고 무엇보다 화폐를 통제할 수 있게 되면서 정부는 단편적인 위기대응에서 벗어나 보다 선제적인 경제전략을 수립할 수 있게 되었다. 둘째, 제2차 세계대전으로 복지와 고용을 보장하는 정부지출의 필요성이 부각되자, 민주주의를 뒷받침하던 정치적, 경제적 힘의 균형이 깨지게 되었다. 많은 인구가 전투원이나 폭격대상으로 전투에 직접 참여하면서, 20세기 초반 머뭇거리며 추진되었던 사회민주주의 정책들이 강한 추동력을 얻게 된 것이다. 이제 정부는 국민이 겪는 궁핍을 보살펴야 한다는 압박을 받게 되었다. 화폐창출의 통제를 둘러싼 투쟁이 새로운 국면에 들어선 것이다.

1945년 이후 국내 및 국제 통화질서

전쟁이 끝나자 연합국은 세계경제 및 정치질서 재건에 나섰다. 전쟁 이전의 경제적 국가주의economic nationalism와 보호주의protectionism를 자유로운 국제경제 시스템으로 대체해야 했다. 당연히 여기에는 국제적으로 수용 가능한 지급수단이 필요했다. 이 문제는 1944년 미국 뉴햄프셔주 브래튼우즈Bretton Woods에서 열린 영국과 미국 당국자들의 회담에서 논의되었다. 영국 대표단을 이끌었던 케인스는 새로운 초국적 세계화폐에 관한 제안서를 제출했다. 그는 참가국들이 인수하게 될 종이화폐를 기발하게도 '방코bancor(banc는 은행 또는 금을 의미)'라고 불렀다.[43] 케인스의 제안은 화폐에 대한 전후 지배력을 약화시키지 않으면서 참가국들에게 그 힘을 분산시켰을 테지만, 미국 정부는 이를 거절했다. 그 대신, 미국

---

43 실제 케인스가 제안한 방코는 적자국 계정에서 흑자국 계정으로 이전시키는 방식으로 사용되는 정부상 화폐였다.

정부는 금 1온스를 35달러에 고정시키고 달러가 세계통화의 근간이 되어야 한다고 주장했다.[44] 달러와 다른 통화들의 교환비율은 각국의 중앙은행과 새로 설립된 세계은행World Bank 및 국제통화기금International Monetary Fund, IMF의 공동작업을 통해 결정되어야 한다는 것이었다.

이러한 금-달러본위제gold-dollar standard의 채택은 미국 정부와 월스트리트의 국제은행들에게 상당한 힘과 이익을 가져다주었다. 고정핀 역할을 하는 달러는 미국경제의 강건함과 정부부채 규모에 대한 통화시장의 평가에 영향을 받지 않게 되었다. 그 결과, 미국은 이자율과 화폐공급을 자신의 필요에 따라 마음대로 결정할 수 있었다. 미국기업과 은행들은 달러가 세계화폐의 지위를 가지게 되면서 이익과 경쟁력을 높일 수 있었다. 1965년에 프랑스 재무부장관 발레리 지스카르 데스탱Valéry Giscard d'Estaing은 이를 '과도한 특권an exorbitant privilege'이라고 비판하기도 했다(Eichengreen, 2010; Gowan, 1999). 금본위제 기간 동안 파운드 스털링이 영국의 헤게모니를 강화했던 것처럼 1945년 이후 달러는 미국이 국제적으로 벌어진 경제적 생존을 위한 투쟁에서 사용해온 강력한 무기가 되었다.

국제적 자유무역이 성장을 위한 가장 좋은 수단이라는 데에는 공감대가 있었지만, 케인스는 같은 원칙을 화폐에 적용해서는 안 된다고 주장했다. 그는 국제적 화폐와 자본시장의 투기로 인해 정부가 완전고용과 사회복지에 관한 국내 경제정책을 제대로 실행

---

44 미국 안을 도출한 사람은 재무부 차관보였던 해리 텍스터 화이트Harry Dexter White 였다.

하기가 어렵게 될 것이라고 내다보았다. 케인스는 다음과 같이 설명했다.

> 많은 사람이 공포에 떠는 상황이 거듭해서 발생할 것이다. 왜냐하면 그들은 특정 국가에서 좌익주의가 당분간 다른 곳보다 더 심각할 것이라고 생각하기 때문이다. 국내경제의 원만한 운영은 세계 다른 지역의 이자율에 괘념치 않고 적정 이자율을 자유롭게 설정할 수 있느냐에 달려있다. 자본통제는 이를 달성하기 위한 당연한 수순이다. (Keynes, 1978, 149)

완전고용과 사회복지 추구를 위해서 정부는 두 가지 화폐적 요인을 통제할 수 있어야 한다. 바로 이자율과 환율이다. 이자율은 투자와 고용수준에 영향을 미치고, 환율은 수입원자재와 수출품의 가격에 영향을 미치며 결과적으로 고용으로 그 효과가 이어진다. 자본의 국제이동에 대한 통제는 국가 사이의 이자율과 인플레이션 전망의 변화와 차이에 근거하여 이루어지는 통화에 대한 투기거래를 금지하는 것이다. 자본통제로 인해 외환의 매수는 국제무역에서 교환 및 지불을 목적으로만 허용된다. 케인스의 말마따나 '중개물에 불과한' 화폐가 되는 것이다(Keynes, 1971 [1923], 124). 국가는 전쟁 중에 은행으로부터 빼앗은 화폐통제력을 조금 더 가지고 있으면서 민간화폐와의 힘의 균형을 자기 쪽에 유리한 방향으로 수정하려고 할 것이다. 하지만 경제성장이 재개되면 반드시 세계적 자본가인

은행과 기업이 힘을 되찾게 될 것이므로, 이는 지속할 수 없음이 분명했다.

새로운 동맹과 전후 경제 붐

1940년대 후반부터 1970년대 초반까지 미국, 서유럽 및 일부 동아시아 국가들은 완전고용과 낮은 인플레이션 하에서 이례적인 고도성장을 지속할 수 있었다. 이 기간은 이른바 자본주의의 '황금기'였다. 케인스 경제학을 신봉한 서유럽 자본주의에서는 일부 편차가 있었지만 광범위한 사회민주주의적 정치적 합의를 이루었다. 정부가 수입을 얻기 전에 행한 적자지출deficit spending은 '총수요' 수준을 높인다고 보았다. 또 이를 통해 고용증가와 함께 정부 재정수지의 균형을 가져올 조세수입이 증가할 수 있다고 보았다. 게다가 완전고용과 복지확충은 더욱 긍정적인 영향을 미치게 되는데, 일자리 증가는 복지수요를 줄이고 조세수입을 늘려서 복지재정에 도움을 준다는 것이다.

'자유시장'이라는 경제적 교리는 무대 중앙에서 밀려났다. 하지만 자유시장 옹호자들은 여전히 정부가 유권자들을 유인하기 위해 경제와 통화시스템을 통제하려는 것은 경제적 책임성 상실과 함께 정치적 '노예의 길road to serfdom'을 유발한다고 주장했다(Hayek, 1994 [1944]). 그들은 정부의 적자지출이 생산과 고용을 가져오는

126

자유 시장경제의 '실제' 생산능력을 나타내는 게 아니라고 보았다. 결국 경제에 필요 이상의 화폐공급을 가져와 인플레이션을 초래할 것이라고 예상했다.

적자재정의 채택은 화폐창출을 둘러싼 권력의 재조정을 의미한다. 정부통제의 강화는 '금융억압financial repression'이라는 조치를 수반한다(Reinhart and Belen Sbrancia, 2011). 정부는 전후 과다해진 정부부채와 새로 필요한 차입수요의 이자비용을 줄이기 위해 실질 금리를 매우 낮게 또는 심지어 마이너스로 유지해왔다. 이는 금융투자 수익률을 자유시장에서 기대하는 수준보다 낮추는 금융시스템의 조작을 통해 이루어졌다. 정부채무와 은행예금의 금리에 상한선이 설정되었다. 정부는 국내시장에서 정부채무에 대한 전속적 수요를 만들어내기 위해 은행들에게 정부채권을 보유하는 방식으로 필요자본을 높이도록 요구했다. 높은 수익을 찾아 자금이 해외로 유출되는 것은 전후 브래튼우즈체제의 일환으로 도입된 자본통제에 의해 억제될 수 있었다. 케인스가 예상한 대로 완전고용을 추구하기 위해서는 국내화폐와 국제화폐가 통합적이고 조화롭게 통제될 수 있어야 했다.

이러한 자본주의 권력균형의 이동은 경제의 금융부문과 투자, 저축으로 생계를 유지하는 '불로소득' 계층에게 분명 불리하게 작용했다. 영국 정부는 1946년 잉글랜드은행의 국유화를 통해 금융억압을 시행할 권한을 갖게 되었다. 이제 금리 억제를 통해 적자지출에 필요한 차입비용을 줄일 수 있도록 은행을 직접 통제할 수 있게 된 것이다. 그러나 정부의 채권자에 대한 억압은 유서 깊은 기념비적 동맹의 합의 내용을 폐기하는 것이 아니라 재협상하는 것이었다. 이번에는 영국이 1914년 브래드베리즈를 찍어냈던 것처럼 직접 화폐를 만들어내지는 않았다.

1945년부터 1960년대 후반까지 많은 서방 민주주의 국가들에는 화폐의 창출과 관리방식에 대한 경제적, 사회적 그리고 정치적 균형과 '합의'가 존재했다. 자본주의 기업, 조직화된 노동계층, 금융계층(불로소득자)은 수정된 보상분배안을 받아들였다. 높은 고용수준, 견고한 성장세 그리고 낮은 인플레이션의 특징을 보인 자본주의의 황금기는 임금과 이윤의 실질적 상승을 가져왔고, 수십 년 동안 경기침체와 전쟁으로 지친 사람들의 마음을 달래주었다. 못마땅해 하던 불로소득자들도 별다른 대안이 없었기 때문에 국가와 합의한 수정된 거래조건을 수용할 수밖에 없었다. 정치적, 경제적 위기가 찾아오기도 했지만 1930년대 대혼란이 끝났다는 점을 의심할 만큼 심각한 것은 아니었다. 하지만 여느 때처럼 엘리트 지배층의 자만심은 자본주의의 변덕스러움과 권력균형의 변화무쌍함 앞에 무릎을 꿇고 말았다. 여러 계층과 이해관계자들이 가졌던 새로운 상태의 만족감은 오래가지 못했고, 화폐창출에 대한 통제권을 쟁취하기 위한 투쟁이 새롭게 전개되었다.

황금기의 붕괴

1960년대 후반에는 황금기의 경제 및 화폐 관리체계를 만들어낸 국내외 정치적 합의를 무너뜨릴 수 있는 다양한 요인들이 축적되어 갔다. 1970년대 초반에 서유럽 경제에서 완만한 수준을 보였던 인플레이션은 10%를 상회할 정도로 급상승하기 시작했다. 영국에서는 물가상승률이 1976년 26%에 이르렀다. 케인스 경제학에 반대했던 자들은 이를 기회로 삼아 정부의 적자지출에 대한 비판을 쏟아냈다. 통화이론의 정통교리까지 일부 부활했다. 하지만 문제는 그리 단순하지 않았다. 갑작스러운 인플레이션 상승이 화폐공급 증가와 긴밀히 연관된 것은 아니었기 때문에 다른 요인들이 관여한 것이 분명했다. 석유수출국기구OPEC의 석유가격 인상이나 환율불안 같은 외부요인도 일조했다. 하지만 인플레이션의 주된 원인은 전후에 이루어진 사회적, 정치적 균형이 애초에 지속할 수 있도록 해준 바로 그 상황, 즉 완전고용과 실질임금의 상승에 있었다.

1970년대의 임금-물가의 악순환과 인플레이션 위기는 권력균형의 이동과 이와 관련된 사회적, 문화적 기대에서 일어나는 변화를 반영한 것이었다(Smithin, 1996; Ingham, 2004, 153-9; 2011, 81-8; Hung and Thompson, 2016). 완전고용은 마르크스가 언급했던 실업자 '예비군reserve army'이 가진 억지효과[45]를 소멸시켰다. 집단화된 노동력은 권력과 대담성을 가지게 되었다. 폴란드 경제학자 미하일 칼레츠키Michal Kalecki는 완전고용을 유지하겠다는 전쟁 중 정부의

---

45 마르크스는 자본축적 과정에서 기계화는 기계에 의한 작업대체로 인해 기존 노동자의 실업을 초래할 뿐 아니라 생산작업이 단순화됨에 따라 여성, 아동 등 비숙련 노동자의 노동시장 참여의 확대를 가져온다고 보았다. 마르크스는 실업자와 비숙련 노동자들을 '산업예비군'이라고 불렀고, 이들은 호황과 불황에 따라 감소와 증가를 반복하며 기존 노동자들에 대한 자본가의 착취와 수탈을 방조하는 요인으로 작용한다고 보았다.

약속에 대해 논평하면서, 결국 정부는 노동자 측이 갖게 된 새로운 권력과 지속적인 임금상승 기대를 억누르기 위해 경제를 일부러 위축시킬 것이라고 예견했다(Kalecki, 1943). 1960년대 중반에 이르러서 1950년대 평화시대의 완전고용에 대한 '상대적 만족감'은 '상대적 박탈감'에 자리를 내주고 말았다. 노동자들은 자기 계급이 처했던 과거의 빈곤이 중단된 것에 만족하기보다 자신들을 다른 계급과 비교하며 더 나아지기를 바랐던 것이다.

제2차 세계대전 이후 민주화가 진전되고 대량소비 자본주의가 재개됨에 따라 노동자 계급이 '풍요한' 사회[46]에 적극적으로 참여하면서 영국의 전통적 사회질서는 급속히 붕괴되었다. 할부구매가 도입되고 소비자 대출에 대한 제한이 철폐되자 '과시적 소비'[47]에 기반한 새로운 신분질서가 나타났다. 3장에서 살펴보았듯이, 과점이 확산되면서 기업들은 임금인상 요구를 기꺼이 수용하고 소비자에게 높은 가격을 부과함으로써 비용증가분을 쉽게 전가할 수 있었다. 임금-물가의 악순환이 작동된 것이다. 기업들과 노동자들 모두 자신들의 가격을 올렸고, 그것은 은행시스템의 대출로 창출된 화폐로 조달되었다.

인플레이션은 명목임금 인상과 이에 의해 유발된 추가수요를 무력화할 뿐 아니라 금융투자의 실질수익을 침식시켜 임계치인 마이너스로까지 떨어지게 했다. 불로소득자와 채권자 계급은 전후 '억지로' 낮게 유지되었던 금리에 불만을 갖게 되었다. 이전에는 인

---

46 풍요한 사회는 하버드대 경제학과 교수였던 존 갤브레이스John K. Galbraith가 1958년 저술한 《풍요한 사회》의 제목을 인용한 표현이다.

47 과시적 소비는 소스타인 베블런Thorstein Veblen이 1899년 저술한 《유한계급론The Theory of Leisure Class》에서 사용된 표현이다. 그는 산업혁명을 거쳐 자본을 축적한 신흥 부유층들이 자신의 사회적 지위와 경제력을 공개적으로 드러내기 위해 사치스러운 물건을 소비하는 것을 두고 과시적 소비라고 표현했다.

플레이션이 그들의 수익을 전부 없앨 정도는 아니었기 때문에 그럭저럭 받아들일 수 있었지만, 이제는 상황이 변했기 때문이다. 칼레츠키가 예상했듯이, 화폐공급을 줄이고, 차입을 저지하고, 실질 투자수익률을 플러스로 되돌림으로써 채권자들을 달래기 위한 금리인상이 단행되었다. 그러나 금리의 과도한 인상에는 채무불이행의 급증과 차입소비와 투자감소로 인한 경제위축을 가져올 것이라는 한계가 존재한다. 인플레이션을 유발하지 않는 경제성장과 완전고용을 되찾는 것이 정치적으로나 경제적으로 필수적인 과업이 되었다. 이를 달성하기 위해 정부는 마침내 케인스 경제학도 완전히 대체할 수 없었던 오랜 경제적 교리를 다시 꺼내 들었다. '인플레이션과의 전쟁war on inflation'은 아이디어 싸움이었을 뿐 아니라 노동조합으로부터 임금인상 권력을 빼앗아야 하는 화폐통제권을 향한 전쟁이었다.

1970년대 국내 인플레이션 위기는 전후 서구 자본주의 경제에서 케인스학파가 지배적 지위를 차지할 수 있었던 요인으로서 또 다른 정치적 협약이 무너진 것과 밀접히 관련되어 있었다. 이는 브래튼 우즈 체제의 붕괴였다. 전후 세계 경제의 성장이 가속화되자, 자본이동과 외환거래를 통제하는 것이 점차 힘들어졌다. 수입품에 대한 외화지불을 허가하기 위해 무역송장을 일일이 확인하고 대조하는 작업은 너무 수고스러웠다. 또한 다국적 기업과 글로벌 은행이 동시에 세력을 다시 확대하면서 자본이동에 대한 모니터링은 더욱 어려워졌다. 그러나 이러한 자본이동의 최대 원천과 브래튼우즈

체제의 최대 위협은 바로 그것들을 존재하게 했던 달러였다. 더 정확하게 말하면 미국의 무역수지 적자가 흘러 들어갔던 곳에 엄청난 달러가 쌓이게 된 것이 결정적이었다. 이러한 국외달러의 존재로 인해 브래튼우즈체제에 필적할 만한 비공식적인 평행적 화폐시장과 자본시장이 형성되었다. 이중 가장 유명한 것이 1960년대 후반에 등장한 런던 중심의 유로달러 시장이었다(Helleiner, 1994; Burn, 2006).

하지만 이러한 흐름에 대응하기 위한 노력은 효과가 없었다. 1971년 미국이 달러와 금이 고정관계를 갖는 브래튼우즈체제를 포기한 것이 결정타가 되었다. 이로써 자율적인 국내 경제정책을 보호했던 자본통제와 준고정 관리환율에 관한 규제체계는 점차 소멸했다. 이제 미국이 가진 '특권'은 더욱 '과도'해졌다. 미국은 브래튼우즈체제 관리에 따른 의무는 지지 않은 채 달러가 '사실상de facto' 세계화폐가 됨에 따른 모든 이점은 그대로 누릴 수 있었다(Gowan, 1999). 미국은 베트남 전쟁과 국내의 '위대한 사회Great Society' 지출로 확대된 재정적자를 외국자본 유입을 통해 조달하기 위해 자본이동 제한을 완화했다. 월스트리트는 1975년 '노동절'에 글로벌 자본에 개방되었다. 이를 통해 주요 국가들은 국가 스스로 자금을 차입할 수 있고, 자국은행들이 자본이동 업무를 취급하면서 이윤을 거둘 수 있도록 시장을 개방하는 '경쟁적 규제완화'를 앞다투어 추진하게 되었다. 1995년까지 모든 중앙은행 준비금의 61%, 모든 은행 대출의 77% 그리고 무역에서 송장과 가격표시에 사용된 준거통화의 48%(모든 중요한 오일 거래가 포함되어 있다)가 달러로 이루어졌다 (Gowan, 1999).

화폐창출과 관리에 있어서 힘의 균형이 국가에서 민간자본 쪽으로 기울어지는 급격한 변화도 있었다. 국제통화시장에서 국제무역과 투기 목적으로 이루어지는 외환매매가 다시 한번 환율을 결정하게 되었다. 국가가 자기 채무의 자금조달을 위해 외국자본에 접근할 수 있게 되면서 얻게 되는 이익은 환율과 이자율에 대한 통제를 잃은 것에 대한 대가였다. 그 결과, 케인스가 예상한 대로 국내정책과 사회정책은 제약을 받게 되었다. 이렇게 변화된 상황에서 정책목표를 달성하기 위해 환율이나 금리를 조정하려는 정부의 시도는 '트릴레마'의 난제에 빠지게 되었다. 다음 세 가지를 모두 동시에 달성할 수 없게 된 것이다. ① 고정 또는 안정적 국내통화의 환율, ② 국내 금리통제에 대한 중앙은행의 자율성 그리고 ③ 외환시장 자유화, 즉 국제자본이동의 자유화다. 변동환율제도floating exchange rate에서는 금리와 환율을 모두 통제할 수 없고, 그중 어느 하나만 통제할 수 있게 되었다.

예를 들어 보겠다. 외환투기로 인한 국내통화의 가치상승은 수출가격을 높임으로써 고용에 영향을 미칠 수 있다. 하지만 국내통화에 대한 해외수요를 줄이기 위해 금리를 인하하여 대응하는 것은 국내차입을 늘려 화폐공급을 늘리고 인플레이션을 초래할 수 있다. 물론 인플레이션의 조짐이 나타나면 외국인은 국채투자를 줄일 것이다. 반대로 국내통화의 가치하락은 수입원자재 비용을 높일 수

133

있다. 그러나 통화가치 하락을 막기 위해 금리를 인상한다면 국내 투자와 소비를 위축시켜 실업을 늘리게 될 것이다.

기념비적 동맹의 조건 수정

서구 민주주의 국가가 10년간 정치적, 경제적 갈등과 위기를 겪고 난 뒤인 1970년대 말, 화폐통제를 위한 투쟁은 특히 미국과 영국에서 결정적인 전환기를 맞게 되었다. '대처리즘Thatcherism'과 '레이거노믹스Reaganomics'가 추구한 주된 목표는 인플레이션을 제거하고 투자자본에 대한 실질 수익률을 플러스로 되돌리는 데 있었다. 이러한 '불로소득자의 설욕'(Smithin, 1996; Volscho, 2017) 과정에서 화폐이론이 가진 이데올로기적 그리고 정치적 의의가 어느 때보다 부각되었다. 1970년대 후반과 1980년대 초반에는 케인스의 거시경제학을 비판하는 신자유주의와 '통화주의'가 등장했다(Pixley, 2018; Skidelsky, 2018; Smithin, 2018).

노벨상 수상자인 밀턴 프리드먼Milton Friedman은 화폐수량설을 통화주의로 개조했다. 그는 "인플레이션은 생산량이 아닌 화폐수량이 증가할 때 발생했거나 발생할 수 있다는 점에서 어디까지나 화폐적 현상이다"라고 하면서 19세기의 공리를 반복했다(Friedman, 1970, 24). 그는 인플레이션의 주된 원인은 경제의 생산능력을 넘어선 정부지출 때문이라고 주장했다. 정부지출이 인플레이션을 초래한다는 메커니즘도 발견되었다. 정부지출은 '외생적 화폐', 즉 시장경제 '밖에서' 화폐를 생산한 것이라고 보았다. 국가로부터 지불을 받은 자가 이를 은행시스템에 예금하는 순간, 이는 은행의 대출을 '늘리는multiply' 대출의 기초가 되는 '부분지급준비금fractional reserve'에 추가된다고 본 것이다. 이것이 바로 '본원high powered'통화다. 예를 들어, '지급준비율'이 10%라고 하면 은행은 100파운드의 예금을 받을 때 90파운드를 대출할 수 있고 그 대출이 다른 은행에 예금될 때마다 대출은 '늘어난' 만큼 추가로 이루어질 수 있다. 즉, 90파운드에서 9파운드의 지급준비금을 차감한 81파운드만큼 대출할 수 있는 여력이 추가로 생기는 식이다. 즉, 통화주의이론은 정부지출을 축소하면 화폐의 '승수효과multiplication'가 민간의 실질 생산능력을 초과하는 것을 막을 수 있다고 본 것이다. 나아가 실용적인 통화주의자들은 가용화폐의 수량제한은 금본위제처럼 작용해 가격이 오를 수 없다는 '자기충족적 예언'이 형성될 것이라는 주장을 믿었다.

미국과 영국은 통화주의를 수용하면서 통화량 목표제를 도입했다. 이는 정부지출이 경제에 방출하는 화폐량을 조절함으로써 통화량을 목표수준 이내로 관리하는 방안이었다. 일차적인 목표는 현금(M0)과 당좌예금처럼 쉽게 현금으로 전환될 수 있는 은행예금(M1)으로 구성된 '협의의 화폐narrow money'를 대상으로 했다. 저축성예금, 신용카드 그리고 준화폐 등 유동성은 조금 떨어지지만 점점 더 중요성이 커지고 있는 화폐의 형태들은 '광의의 화폐broad money'

로 분류(M2, M3 그리고 M4)되었지만 처음에는 목표대상이 아니었다. 광의의 화폐는 아이러니하게도 대처 정부가 예금의 유동성(현금과의 교환 용이성)을 높이기 위해 일부 예금에 대한 기간 제한을 철폐했던 금융규제 완화로 크게 증가했다. 규제완화로 인한 비의도적인 화폐공급의 증가는 1989년 주택가격의 급상승을 가져온 인플레이션이 수반된 '경기확장'을 가속화했으며, 그 이후에는 당연히 '경기위축'이 뒤따랐다. 애초에 가장 유동성이 낮은 범주의 화폐(M4)는 1984년 250억 파운드에서 2006년 1.25조 파운드로 확대되었다 (Lipsey and Chrystal, 2011). (2010년에 총통화공급은 2.2조 파운드로 측정되었지만, 실제 유통중인 은행권과 주화는 470억 파운드로 전체의 2.1%에 불과했다.)

지속적인 통화공급 급증을 경험했던 영국은 통화량 목표를 상향 조정하다가 1984년에는 완전히 폐지하게 되었다. 통화주의의 실패는 잘못된 가정에 기인한 바가 크다. 많은 양의 화폐가 프랜차이즈화 된 은행시스템의 대출로 인해 내생적으로 창출되었던 것이다. 이러한 대출은 정부의 본원통화 지급을 포함하여 예금이 제공한 '부분'지급준비금의 사전적 총량에 의해 제한을 받지 않았다. 이번 장 앞부분에서 살펴보았듯이, 자본주의 은행의 '연금술'에서는 대출이 예금을 창조하고 지급준비금은 나중에 구하면 되는 것이었다.

정부는 금리인상을 통해 화폐수요를 통제하는 방식으로 정책을 수정했다. 이는 인플레이션에 영향을 미칠 수 있지만, 고용을 희생양으로 삼은 것이었다. 영국에서 인플레이션은 1980년 18%에서 1980년대 중반 5%로 떨어졌지만, 실업자수는 같은 기간 동안 150만 명에서 300만 명 이상으로 두 배가 되었다. 40년 전 칼레츠키의 예측을 무의식적으로 되풀이하는 일부 정치인들은 실업을 노동자의 임금인상 공세를 꺾을 수 있는 임시 전략으로 보았다. 화폐는 의심할 여지없이 경제적 생존을 위한 투쟁에서 사용하는 무기가 되었다. 전후 케인스의 거시경제정책과는 반대로 인플레이션 길들이기가 고용을 대체하고 정부 경제정책의 중심이 된 것이다.

국민소득 중 노동의 몫을 높여야 한다고 주장했던 노동조합의 세력은 영구적으로 꺾이고 말았다. 결과적으로 1980년에서 1993년 사이에 영국 보수당 정부는 노동조합의 임금인상을 위한 파업을 제한하는 입법을 도입했다. 1980년대 영국에서 발생한 의도적인 대치 상황(1984-5년 석탄 광부의 파업은 유명하다)은 노동조합의 패배로 끝났다. 노동조합은 세력위축과 조합원 감소를 피할 수 없었다. 그렇다고 경제 내 힘의 균형의 변화가 전적으로 입법에 의해서 초대된 것은 아니었다. 1970년대 후반이 되자 노동조합 세력의 본거지였던 광업, 철강업과 같은 중공업은 경제기반 구축이 완료된 서구경제에서 쇠퇴를 경험하게 되었다. 임시직 증가 같은 고용구조 및 조건에 생긴 여러 변화는 노동조합의 세력을 크게 악화시켰다. 조직화된 노동력이 사라지고 글로벌 경쟁까지 가세하면서 서구경제에서는 실질임금의 정체와 인플레이션의 실종이 21세기 현재까지 지속되고 있다.

국제자본, 독립적 중앙은행 그리고 통화정책

1980년대까지 외환시장에서의 주된 거래는 케인스가 '매개물에 불과mere intermediary'하다고 했던 국제무역에 사용될 지급수단을 확보하기 위한 것이 아니었다. 통화가치 변동에 의한 투기거래가 전체 거래의 90%를 차지하면서 환율의 급격한 변동을 초래했다. 외환시장은 정부부채가 '지속 불가능'할 수 있다는 징후, 즉 인플레이션이 발생하거나 정부의 채무불이행으로 이어질 수 있는 징후에 민감하게 반응했다. 반대로 '안전한' 통화는 가치가 오를 것이라는 기대로 대거 매수세가 몰리기도 했다. 케인스를 비롯한 다른 이들이 예상한 대로 환율과 이자율 방어를 위한 시도는 효과가 없었다. 오히려 국내 경제정책 추진만 곤란하게 만들었다. 화폐통제와 관련된 힘의 균형은 국가와 정부에서 시장으로 다시 한번 이동했다. 통화가치 전망에 대한 시장의 판단이 안정성과 예측 가능성을 가질 수 있도록 정부는 인플레이션을 잘 통제하겠다는 믿을 만한 약속을 하도록 강요받았다. 정부는 자신의 화폐통제 권한을 공식적으로 포기하고 '독립된' 중앙은행에 넘김으로써 자신의 의지를 보여줬다.

화폐의 역사에서 거듭 논의되는 주제는 주도적 화폐권력이 어떻게 화폐를 사회적, 정치적 각축전이 벌어지는 무대에서 구해낼 것인지에 관한 것이었다. 금속주의는 화폐가 자연의 영역이라는 점을 내세웠다. 하지만 금본위제가 종료되고 대의민주주의가 등장하면서 이 방법은 더 이상 통하지 않게 되었다. 20세기의 마지막 사반

세기 동안 자본주의 국가에서 화폐의 탈정치화는 중앙은행에 공식적 독립성을 부여하는 방식을 통해 구현되었다(Pixley, 2018; Tucker, 2018). 화폐의 통제와 관리는 경제이론으로 무장하고 독립기관인 중앙은행에 근무하는 기술 전문가들이 담당하게 되었다. '독립성'은 이론과 실무상 다양한 의미로 해석될 수 있지만, 그 공통적인 목적은 화폐정책을 정부의 조작으로부터 분리하는 데 있다. 정부가 인플레이션을 유발하는 지출확대를 통해 유권자들을 유인하려는 경향이 있다고 본 것이다. 독립성은 칼 슈미트Carl Schmitt가 주권을 '예외'를 인정할 수 있는 권력이라고 이해한 관점에서 볼 수 있다. 그는 독립성을 현행 법률과 관습을 벗어나서 행동할 수 있는 결단력이라고 보았다(Schmitt, 2005, 5). 독립성은 화폐를 "자유민주주의와 자본주의에서 중대한 예외로 만들고, 현대 자본주의 국가에서 화폐 영역은 절대적이고 비민주적인 주권적 권위의 지배를 받게 되며, 이러한 사실상 무책임한 권력은 그것이 없다면 자유민주주의가 붕괴할 것이라는 주장에 의해 정당화되고 있다"(Mann, 2013, 199). 중앙은행이 독립성을 얻게 된 이래로 중앙은행에 대한 다양한 설명이 있었지만, 잉글랜드은행의 간부였던 폴 터커Paul Tucker는 중앙은행이 사법부, 군대와 함께 '비선출 권력의 삼대축'이 되었다고 결론을 내리기도 했다(Tucker, 2018, ix). 다음 장에서 살펴보겠지만, 유럽중앙은행은 마스트리히트 조약Masstricht Treaty(1992)에 따라 유럽의 민주정부들로부터 '예외적인' 자율성을 부여받게 되었다. 유럽중앙은행의 독립성은 따라야 할 단일한 유럽국가가 없기 때문에 보다 쉽게 달성될 수 있었다. 유로는 '국가 없는' 통화인 셈이다.

자본주의 화폐가 진화해온 과정을 보면, 화폐의 생산과 사용에 대한 통제는 경제'과학'을 통해 쉽게 이해될 수 없다. 현재의 화폐창출 시스템은 어떤 것을 화폐의 범주에 포함할 것인지와 누가 화폐를 생산할 것인지에 관한 다양한 주장들이 치열한 다툼을 벌인 결과다. 화폐이론들은 지금까지 제 역할을 다해왔다. 그런데도 양대 화폐이론이 아직 합의에 이르지 못하고 차이가 존재하는 것은 화폐권력의 통제권에 관한 투쟁이 아직도 진행중임을 뜻할 것이다. 과연 화폐는 중립적 수단일까 아니면 생산요소일까?

5장

현대화폐 I
: 국가, 중앙은행 그리고 은행시스템

이번 장에서는 주요 자본주의 경제에서 계층구조의 꼭대기에 있는 화폐가 일반적으로 어떻게 창출되는지를 살펴보겠다. 우선 국가와 사적자본 사이의 동맹이 만들어낸 화폐시스템의 '원형'을 분석하는 것에서 시작하겠다. 하지만 이러한 전형적인 협약에서 주목할 만한 매우 중요한 예외가 있는데, 바로 유로존eurozone[48]이다. 유로를 사용하는 지역에서는 같은 계산화폐와 통화를 사용하는 화폐적 공간이 단일 주권국가와 일치하지 않는다. 이것이 최근 유럽이 겪고 있는 통화위기와 정치혼란의 중대한 원인으로 지적되고 있다.

---

48 유로존은 유럽연합의 단일화폐인 유로를 유일한 법화로 사용하는 국가들의 총칭으로서 유럽연합의 부분집합에 해당된다. 유럽연합 가입국은 현재 27개국이나 유로존 국가는 19개국이다. 영국은 유로존 가입 국가가 아니었으며, 2020년 1월 유럽연합에서도 탈퇴했다.

최정상 주권화폐

모든 안정적인 자본주의 국가에서 가장 수요가 큰 화폐는 한 나라의 재무부, 중앙은행 그리고 프랜차이즈화 된 은행시스템 사이에서 만들어진다. '최정상' 화폐는 종종 '법화'라고 불리기도 한다. 예를 들어, 미국 중앙은행 지폐에는 "이 지폐는 모든 공적 및 사적 채무를 상환하는 데 사용할 수 있는 법화입니다"라는 문장이 삽입되어 있다. 하지만 실제로 법화의 개념은 점점 모호해지고 있다. 예를 들어, 일본 정도를 제외한 현대 경제에서는 대부분 비접촉식 카드contactless card[49]를 통한 지불총액이 현금사용을 앞서기 시작했다. 일부 경제학자는 수표와 카드로 지불할 수 있는 민간은행의 예금을 '외부적(시장 외부의, 외생적)' 국가화폐와 반대되는 '내부(시장 내부의, 비국가적, 내생적)'화폐라고 분류하기도 하는데, 여기서 그 모호함이 명백히 드러난다. 하지만 은행예금은 통화당국의 규제를 받고 있고, 국가의 계산화폐로 표시되어 세금납부 수단으로 사용되기 때문에 사실상 프랜차이즈화 된 국가화폐라고 할 수 있다. 대부분 국가의 통화당국에서는 지폐, 주화와 함께 수시입출식 예금과 만기가 짧은 예금을 총통화량의 중요요소인 '광의의 화폐'로 분류하고 있다. 이러한 예금은 전자이체를 통해 전송될 수 있어 공공화폐나 법화 같은 것으로 받아들여진다. 또 마트의 '캐시백' 서비스처럼 현금으로 손쉽게 교환될 수도 있다. 하지만 많은 국가에서, 일부 예외가 있긴 하지만, 현금지급을 거절할 수 없도록 한 것과 달리 이러한 은

---

49 비접촉식 카드는 카드에 IC칩이나 RF안테나를 삽입하여 직접 단말기에 긁지 않더라도 사용할 수 있도록 만든 카드를 말한다.

행발행 지급수단에 대해 법적 수취의무를 규정하고 있지는 않다.

이제는 한 나라의 재무부, 중앙은행 그리고 프랜차이즈화 된 은행시스템 사이의 제도적 구조에 대해 자세하게 설명해보겠다. 먼저 이런 식으로 생산된 화폐의 수용성은 항상 조건부라는 점을 명심해야 한다. 국가가 자신이 발행한 화폐로 지불과 세금납부를 강제한다고 해서, 화폐시스템이 항상 정상적으로 작동한다는 보장은 없다. 앞에서 강조했듯이, 화폐는 정당성과 함께 모든 명백한 취약성에 관한 불신을 없앨 수 있는 힘도 가지고 있어야 한다. 성공적으로 제도화된 화폐는 거래당사자가 직접적이고 개인적으로 책임져야 하는 거래상대방에 대한 신뢰를 발행자의 건전한 화폐 발행능력에 대한 간접적이고 비인격적 신뢰로 전환했던 것이다. 화폐의 역사에서 대부분은 화폐에 대한 신뢰의 감정을 내재가치를 가지는 물질에 '이입'하는 방식으로 사용했다. 오늘날에는 전문지식과 기술을 가진 경제학자들이 카리스마 넘치는 앨런 그린스펀Alan Greenspan 같은 중앙은행 사람들의 도움을 받아 건전한 화폐에 대한 '통속적인 허구'를 만들고 있다(그린스펀이 2008년 금융위기 이후 상원에 나와서 효율적 시장이론에 '결함'이 있었다고 말했을 때, 그의 '카리스마'는 줄어들기 시작했지만 말이다). 하지만 화폐의 안정성에 대한 신뢰는 결국 국가의 정당성과 정치적 안정에 달려있다. 실패한 국가는 예외 없이 실패한 통화를 가졌다.

중앙은행

중앙은행은 자신, 재무부 그리고 프랜차이즈화 된 은행시스템으로 구성된 네트워크의 정중앙에 자리를 잡고서 공공과 민간의 화폐금융 부문 사이의 관계를 조율한다. 국가별로 이러한 관계에는 상당한 차이가 있지만(Calomiris and Haber, 2014; Pixley, 2018; Tucker, 2018), 공통적으로 중앙은행은 다음의 세 가지 상호 관련된 중요한 기능을 수행한다고 알려져 있다. 첫번째는 국가의 은행으로서의 기능, 두번째는 건전한 화폐생산으로서의 기능 마지막으로는 은행시스템에서 '최종대부자'로서의 기능이다.

국가의 은행

중앙은행은 정부에 대한 대출을 실행할 수 있는 특허를 보유한 사적소유 은행에서 출발했다. 그러다 보니 전체 구조에서 모호한 위치를 차지하고 있다. 중앙은행이 공적영역과 사적영역 모두에 걸쳐 있다는 것은 운영방식에도 중대한 영향을 미쳤다. 이제 대부분의 중앙은행은 국가소유다. 하지만 미국의 연방준비제도를 포함한 몇몇은 아직 사적기관으로 남아 있으면서 사적 자본주의에 중대한 영향을 미치는 공적기능을 배타적으로 수행하고 있다.

국가에 대한 채무의 청산에 사용되는 지급수단을 발행, 회수할 수 있는 주권은 경제와 사회 전체에서 핵심적인 요소다. 이 권력은 재무부와 중앙은행의 보완적인 관계 속에서 존재하고, 이 관계는 17세기 후반 이후로 국가재정에 관한 회계규칙과 규범의 적용을 받게 되었다. 한 나라의 재무부는 중앙은행에 있는 자신의 계좌에서 자금을 인출하여 정부지출에 따른 지불을 이행한다(Wray, 2012, chap. 3; Pixley, 2018, 50-6). 만약 조세와 여타 수입이 부족하다면, 재무부는 오직 예외적인 상황에서만 중앙은행으로부터 **직접** 차입함으로써 자신의 채무를 '화폐화monetize'[50]하거나 제1차 세계대전 당시 영국 재무부의 브래드베리 지폐처럼 직접 통화를 발행하는 것이 허용된다. 반복하자면, 국가와 금융자본 사이의 역사적 협약은 재무부가 차입하는 경우에 반드시 중앙은행을 통해 은행, 연금, 보험사 그리고 개인 등이 투자자로 참여하는 화폐시장에서 채권을 발행할 것을 요구하고 있다.

강력한 국가의 채권은 현대 자본주의에서 가장 안전한 투자대상이기 때문에 통상적으로 매수희망자를 끌어모으는 데 별문제가 없다. 하지만 정부지출에 필요한 자금조달을 위해 재무부가 차입할 때는 보증과 유사한 중앙은행의 도움이 필요한 경우도 있다. 중앙은행은 은행시스템에 지급준비금을 제공함으로써 은행들이 국채를 보다 원활하게 매입할 수 있도록 지원한다. 미국 연방준비제도의 의장이었던 매리너 에클스Marriner Eccles는 1947년 의회에서 다음과 같이 설명했다.

재무부가 연방준비은행으로부터 직접 차입할 수 없다는 제한을 재무부가 연방준비은행에 간접적으로 접근하는 것조차 막

---

50 정부가 중앙은행으로부터 직접 차입하여 자금을 조달하는 경우, 중앙은행은 자신의 대차대조표에 자산으로서 정부대출, 부채로서 화폐를 기재하게 된다. 이는 정부의 부채가 중앙은행을 거치면서 간접적으로 화폐로 전환된 것을 의미하며, 정부부채의 화폐화라고 부른다.

145

아야 한다는 의미로 이해해서는 곤란하다. 바로 그렇기 때문에 연방준비은행이 시장에서 사들일 수 있는 국채의 양에 한도가 없는 것이다. 재무부가 대규모 적자로 인해 자금을 조달해야 하는 경우라면, 연방준비제도는 화폐시장에서 재무부의 차입을 가능하게 하는 여건을 조성함으로써 재무부가 필요로 하는 자금을 조달할 수 있도록 돕는다. (Tymoigne, 2016, 1329)

정부채무의 직접적 '화폐화monetization'(중앙은행이 발행시장에서 국채를 인수 - 옮긴이)는 금기지만, 간접적 화폐화(중앙은행이 시장에서 국채가 팔리도록 지원 - 옮긴이)는 허용된 관행이다. 물론 간접적 화폐화는 자본주의 국가의 민관합작 통화시스템의 모호성을 드러내고 있기는 하다.

화폐안정의 추구

앞장에서 살펴보았듯이, 통화주의는 정부지출이 은행시스템을 통해 외생적으로 전파되는 것이 화폐의 주된 공급경로가 아니라는 점을 제대로 파악하지 못했다. 그들은 이와 같은 본원통화가 지급준비금을 구성함으로써 통화승수money multiplier가 작동한다고 보았다. 하지만 앞에서 강조했듯이, 화폐는 대개 은행대출에 의해 내생적으로 창출되며, 은행은 대출 이전에 미리 준비금을 확보하고 있을 필요가 없다. 실제로 은행은 우선 대출을 하고 나서, 상환능력을 유지하기 위해 준비금을 구하러 나선다. 준비금은 중앙은행에 의해 '기준'금리base rate 또는 '콜'금리overnight rate로 제공된다 (Ryan-Collins et al., 2011; Tucker, 2018)[51]. 달리 말하면, 화폐창출은 통화승수 모델에서 상정하고 있는 것과는 반대 방향으로 작동한다 (Goodhart, 2009). 이러한 견해는 최근에야 2014년 《계간 잉글랜드 은행Bank of England Quarterly Bulletin》을 통해 때늦은 반공식적인 승인 을 받게 되었다. 이 보고서는 모든 화폐는 발행자가 자신에 대한 채 무의 청산을 위한 지급수단으로 받아들이겠다는 식으로 상환을 약 속하는 채무증서라는 신용이론의 주장을 지지한 것이었다. 즉, 화 폐의 가치는 화폐가 청산할 수 있는 채무의 가치에서 나왔다는 주 장이다.

따라서 《계간 잉글랜드은행》은 인플레이션이 '평시'에 화폐수 요에 영향을 미치는 금리만으로도 통제될 수 있다는 점을 인정한 것이다. 하지만 그 통제의 강도는 통화시스템에서 민간과 공공부문 이 공유하는 권한에 의해 제한과 조정을 받게 된다. 평시에 대부분 의 중앙은행은 은행에 강제적으로 금리를 부과할 수 없다. 오히려 중앙은행들은 자신의 최종적인 화폐창출 권한을 사용하여 은행들 이 이를 따르도록 교묘하게 유도한다. 중앙은행은 프랜차이즈화 된 시스템에서 은행에 대출하기 위해 설정된 금리가 다른 모든 대출의 금리에 영향을 미치는 '벤치마크'가 되도록 했다. 평시에 이 금리는 강제적인 것이 아니라 중앙은행이 자신의 화폐창출 권한을 통해 달 성하고자 하는 '목표'다. 앞에서 언급했듯이, 은행이 단기적으로 장

---

[51] 금리중심의 통화정책을 운용하는 중앙은행은 정책금리수준에서 은행들이 필요 한 자금수요(지준수요)를 모두 충족할 수 있도록 자금을 공급해야 한다. 만약 은 행이 필요자금을 구하지 못하는 경우라면, 실제금리가 정책금리 이상으로 크게 상승하면서 금리 중심의 통화정책의 의미가 퇴색될 것이기 때문이다. 또한 자금 을 얻지 못해 은행부도가 발생하게 되면, 전체 금융시장의 위기신호로 작용할 것 이므로 중앙은행은 금융시장의 안정이라는 측면에서도 자금을 공급해야 한다. 하지만 실제로는 중앙은행의 태도, 시장관행, 은행들의 행태 등에 따라 실제금리 와 정책금리 사이의 괴리가 지속되는 경우도 있다.

부의 균형을 맞추기 위해 기준금리 또는 콜금리로 중앙은행에서 차입하고 고객에게 대출하는 경우에는 여기에 가산금리를 붙인다. 따라서 벤치마크로 삼은 금리는 화폐를 창출하는 대출수요와 화폐공급량에 큰 영향을 미치게 되는 것이다. 예를 들어, 잉글랜드은행의 통화정책위원회Monetary Policy Committee가 적정한 벤치마크금리(지표금리) 또는 기준금리를 결정하면, 그 금리는 물가안정과 경제성장의 균형을 이루는 수준이라고 간주된다. 높은 금리는 차입을 축소하고 인플레이션 가능성을 억제하지만, 낮은 금리는 생산과 소비를 위한 차입을 부추길 것이다.

하지만 은행들이 이미 충분한 지급준비금을 보유하고 있거나 다른 곳에서 더 나은 조건으로 차입할 수 있다면, 굳이 중앙은행으로부터 자금을 빌릴 필요가 없다. 실제 그러한 경우라면, 중앙은행은 목표했던 금리수준과 함께 화폐공급에 미치는 기대효과를 달성할 수 없게 된다. 중앙은행이 가진 화폐공급의 통제력이 '2차' 또는 '그림자' 은행시스템shadow banking system에서 발행된 사적 채무증서(준화폐)에 대한 접근성에 따라 미약해질 수 있다는 점은 다음 장에서 살펴보겠다. 따라서 중앙은행은 은행의 지급준비금을 조정할 수 있는 화폐창출 권력을 활용하여 기준금리 또는 콜금리 수준에서 프랜차이즈화 된 은행의 실제 차입수요에 영향을 미친다. 중앙은행은 재무부와 함께 화폐시장에서 국채를 매매한다(공개시장조작open market operation). 국채매입은 은행시스템에 화폐를 주입하는 것이고, 국채매도는 은행의 지급준비금에서 그만큼을 차감하는 것이다. 결국 중앙은행의 국채매매는 은행의 대출을 통한 화폐창출 능력에 영향을 미치게 된다. 이러한 방식으로 화폐공급을 세밀히 조정해 감으로써 중앙은행은 지급준비금에 대한 수요, 목표 금리 그리고 화폐수요에 대해 차례로 어느 정도 통제권을 행사한다.

다시 한번 강조하지만 민관 파트너십에서 은행시스템과 금융시스템이 국채를 매입하는 것은 중앙은행의 직접적인 강제에 의한 것이 아니다. 중앙은행이 그 시스템을 보호하기 위한 '최종적' 대부에 관한 권한을 가지고 있는 것은 분명하다. 하지만 은행과 국채투자자들의 순응성은 이른바 '도덕적 설득moral suasion'[52]과 정부지출이 그들의 투자가치를 침식시키는 인플레이션으로 이어지지 않을 것이라는 확신을 통해 얻을 수 있는 것이다. 1970년대 영국에서는 인플레이션이 극심했던 기간에 디플레이션 정책을 실시하지 않는다면 국채매입을 거부하겠다는 '국채 투자자의 파업gilt strike'이 발생한 적도 있다(Pixley, 2018).

1980년대에는 세계화의 진전과 금융시장의 규제완화로 인해 국제금융시장에서 '채권 자경단bond vigilante'[53]과 신용평가사가 정부지출 수준의 적정성을 판단하는 핵심 세력으로 등장했다. 이들로부터 자국통화의 인플레이션을 신뢰한다는 자격 증명서를 받는 것은 자국의 화폐시장과 금융시장의 안정성을 재보증하는 효과가 있는 만큼 중앙은행의 주요한 목표 중 하나가 되었다. 채권시장이 정부의 정책을 신뢰하지 않는다면 시장은 더 높은 금리를 요구할 것이

---

52 도덕적 설득은 당국이 명시적인 규제나 강제조치를 통하지 않고 설득, 호소 등을 통해 사적 경제주체들이 특정한 방향으로 행동할 것을 유도하는 행위를 말한다.

53 채권 자경단은 인플레이션이나 재정적자로 인해 국채가격이 하락할 가능성이 있는 경우에 그 국채를 대량 매도하여 수익률을 끌어올리려는 투자자를 지칭하는 용어이다. 1984년 경제학자 에드워드 야데니Edward Yardeni가 처음 사용했다.

며, 이 경우에 정부의 차입비용은 당연히 증가하게 된다. 이는 포르투갈, 그리스, 아르헨티나 그리고 많은 개발도상국 정부의 사례에서 너무 잘 드러난 바 있다.

이러한 목표를 추구하는 과정에서 많은 중앙은행이 정부로부터 공식적으로 독립성을 부여받았다는 점은 앞에서 언급했다. 중앙은행의 독립은 건전한 화폐라는 자격을 증명하는데 신뢰감을 부여한다. 또 외환시장과 화폐시장이 점점 강건해지고 있다는 점을 보증해준다. 대부분의 중앙은행은 화폐수요에 영향을 미치는 벤치마크금리를 조정함으로써 인플레이션이 통상 2-4% 정도의 목표수준에서 유지되도록 관리한다. 인플레이션을 유발하지 않는 화폐공급 수준은 많은 지지를 받은 '새로운 거시경제 합의new macroeconomic consensus'모델[54]에 따라 계산될 수 있다(Pixley, 2018, chap. 7; Skidelsky, 2018, chap. 4). 여기서 화폐는 실물경제를 전반적으로 조율하는 중립적 도구일 뿐이다. 실물경제는 고용, 이자율, 인플레이션 등의 변수로 구성된다. 그리고 그 변수들은 경제균형의 성립에 기여한 정도가 객관적으로 반영된 어떤 '자연적' 수준을 가지는 것으로 간주된다. 예를 들어, 이 모델은 낮은 수준에서 안정된 인플레이션과 병존할 수 있는 실업률 수준을 의미하는 '인플레이션을 가속화하지 않는 실업률Non-Accelerating Inflation Rate of Unemployment, NAIRU'[55]을 결정하는 데 사용되고 있다(Skidelsky, 2018, chap. 4). 요

---

54 새로운 거시경제 합의모델에서는 산출량과 인플레이션을 근거로 이자율을 변경하는 중앙은행의 통화정책 행태가 명시적으로 반영되었다. 여기서는 실제로 통화정책이 통화량이 아닌 이자율 조절을 통해 이루어진다는 점과 화폐공급이 경제변수에 따라 결정된다는 점(화폐의 내생성)이 반영되어 있어 모형의 현실 적합성을 높였다는 평가를 받는다. 하지만 결론에 있어서 화폐정책이 단기적으로는 실물변수에 영향을 미칠 수 있으나, 장기적으로는 아무런 영향을 미치지 못한다고 하면서 이전의 통화주의와 같은 입장을 취한다.

약하면, 이 모델은 적정 화폐공급량은 경제과학에 의해 객관적으로 산출될 수 있으므로 정치무대로부터 구제되어야 한다는 의미를 내포하고 있다.

세계 유수의 대학들은 경제학계 내의 합의가 헤게모니를 가지도록 하는 데 중요한 역할을 하고 있다. 중앙은행 정책결정자, 국제통화기금, 경제협력개발기구OECD 같은 조직, 신용평가사 그리고 글로벌 화폐시장과 금융시장이 한데 모여 '지적 공동체'를 형성한다. 이를 통해 중앙은행의 조치와 이에 대한 시장의 반응은 지성과 '합리성'을 가지게 된다. 이를 위해서 중앙은행의 심의는 공식적으로 기록되고 정해진 절차에 따라 진행된다. 즉, 중앙은행의 의사결정은 '투명'하게 이루어져야 한다는 것이다.

이러한 틀은 중앙은행과 반대되는 의견을 가진 자는 이해관계에 대해 합리적이고 객관적인 근거가 있을 수 없다는 점을 암시한다. 이는 균형을 유지할 수 있는, 이론적으로 최적인 화폐공급량이 존재한다고 보는 것이다. 여기서 균형은 경제를 구성하는 모든 부문에 이익이 되는 상태라고 정의할 수 있다. 따라서 독립된 중앙은행의 조치에 대한 반대는 특정 부문의 이익만을 추구하는 파괴적이고 불법적인 행위라고 볼 수밖에 없다. 또 모든 사람에게 바람직한

---

55 한 나라의 경제에는 물가와 실업률이 음의 상관관계를 보이는 필립스 곡선이 성립한다. 이러한 관계는 물가가 상승하거나 하락할 것이 예상되는 어떤 실업률 수준이 있다는 것을 의미한다. 예를 들어, 실업률이 3%보다 높은 경우에는 물가가 하락하고, 3%보다 낮은 경우에는 물가가 상승하는 관계가 존재하는 식이다. 이러한 실업률이 바로 인플레이션을 가속화하지 않는 실업률이며, 앞으로의 물가추이를 예상하는 판단 근거로 사용될 수 있는 일종의 기준 실업률이라고 볼 수 있다. 이러한 기준 실업률은 통화정책 수행에 중요하게 활용된다. 즉, 통화당국은 실제 실업률이 기준 실업률보다 낮은 경우에는 물가상승을 예상하여 긴축적 통화정책을 펼치고, 그 반대의 경우에는 물가하락을 예상하여 확장적 통화정책을 펼치게 된다. 실제 실업률이 기준 실업률의 범위 내에서 움직이도록 통화정책을 운용하면 인플레이션과 경제성장의 목표를 충분히 달성할 수 있게 된다. 하지만 실제로는 이러한 기준 실업률이 얼마인지를 누구도 사전에 정확하게 알 수 없다는 점이 문제다. 사후적으로 물가상승이 발생한 이후에서야 기준 실업률의 추정치가 너무 낮았다는 점을 알게 되는 것이다.

151

목표가 되는 효율성과 균형이 아닌 차선책에 불과한 해법을 제시하는 것은 잘못된 이론에 근거해서 정당성이 없다는 말이 된다. 독재 체제가 아닌 한, 효과적인 화폐통제를 위해서는 일반 대중들도 어느 정도는 이러한 지배적 이데올로기를 공유하거나 최소한 의심하지 않도록 할 필요가 있다. 이러한 대중의식의 변화는 통화당국과 정부가 더 이상 '본질적으로' 희소하고 가치 있는 금이 있는 것처럼 가정하여 그 뒤에 숨을 수 없게 된 상황에서 무분별한 화폐창출 요구를 억제할 수 있도록 해준다.

최종대부자: 자본주의와 금융자본가에 대한 구제

은행위기로 인한 위협이 도사리고 있는 상황에서는 화폐의 중요성이 더욱 부각되기 마련이다. 생산과 고용을 일으키는 투자가 중단되는 것은 말할 필요도 없다. 직조물처럼 엮인 자본주의 경제에서 일어나는 일상적인 지불과 계약도 당장 위험에 처해질 것이다. 중앙은행과 정부를 두렵게 만들었던 2008년 금융위기는 금융과 은행시스템을 구하는 것이 완전한 붕괴를 막기 위해 필수적이라는 과업을 남겼다.

은행시스템은 복잡한 채무의 네트워크로 연결되어 있어, 참여 은행 중 하나라도 파산하는 경우에는 대차대조표의 양호한 정도에 상관없이 모든 은행이 어느 정도 영향을 받게 된다. 앞에서 살펴보았듯이, 19세기 후반 베그홋은 위기 시에 잉글랜드은행이 '제한 없이' 대출해야 한다고 주장했다.[56] 대차대조표를 양호하게 유지했지만 자기 잘못이 아닌 이유로 위험에 빠진 은행을 구제하는 것은 잠재적인 연쇄적 채무불이행을 중단시켜 전면적 붕괴를 막을 수 있으며, 은행의 신중함에 대한 보상으로도 작용할 수 있다는 것이다. 잉글랜드은행은 점차 이러한 역할을 담당하게 되었다. 앞에서 언급했듯이, 중앙은행 설립을 꺼리던 미국도 20세기 초반 심각한 위기에 대응하기 위해 마침내 중앙은행을 설립하는 것으로 입장을 바꾸게 되었다.

금융위기의 여파에 직면한 미국 연방준비제도는 위험에 처했지만, 지급능력을 보유한 은행에 대해 최종대부자에서 더 나아가 '최종딜러dealer of last resort'의 역할[57]도 수행하게 되었다(Mehrling, 2011). 미국 연방준비제도는 모든 화폐시장과 증권시장에서 팔리지 않는 자산들을 떠안았다. 이는 국채시장의 지속성을 보장한 것일

---

56 베그홋은 중앙은행이 최종대부자 역할을 하는 데에는 두 가지 원칙을 지켜야 한다고 주장했다. 첫째, 높은 벌칙금리를 부과한다. 이는 지원을 받는 은행에 대한 일종의 제재로서의 성격을 가지기도 하지만, 자금지원이 필요하지 않은 은행들이 자금을 지원받지 않도록 수요를 제한하는 효과도 있다. 둘째, 은행이 건전한 담보를 제공하는 한 무제한 자금을 지원한다. 우량 담보에 의해 뒷받침된 만큼 중앙은행은 자금지원으로 인해 손실을 볼 염려가 없다는 이유에서다. 또한 우량 담보를 제공할 수 있다는 것은 지급능력은 있지만 유동성에만 문제가 있다는 것을 의미하는 만큼 파산이 적합한 은행까지 구제하는 문제를 피할 수 있게 된다.

57 전통적인 통화정책에서 중앙은행이 은행에 단기 유동성을 제공해주는 점에 착안하여 최종대부자라고 한 것과 달리, 양적완화에서 중앙은행은 금융시장에서 채권을 자기의 대차대조표를 통해 매매하는 딜러 같은 역할을 한다는 점을 감안하여 최종딜러라고 부른다. 실제 위기상황에서 중앙은행의 최종대부자와 최종딜러의 역할은 상호 보완적인 기능을 수행한다. 일반적으로 금융회사의 유동성은 부채 측면에서 만기가 돌아온 부채를 추가 연장할 수 있는지 여부를 나타내는 자금조달 유동성과 자산 측면에서 보유자산을 시장에 매각함으로써 현금을 즉시 확보할 수 있는 시장 유동성으로 나누어볼 수 있다. 최종대부자는 금융회사에 대해 자금조달 유동성을 제공해준 것이라고 하면, 최종딜러는 시장 유동성을 제공해준 것이라고 할 수 있다. 유동성 부족에 직면한 금융회사가 서로 경쟁적으로 보유자산을 시장에서 매각하게 되면, 가격이 급락할 뿐 아니라 매입주체가 사라져 시장자체가 없어지는 문제가 발생한다. 이 상황에서 중앙은행이 최종딜러로서 해당 자산을 매입함으로써 관련 시장이 정상적으로 가동될 수 있도록 하는 것이다. 당연히 시장유동성의 사정이 나아지면 자금조달 유동성 또한 개선되는 효과가 있다.

153

뿐 아니라 동시에 거의 모든 금융시장에서 모든 민간기업을 구제한 것이었다. 중앙은행은 위기대응을 위해 대출을 통해 공적기능을 수행한 것이지만, 이는 현행 화폐금융 시스템에서 민간소유의 자본주의 은행에 대한 구제를 동반한 것이기도 했다. 연방준비제도의 조치는 대부분의 미국 금융자본에 대해 시장규율의 적용을 면제하는 것이므로 더 나아갔다고 할 수 있다. 이는 정부재정과 채권자의 이해를 위해 꼭 필요한 국채시장의 지속적인 운영을 보장할 수 있었다. 이러한 구제는 민간과 공공의 금융부문 사이에 존재하는 중앙은행의 모호한 위치를 십분 활용한 것이었다. 특히 중앙은행은 민주정부와의 관계에서 자신의 행동이 정당성과 자율성을 가진 것이라고 믿었다. 그렇다면 국민의 세금으로 사적자본을 구제하는 것이 민주적인 책임성과 정당성을 가졌다고 볼 수 있을까(Pixley, 2018; Tucker, 2018)? 이에 대해서는 7장에서 다시 다루도록 하겠다.

2008년 은행시스템은 구제되었지만, 자본주의는 1930년대보다 더 심각한 침체에 빠져들 수 있다는 우려가 제기되었다. 당시 연방준비제도 이사회 의장이었던 벤 버냉키Ben Bernanke는 학자 시절 초기에 1930년대 침체는 높은 금리가 지속되고, 화폐공급이 제한되었기 때문에 오래 지속된 것이라고 주장했다. 버냉키와 중앙은행 사람들은 1930년대의 반복을 피하기 위해 기준금리를 제로수준으로 낮췄고 바로 뒤이어 양적완화를 통해 화폐공급을 확대했다. 이러한 조치들로 인해 재무부와 중앙은행이 관여하는 일상적인 화폐창출 메커니즘은 대중의 검증을 받게 되었다.

투자와 소비를 위한 차입을 유도하기 위해 기준금리를 제로수준으로 낮춘 것은 채무가 많은 정부에게도 차입비용 감소를 통해 중요한 영향을 미쳤다. 하지만 낮은 금리를 유지하기 위해서는 지급준비금 시장에서 은행시스템의 수요증가에 대응하여 금리가 인상되는 현상을 방지할 필요가 있었다. 이를 막기 위해 화폐공급이 필요했으니, 중앙은행은 다시 양적완화를 가동하는 키보드를 두들겼던 것이다.

일반 사람들의 생각과 달리, 이러한 운영방식이 일반적인 통화정책과 다른 점은 오직 그 규모가 컸다는 점뿐이다. 화폐창출 방법은 기존 절차를 그대로 준수했다. 언론은 이를 두고 "돈을 찍어냈다"고 보도했지만, 이는 잘못된 표현이다. 양적완화는 (정부) 재무부, 중앙은행과 은행시스템의 세 기관들이 각자의 자산을 가지고 상호작용한 것으로서 간접적이긴 하나 전통적인 화폐창출 방법이었다. 재무부는 중앙은행을 통해 은행 및 금융시스템에 국채를 발행, 매도했다. 나중에 이 국채는 중앙은행이 다시 매입했는데, 여기서 중앙은행은 키보드 작동을 통해 전자적으로 생성한 화폐를 지급했다. 이러한 중앙은행의 국채매입의 대가는 은행의 지급준비금에 추가되었고, 이는 은행의 화폐수요 증가로 초래될 수 있는 금리상승 가능성을 차단했던 것이다. 2008년 금융위기로 미국 연방준비제도는 약 4조 달러의 채권을 매입했고, 잉글랜드은행은 35억 파운드를 매입했다.[58] 2017년까지 양적완화를 시행했던 주요 6개국 중앙은행(잉글랜드은행, 미국 연방준비제도, 일본은행, 유럽중앙은행, 스위스

---

[58] 잉글랜드은행이 매입한 채권의 규모는 3,500억 파운드다. 단위 적용에 오류가 있었던 것으로 보인다.

국립은행, 스웨덴중앙은행)은 공공부문 부채의 20% 이상을 보유하게 되었다(Financial Times, 16 August 2017). 은행들은 새로운 화폐에 접근할 기회를 가졌고, 중앙은행으로부터 아주 낮은 금리로 차입할 수 있게 되면서 예금확보를 위해 금리를 높일 필요가 없어졌다.

양적완화에 필요한 자금의 확보도 정부의(공공의) 부채는 반드시 사적자본으로부터 조달되는 것처럼 보여야 한다는 기존 원칙을 준수했다. 국가의(공공의) 은행이 간접적으로 그 사적자본에 자금을 대줌으로써 그렇게 할 수 있었던 것이다. 비록 왕과 상인 부르주아 사이의 당초 협약에서 의도한 것은 아니지만 잉글랜드은행의 관리 하에서 국가가 채무를 일으키도록 했다. 이는 정부가 지출에 필요한 자금조달을 위해 화폐를 창출하거나 화폐가치를 조작하는 독단적인 주권을 견제하는 도구로 활용되었다(4장 참조). 과거에는 이러한 일이 악주나 계산화폐의 변경을 통해 이루어졌다(2장 참조). 화폐창출을 제약했던 금본위제가 중단되자, 지출에 필요한 자금을 조달하기 위해 명목화폐를 '찍어내려는' 정부의 의도는 채권시장의 감시를 받게 되었다. 만약 정부지출이 인플레이션을 유발할 가능성이 있거나 이자지불이 정부에 '지속하기 어려운' 부담이 된다고 판단되는 경우, 시장은 적자국채의 매입을 거부하거나 보다 높은 수익을 요구한다. 자본주의 국가가 사적자본으로부터 대부분의 자금을 확보한다는 점에서 진정 '자본가의 나라'라고 하겠다(Hager, 2016).

양적완화 과정에서 여러 가지 문제가 제기되었는데, 이러한 문제에 대한 구체적 논의는 7장에서 살펴보겠다. 과연 사적자본은 '공공의 지갑'이 필요한 곳에 정당하게 사용되었다고 볼 수 있을까? 더 단순하고 보다 책임성을 확보할 수 있는 민주적인 방법을 채택할 수는 없었을까? 입맛대로 대여조건을 조정할 수 있는 사적자본의 힘이 과연 방탕한 정부지출에 꼭 필요한 견제수단일까? 2008년 금융위기 당시 유로존에서 이러한 문제들이 극명하게 드러나고 말았다.

변칙적인 유로

한 나라에서 주권화폐sovereign money를 생산하는 국가, 재무부 그리고 중앙은행의 관계는 모든 자본주의 국가에서 대동소이하지만, 중요한 예외가 하나 있다. 유럽통화동맹European Monetary Union, EMU 또는 유로존이 그 예외다. 유로존은 두 가지 점이 표준에서 벗어난다. 첫째, 재정과 통화의 영역이 분리되어 있다. 둘째, 중앙은행에는 주권이 미치지 못한다. 1914년 이전 오스트리아-헝가리 제국 정도가 독립적 헌법제정권을 가진 국가들이 공동의 통화를 사용하되, 각자의 국가예산을 보유했던 유일한 사례로 볼 수 있다 (Goodhart, 2003 [1998], 195, n. 1).

유로존 회원국들은 각자 자국의 조세 및 정부지출을 통제하지만, 공동화폐인 유로는 유럽중앙은행European Central Bank, ECB이 책임지고 있다. 우선 유로는 1999년에 계산화폐로서 도입되었다. 그리고 2002년에는 지폐, 주화 그리고 전자적 전송을 지급수단으로 사용될 수 있게 되었다. 유럽중앙은행이 소속된 유럽은 단일한 주권국가가 아니기 때문에 유럽중앙은행은 모든 독립된 중앙은행 중에서도 가장 높은 독립성을 지니고 있다. 유럽중앙은행이 가진 예외적인 권한과 자율성은 유일무이하다. 그러나 통화주권과 국가주권의 유서 깊은 관계의 단절은 바로 유로존의 만성적인 통화 및 경제문제의 원인으로 작용했다(Bell and Nell, 2003; Ingham, 2004; Wray, 2012; Varoufakis, 2017).

어떤 정통 경제이론에서는 단일한 유럽통화와 단일한 유럽시장이 논리적으로 한 쌍이라고 본다. 생산요소의 비용에 포함되어 있는 실물적 가치가 지역 내에서 일정하다면, 그 지역은 바로 '최적통화권Optimum Currency Area, OCA'[59]이 된다. 예를 들어, 어떤 범위의 지역에서 노동수요와 공급이 단일한 단위임금을 형성할 수 있을 정도로 노동이동이 자유롭다면, 그 지역은 통화를 단일화하기에 '최적'이라고 볼 수 있다는 것이다(Bell and Nell, 2003). 유럽은 1950년대 후반 공동시장이 창설[60]된 당시에는 최적통화권이 아니었다. 각

[59] 최적통화이론에서는 지역 간 다른 통화를 사용하더라도 통화 사이의 환율이 고정된 경우, 즉 고정환율제도가 적용되면 같은 통화를 사용하는 것과 마찬가지라고 본다. 특정 지역들이 최적통화권인지의 여부는 고정환율을 적용할 경우, 각종 편익이 비용보다 큰 지의 여부를 비교함으로써 판단할 수 있다. 여기에는 가격과 임금의 유연성, 생산요소의 이동성, 자본시장 통합도, 경제개방도, 물가수준의 유사성, 재정 통합도, 정치적 통합도 등이 고려된다.

[60] 1957년 3월 25일 로마조약으로 '유럽원자력공동체European Atomic Energy Community, EURATOM'와 함께 설립된 '유럽경제공동체European Economic Community, EEC'를 말하는 것이다. 유럽경제공동체는 자유경쟁 원칙에 따른 공동시장의 설립을 목표로 노동과 자본의 자유로운 이동을 보장하고, 공동체 내 관세와 쿼터제를 철폐하기로 했다. 1951년 4월 18일 설립된 '유럽석탄철강공동체European Coal and Steel Community, ECSC'에 참여했던 6개국(프랑스, 독일, 이탈리아 및 베네룩스 3국(벨기에, 네덜란드, 룩셈부르크))이 유럽경제공동체 조약에도 동일하게 참여했다. 이 세 기구는 하나로 합쳐져 1967년 7월 '유럽공동체European Community, EC'로 재편되었다.

국의 상이한 복지와 사회보험제도가 노동비용에 영향을 미쳐 생산비용은 천차만별이었다. 그럼에도 불구하고 최적통화이론은 따라야 할 교본이었다. 이 이론은 당시 유럽연합 내 노동이동의 자유화를 위해 노동법과 복지지출을 유사하게 만들고, 공동통화의 실질적인 경제 기반이 될 수 있는 여러 여건을 마련하는 근거로 활용되었다.

물론 유럽의 단일통화 프로젝트는 지정학적, 비경제적 동기에도 영향을 받았다. 하지만 최적통화이론은 화폐 통합의 객관적, 경제적 근거를 제공하는 것으로 여겨졌다. 비국가적 유로의 생존력에 대한 신뢰는 경제이론에서 제시한 바와 마찬가지로 시장은 사회질서의 궁극적 기초라는 (또는 근거여야 한다는) 믿음에서 기반한 것이다. 유럽연합이 국가 사이에 연방주의와 경제적 공동시장을 만들 수 있었던 논리의 타당성은 경제거래가 사회 내 상호 의존적 결속을 더욱 공고히 한다는 하이에크의 주장에서 찾아볼 수 있다. 이러한 구상은 화폐를 짐멜이 말한 것처럼 사회에 대한 채권이 아니라(3장 참조), 단지 중립적 측정수단과 경제적 관계의 표상에 불과한 것으로 본 것이다. 화폐에 관한 국가이론과 신용이론이 유로의 짧지만 험난한 역사에 대한 이해를 높이는 데 도움이 될 것이다 (Goodhart, 2003 [1998]; Ingham, 2004; Otero-Iglesias, 2015).

실물경제와 중립적 화폐이론에서는 국적 없는 중앙은행이 관리하는 단일화폐가 정부의 낭비적 지출과 인플레이션을 영원히 차단할 수 있을 것으로 본다. 유럽중앙은행 집행위원회 위원인 오트

마 이싱Otmar Issing은 정통 경제학 교리는 "유로는 탈정치화되었으므로 안정적 화폐"라고 본다고 간결하게 표현했다(Otero-Iglesias, 2015, 355). 마찬가지로, 유럽중앙은행의 초대 총재였던 빔 두이젠베르크Wim Duisenberg는 "유로는 다른 어떤 화폐보다 우리 공동체가 가장 중시하는 상호신뢰를 잘 반영하고 있다. 이는 금과의 연계뿐 아니라 국가와의 연계도 단절한 최초의 화폐다. 이는 금속의 내구성이나 국가의 권위에 의해 담보되지 않는다"라고 말했다(Otero-Iglesias, 2015, 354). (정작 그렇다면 사람들은 유로가 어떻게 담보되는 것인지에 관해 의문을 제기할 것이다. 아니면 중립적 화폐의 정통이론에 따라 두이젠베르크의 발언은 화폐는 정작 담보될 필요가 없다는 점을 암시한 것이라고 볼 수도 있다.)

통화주권의 양도는 회원국들이 엄격한 공통의 재정준칙과 한도를 준수하겠다는 약정에 의해 보강되었다. 이는 글로벌 채권시장을 진정시키고 정부지출에 대한 국내 수요를 억누르기 위해 마련되었다. 재무부가 중앙은행으로부터 직접 차입하는 것(채무의 화폐화)을 금지하는 자본주의 국가들의 규칙과 관습은 마스트리히트 조약(1992)과 안정과 성장 협약Growth and Stability Pact(1997)에 명시적으로 반영되었다. 이러한 조약들은 유로와 유럽중앙은행의 역할에 대한 재정적, 화폐적 기초를 다졌다. 회원국들은 재정적자가 GDP의 3%, GDP 대비 채무비율은 60%를 상회하는 것을 금지했다. 이에 따라 재정적 통제에 대한 자율성은 심하게 제한을 받았다.

특정 국가에 소속되지 않은 중앙은행이 독자적인 국가재정과 결별하면서 국가와 자본 사이의 기념비적 동맹은 대폭 수정되었다. 미국 연방준비제도의 역할에 관한 에클스 전 연방준비제도 의장의 설명에서 보았듯이, 정부지출과 자본가의 자금 사이에서 타협을 이끌어내는 중앙은행의 재량적 역할은 주권국가 재정의 핵심요소로 발전했다. 유럽중앙은행은 회원국으로부터 분리되면서 국가의 자금수요를 수용할 수 없게 되었다. 그러나 2008년 금융위기를 거치면서 유럽중앙은행도 수 세기에 걸쳐 단일 주권국가에서 발전되어 온 협약에 순응해야 한다는 압력에 직면하게 되었다.

회원국들은 마스트리히트 재정준칙을 엄격하게 준수해야 했기 때문에 재량적 예산과 적자지출을 위한 조금의 여유도 갖지 못했다. 유럽연합 밖의 경쟁국들과는 달리, 회원국들은 특정 지출을 하기 전에 조세수입이나 차입과 관련된 재정상태를 면밀하게 확인해야만 했다. 이는 민간기업이 화폐시장, 채권시장과 주식시장에서 자금을 조달하는 경우와 마찬가지의 방식이다. 지출 이전에 세금을 올리는 것은 정치적으로 인기가 없는 정책인지라 회원국들은 글로벌 화폐시장에서 차입을 선택했다. 차입을 원활하게 하기 위해 회원국들은 경쟁적으로 재정긴축에 들어갔고, 이 과정에서 국제적인 금융자본의 세력이 크게 확대되었다. 그러다가 마침내 일부 힘센 정부들이 재정준칙을 무시하기에 이르렀다. 프랑스가 대표적이다.

하지만 유럽경제공동체 초기 단계부터 일부 유럽 정치인들은 최적통화권이론이 타당하다고 하더라도, 단일통화는 독자적인 재정정책을 실행할 수 있는 단일한 정부 형태가 전제되지 않으면 생

161

존할 수 없다는 점을 간파하고 있었다. 이는 국정화폐이론이 주장하고 역사가 증명한 사실이다(Bell and Nell, 2003; Goodhart, 2003 [1998]; Ingham, 2004, 188-96; Otero-Iglesias, 2015). 실제로 영국은 단일통화가 단일한 유럽국가에 이르기 위한 불가피한 선택인지를 의심하고는 유로의 채택을 거부했다. 그 이후 발생한 여러 사건들은 이러한 견해에 힘을 실어주었다. 이제는 재정과 통화주권의 분리가 유로문제의 중요한 원인이며, 이 문제는 둘의 재통합만으로 해결할 수 있다는 점이 널리 받아들여지고 있다.

단일한 통화를 사용하지만 그 통화가 재정과 분리된 경우에는, 회원국 사이의 경제적 불평등과 구조적 격차로 인해 발생하는 개별 국가의 문제에 대해 차별화된 정책수단을 취하는 것이 애초에 불가능하다. 유로존에서 경제의 경쟁력이 떨어지는 국가들은 수출을 확대하고, 수입을 제한하기 위해 통화를 평가절하하여 경상수지 적자를 만회할 권리를 빼앗겼다. 오히려 포르투갈, 이탈리아, 그리스와 스페인 등 상대적으로 경제력이 떨어지는 국가들은 '내부적 평가절하'를 통해 조정을 거쳤다. 즉, 그들은 생산비, 특히 임금과 사회복지 감축을 통해 명목가격을 떨어뜨려야 했다. 신자유주의자들은 이러한 감축에 대해 경제의 비효율을 시정하는 시장규율이 적용된 것이라면서 환영하기도 했다. 유로존 내 가난한 지중해 회원국들이 겪은 사회적 불안과 부유한 국가들과의 갈등은 해소하기 힘든 정치적 긴장을 낳았다.

회원국들이 겪은 경제의 저성장과 금융의 취약성은 2008년 금융위기로 인해 더욱 악화되었다. 중앙은행이 화폐를 창출할 주권적 권한을 가지지 못하는 국적 없는 통화시스템은 약점을 노출하고 말았다. 채무수준이 높은 국가들은 채무불이행의 위험에 놓였고, 지급불능 은행시스템은 붕괴 직전이었다. 마스트리히트 조약과 안정과 성장 협약의 엄격한 조건 때문에 미국과 영국이 채택한 시스템에 화폐를 쏟아붓는 유서 깊은 대응방안은 채택될 수 없었다. 유럽연합과 유럽통화동맹은 자신들이 채운 족쇄로 꿈쩍할 수 없게 된 것이다. 채무와 지급불능 위기를 완화할 수 있는 재량적 화폐창출의 주권을 보유한 단일기관이 존재하지 않은 것이 문제였다(Ingham, 2004, 194-5; Otero-Iglesias, 2015). 회원국들의 중앙은행은 유로를 찍어낼 수 없으며, 유럽중앙은행은 유럽연합 회원국들의 국채를 양적완화의 대상으로 삼을 수 없었다. 간단히 정리하면, 다른 나라에서는 한 세기를 거쳐 자본주의의 표준관행으로 정착된 '최종대부자'가 유로존에는 존재하지 않았던 것이다.

아일랜드, 그리스, 스페인 그리고 포르투갈의 부채위기를 촉발한 2008년 금융위기의 파급효과가 커지면서 유로존 시스템의 주요 구성요소는 근본적인 변화를 겪게 되었다. 즉, 재정과 통화영역의 엄격한 분리와 국채매입을 위한 화폐창출 금지원칙에 수정이 가해진 것이다. 그리스가 경제몰락으로 유로존을 탈퇴할 가능성이 제기되자 유럽연합 집행위원회European Commission[61], 유럽중앙은행, 국제통화기금으로 구성된 '트로이카'는 그리스 정부가 국채 보유자들에게 이자를 지급할 수 있도록 일련의 통화 차원의 '긴급구제'방안

---

[61] 유럽연합 집행위원회는 국가의 행정부에 해당하는 기관이다. 집행위원회는 유럽연합 내 정책 결정기구인 '유럽이사회European Council(회원국 수상이나 대통령으로 구성된 최고 의사결정 기구)' '각료이사회Council of Ministers(회원국 관련 장관들의 모임)' '유럽의회European Parliament, EP'에서 논의될 이슈를 만들고 결정된 사항의 집행을 감독하는 역할을 하는데 실질적으로 유럽연합과 관련된 주요정책을 발의하고 입안하는 역할을 담당한다.

을 마련했다. 이러한 노골적인 일탈행위가 유로존의 규칙을 훼손하는 것을 막기 위해 여기에는 연금 및 소득세의 구조조정과 경제 '자유화'를 향한 시장개혁 추진에 대한 그리스 정부의 약속을 반대급부로 하는 '예외적' 조치라는 프레임이 씌워졌다. 이 사건으로 인해 유로의 주권적 권력이 비선출 트로이카에 있다는 점이 명확하게 드러났다.

결과적으로 2008년 금융위기는 유럽중앙은행이 유럽연합 회원국의 국채를 매입할 수 없다는 제한을 다소 완화하고 통화와 재정의 경계를 희미하게 만들었다. 유럽중앙은행은 미국과 영국에서 있었던 양적완화를 좇아 이와 유사한 간접적인 자금지원에 착수했다. 이는 국가와 자본의 기념비적 동맹의 내용을 준수하면서 민간은행과 사적금융에 이윤을 보장하는 방식으로 이루어졌다. 이는 민간자본에 유리한 조건으로 채무를 인수시키는 방식으로 화폐를 창출하는 제도적 메커니즘을 잘 따르고 있다. 2012년 이후 민주주의 정치에서 비켜나 있던 유럽중앙은행은 채무가 많은 유럽연합 회원국의 국채를 고정된 가격으로 무한정 매입하기 위해 유로화를 발행할 수 있는 '예외'를 허용 받았다. 하지만 여기에는 민간은행들이 개별 국가의 중앙은행으로부터 빌린 돈으로 해당 국가 정부의 국채를 먼저 매입해야 한다는 전제조건이 붙었다. 은행들은 국채를 할인된 가격으로 매입했다. 그리고 즉시 유럽중앙은행에 이윤이 보장된 고정가격으로 재매각했다. 예를 들어, 95%에 매입하여 0.5% 수준의 이익을 보장받는 식이었다(Streeck, 2014, 166).

유럽통화동맹은 역내 경제거래를 위해 시장에 공동의 통화를 제공함으로써 유럽연합 내 국적을 초월하려던 시도였다. 사람들은 스미스와 리카도의 고전학파 경제학과 여기에 내재된 사회이론에 근거를 두고 있는 자유무역정책이 정말로 국가 사이의 갈등과 경쟁을 없애줄 것이라고 믿었다. 프랑스와 독일의 오랜 경쟁의식도 경제적으로 상호 의존하게 되어 서로 이익을 거둘 수 있다면 극복될 것으로 보았다.

유로존 프로젝트의 성공에 대한 확신은 결국 화폐는 실물경제에서 생산된 가치의 교환을 위한 중립적 매개물이라고 본 경제모델에서 나온 것이다. 이러한 구상에서 은행위기와 금융위기는 일시적인 탈선에 불과하며, 시스템 내에서 항상 발생하는 것은 아니라고 보았다. 이에 따라 위기대응을 위한 조치는 단일통화로 나가기 위한 계획에서 우선순위에 들어가 있지 못했던 것이다. 유럽연합은 유럽중앙은행에 최종대부자의 권한을 부여하지 않았지만, 유럽중앙은행은 '예외적인' 통화주권을 행사함으로써 그 역할을 수행하게 되었던 것이다. 마스트리히트 조약 위반이라는 사실을 숨기기 위해 복잡하게 꼬아놓았지만, 유럽중앙은행은 **법률적으로는** 아닐지 몰라도 사실상 최종대부자가 되었다.

물론 유럽통화동맹을 창설한 **정치지도자** 모두가 유로의 타당성을 옹호한 경제이론을 납득했던 것은 아니다. 마스트리히트 조약이 체결되기 1년 전인 1991년, 독일의 헬무트 콜 총리Helmut Kohl는 의회에서 "역사는 정치동맹이 없는 경제 및 화폐동맹은 잘못된 것이라는 점을 알려주고 있다"라고 말했다(Otero-Iglesias, 2015, 358). 20세기 후반이었던 그 당시에는 회원국 사이의 경쟁심리 때문에 정치적 연합을 위한 논리적 접근이 불가능했다. 하지만 2008년 금융위기로 발생한 대혼란은 콜 총리의 판단이 옳았다는 점을 알려주고 있다. 2012년 그의 후임인 앙겔라 메르켈Angela Merkel 총리도 "우리는 통화동맹뿐 아니라 소위 말하는 재정동맹도 필요하다. 무엇보다도 우리는 정치동맹이 가장 절실하다. 이는 곧 우리가 점진적으로 유럽에 권한과 통제권을 부여해야 한다는 것을 의미한다"(Otero-Iglesias, 2015, 361)라고 반복했다. 하지만 최대 숙적인 독일과 프랑스는 아직 유럽의 권한과 통제권에 필요한 주권의 본질에 대해 합의를 보지 못하고 있다. 두 국가가 합의에 이른다면, 유럽연합 내 약소국들은 프랑스-독일의 주도권에 지레 겁을 먹을 것이다. 게다가 포퓰리즘 국가주의가 판을 치는 마당에 유럽연합 내 엘리트들이 범유럽적 정치통일에 나서기도 어려운 상황이다.

결론

유로존을 제외한 대부분의 현대 자본주의 국가에서 화폐창출은 두 개의 삼각관계와 관련되어 있다. 첫번째는 한 나라의 재무부, 중앙은행과 규제를 받는 은행 프랜차이즈 사이에 제도적으로 맺어진 관계다. 이러한 제도에는 헌법에서 규정한 관계, 관례와 회계규칙이 포함된다. 이들은 자신의 차입자들이 자신에게 지고 있는 채무의 형태로 화폐를 생산한다. 이러한 관계를 지탱하는 가장 중요한 협약은 정부가 주권을 활용해 자신의 지출에 필요한 자금을 직접 화폐를 발행해 조달(부채의 화폐화)하지 못하도록 하는 것이다. 이 화폐창출 과정에서 민간자본은 국가의 화폐주권과 타협하면서 계속 주도권과 수익성을 가져야 한다. 7장에서 2008년 금융위기를 겪고 난 뒤, 화폐창출 권한을 다시 민간은행으로부터 빼앗아야 한다는, 민주적 '주권화폐' 옹호론이 재등장하는 과정을 살펴보겠다.

이러한 제도적 메커니즘과 관례는 두번째 삼각관계에서 주요 라이벌 사이의 오랜 투쟁과 묵시적 합의를 거쳐 형성되었다. 그 삼각관계는 지출을 하는 국가, 그 국가가 발행한 국채를 매입하는 채권자 그리고 정부지출과 국채 이자지급을 위한 수입의 징수대상인 납세자들 사이의 관계를 나타낸다. 이러한 복잡하고 모순된 투쟁은 현대 민주주의 정치의 큰 특징이 되었다. 한편으로 국가 채권자는 국채매입으로 이익을 거두긴 하지만, 동시에 국가부채가 늘어날수록 채무불이행 가능성을 높여 그들의 투자위험으로 작용할 것을 우려하기도 한다. 하지만 다른 한편으로 국가 채권자는 정부부채의 급격한 감소가 투자기회의 안전성과 수익성에 미치는 영향에 관하여 상반된 감정을 갖게 될 것이다. 1990년대 클린턴 대통령이 미국 정부의 부채를 상환할 계획을 내비치자, 연방준비제도 의장 앨런 그린스펀은 안전한 투자기회의 감소를 우려하는 금융시장을 달래야만 했다(Hager, 2016, 68). 정부가 부채상환을 위해 세금을 올린다면 유권자들의 저항에 직면하게 될 것이다. 특히 더 큰 이해관계가 걸린 부유한 채권자 계급의 극심한 반발을 겪게 될 것이다. 미국뿐 아니라 다른 나라에서도 국채를 보유한 상위 1% 사람들과 상위 1% 부유층은 오랫동안 매우 높은 상관관계를 보여왔다(Hager, 2016, 41). 2008년 금융위기 당시에도 금융시스템의 긴급구제로 급증한 정부채무를 제한하기 위해 증세보다는 사회복지 지출과 공공서비스를 '감축 austerity'하는 방안이 채택되었다.

자본주의에서 통화관리는 두 개의 '균형잡기'와 관련되어 있다. 첫째, 화폐는 인플레이션과 금융불안을 초래할 정도로 많이 발행되어서는 안 되지만, 동시에 생산과 소비에 필요한 자금이 부채를 통해 미리 조달될 수 없을 정도로 너무 적어서도 곤란하다(Smithin, 2018). 요즘에는 누구 하나가 단독으로 화폐를 생산하지 않는다. 자본주의에서 가장 규모가 큰 단일 경제주체인 국가는 지출을 통해 화폐를 공급하고, 은행시스템은 대출을 통해 화폐를 공급하고 있다. 둘째, 이러한 화폐공급 과정은 국가, 은행, 채무자(국가 포함) 그리고 채권자(금융가와 납세자) 같이 화폐가 어떻게, 얼마만큼 생산되는지에 대한 이해관계가 있는 사람들의 경쟁적이고 상충되는 의견을 조정하면서 이루어져야 한다. 7장에서 이러한 조정의 효율성, 효과성 그리고 정당성에 대해 다시 살펴보도록 하겠다.

6장　　　　　　**현대화폐 Ⅱ**
　　　　　　　: 준화폐, 보조화폐,
　　　　　　　대체화폐, 대용화폐
　　　　　　　그리고 가상화폐

　　대부분 자본주의 사회에는 정부와 은행 프랜차이즈에서 생산된 화폐 외에도 소규모 경제네트워크와 지역 공동체에서 사용하는 다른 지급수단들이 있다. 이런 지급수단들은 흔히 경제의 양 끝단에서 나타난다. 한쪽에서는 자본주의 금융회사들이 상대적으로 폐쇄된 네트워크 안에서 널리 유통될 수 있는 자신들의 지불약속을 발행한다. 바로 '그림자' 은행이 발행한 '준'화폐다. 단어가 함축하는 바와 같이, 이러한 그림자 은행과 준화폐는 경계가 자주 바뀌거나 중첩되는 불투명한 영역에 자리 잡은 채 국가의 규제를 받는 은행시스템과 함께 존재한다. 자본주의 초창기에 발달했던 상인 신용 네트워크의 현대판이라고 하겠다. 다른 한쪽에서는 지역 공동체와 중소기업들이 자신들의 지급수단을 발행한다. 이러한 국내용 화폐

외에도 블록체인 기술을 기반으로 인터넷을 통해 전 세계로 전송할 수 있는 초국가적 '가상'화폐가 확산되기도 한다. 비국가적 화폐의 우세와 확산은 대체로 국가의 힘과 반비례하는 특성이 있다. 세금을 통한 통제가 특히 중요하다. 국가의 힘이 약할수록 '대체'화폐, '보조'화폐 또는 '대용'화폐(계산화폐로 표시되어 지급수단으로 사용되는 상품)가 활개를 치기 마련이다.

준화폐

자본주의의 민사적 재산법과 계약법은 금융네트워크에서 구성원들이 상호 간에 지급수단으로 사용하기로 합의한 사적인 차용증서가 계속 사용될 수 있도록 뒷받침해준다. 앞에서 설명했듯이, 실제로 대부분의 현대화폐는 은행시스템과 중앙은행이 민관합작으로 만들어낸다. 이렇게 해서 사적계약에 의한 채무가 공공화폐로 전환되는 것이다. 엄밀히 말하면 모든 은행화폐는 발행 당시에는 '사적'화폐다. 교과서에서는 종종 이를 '내부화폐inside money'라고 부른다. 이를 '외부화폐outside money'라고 불리는 국가의 지폐와 주화에 반대되는 개념으로 소개하고 있다.[62]

주권화폐 및 규제를 받는 은행시스템의 프랜차이즈화 된 화폐로 이루어진 화폐적 공간 밖에서는, 사적으로 발행된 지불약속이나

---

62 내부화폐와 외부화폐는 1960년 존 걸리John G. Gurley와 에드워드 쇼Edward S. Shaw가 자신의 책 《금융이론에서의 화폐Money in a Theory of Finance》에서 사용한 용어다. 외부화폐는 외부의 명령에 의해 사용이 강제되거나, 민간 부문에서 순보유량이 0이 아닌 자산에 의해 담보된 화폐를 말한다. 반면, 내부화폐는 민간부문에서 발생한 신용 또는 그 신용에 의해 담보된 자산을 말한다. 외부화폐와 달리 내부화폐는 민간부문에 특정 경제주체의 부채이자, 다른 경제주체의 자산이므로 민간부문의 순보유량은 0이 된다.

차용증서가 금융네트워크에서 지급수단으로 사용되고 있다. '기업어음' '예금증서' '환어음' 등이 그것이다. 이러한 차용증서들의 '유동성' 또는 주권화폐에 대한 '근접성'은 이들이 주권화폐로 즉각적으로 교환될 수 있는 정도에 의해 결정된다. 여기서 교환은 그림자 또는 2차 은행네트워크에 있는 그 발행자나 제3자에 의해 이루어진다. 이러한 준화폐는 상대적으로 폐쇄적인 오늘날 자본주의 화폐 및 금융시장의 내부에 존재하고 있다. 이는 초기 자본주의 선구자들이 정규 은행 및 금융시스템에 적용되는 규제를 우회하거나 회피하기 위해 사용했던 방식과 유사하다.

내부화폐와 그림자 은행은 자본주의 금융이 팽창과 혁신을 거쳤던 시기에 크게 성장했다. 특히 주택시장과 주식시장에서 투기 붐이 존재했던 시기와 더욱 밀접한 관련이 있다. 금융과 자본의 요충지인 영국과 미국은 차용증서 발행자의 채무불이행이 가져온 연쇄적 효과로 인해 준화폐가 갑자기 유동성을 상실한 위기를 경험하기도 했다. 1972년 영국에서 있었던 '그림자 은행위기secondary banking crisis'가 그 예라고 할 수 있다. 현재까지 가장 큰 규모로 팽창했던 준화폐는 결국 2008년 금융위기로 막을 내렸다. 1995년에서 2007년 사이 미국에서 금융부문의 사적 채무증서는 총통화량의 54%에서 75%로 증가했다. 그러나 2012년에는 다시 54%로 줄어들었다(Ricks, 2016, 35). 이후 미국에서 그 비중은 다시 상승하는 추세며, 다른 나라에서도 비슷한 현상이 나타나고 있다. 특히 '중국 같은 사회주의 국가'에서는 엄청나고 파괴적인 속도로 그림자 금융이 퍼지고 있다.

현대 자본주의에서 총통화량의 대략 절반 정도가 사적인 금융 네트워크에서 발행된 내부화폐라고 볼 수 있다(Ricks, 2016). 결과적으로 정부와 중앙은행의 화폐시스템에 대한 통제력은 자신들이 원하는 수준에 훨씬 못 미치게 된다. 이런 상황은 자본주의 민관합작의 하이브리드형 화폐와 금융시스템이 가져온 모순된 결과를 보여주는 것이다. 각국의 화폐와 금융시장에서 준화폐의 발행을 줄이거나 금지하려고 노력하고는 있지만, 이는 2008년 금융위기 당시 개혁방안이 후퇴했듯이 이내 격렬한 반대에 부딪히게 될 것이다(Rick, 2016). 우여곡절 끝에 국내에서 근본적인 개혁방안이 추진되더라도, 그것은 금융-자본주의가 국제화된 만큼 무용지물로 끝날 가능성이 크다. 1945년 이후 정부의 이례적인 화폐통제력은 사적금융자본이 전쟁 기간 동안 국제 활동을 전개하기 어려웠고, 전비조달과 전후 복구사업에 종속될 수밖에 없었기 때문에 가능했던 것이다. 글로벌 자본주의가 다시 '정상 작동normal service'하게 되자, 국가권력의 시대는 금세 끝나버리고 말았다.

준화폐는 통화당국과 민간 금융회사가 가진 화폐창출에 대한 권한 사이에서 일어나는 지속적인 갈등과 관련되어 있다. 그림자 은행들은 규제를 저항과 회피의 대상이라고 생각한다. 그러나 자신들이 일으킨 위기에 대해서는 구제를 요청하고 있으니, 자본주의 화폐시스템에는 되풀이되는 긴장감이 존재하는 것이다. 구제의 조건으로서 그림자 은행에 대해 보다 엄격한 규제를 적용하려는 시도도 있었지만, 효과는 거의 없었다.

은행이 발행한 프랜차이즈화 된 화폐와 준 사적화폐는 주기적으로 일어나는 위기의 원인이기도 했지만, 이들은 자본주의 역사를 통틀어 경제성장과 아주 긴밀한 연관성을 갖고 있다. 이제는 사회주의 국가가 몰락하면서 전 세계 거의 모든 정부가 자본주의만이 실행 가능한 유일한 형태의 경제구조라는 점을 받아들이고 있다. 2008년 금융위기 이후 전개되었던 화폐개혁과 사적발행 화폐의 역할에 관한 문제는 7장에서 살펴보겠다. 여기서는 자본주의의 또 다른 극단에서 발행되는 화폐에 대한 설명을 이어가도록 하겠다.

보조화폐, 대체화폐 그리고 대용화폐

국가는 영토적 지배권과 징세권을 동시에 활용할 수 있다. 또한 계산화폐와 통화를 단일화해서 화폐적 공간이 물리적 공간과 일치하도록 만들 수 있다. 국가가 이처럼 광대한 지역에 걸쳐 통화시스템을 동일화하자, 의도치 않게 전국적인 경제거래가 가능하게 되었다. 지역 공동체와 시장 위에 비인격적인 거대 시장이 놓이자, 지역화폐는 점차 사라지게 되었다(Fantacci, 2008). 하지만 비국가적 화폐는 좀처럼 사라지지 않았고, '보조'화폐, '대체'화폐 그리고 '대용'화폐가 국가화폐와 나란히 순식간에 다시 출현하는 경우도 있었다. 이런 화폐들은 전 세계에 걸쳐 5,000개가 넘는 것으로 알려져 있다(North, 2007; Lietaer and Dunne, 2013).

별개의 현상을 구별하기 위해 용어를 엄격하게 구분해서 사용할 필요는 없다. 비국가적 화폐가 나타나는 불안정한 상황에서는 정치와 경제도 복잡하고 유동적이기 마련이기 때문에 용어를 엄밀하게 구분해서 사용하기도 어렵다. 아르헨티나 도심지역에서는 국가통화, 지역적 대체화폐 그리고 순수 물물교환이 복잡하게 혼용되어 거래에 사용되었던 사례들도 있다(Saiag, 2019). 그렇지만 보조화폐, 대체화폐와 대용화폐 정도는 구분해서 사용하는 게 유용할 것이다. 우선 보조화폐는 지배적인 화폐인 국가화폐와 경쟁하지 않고 공존하는 화폐를 지칭한다. 대체화폐는 국가화폐를 사용할 수 없거나 구할 수 없는 경우에 쓰인다. 어떤 경우에는 가격과 채무를 표시하는 데 국가의 계산화폐가 아닌 다른 것이 쓰이기도 한다. 대용화폐는 '물물교환' 또는 '현물지급'과 자주 혼동되지만, 이와 구분하기 위해 사용한다. 당사자가 합의한 비율로 상품을 교환하는 물물교환은 공통적인 계산화폐를 필요로 하지 않는다. 국가통화가 붕괴되어 상품들이 지불을 위해 사용되는 경우를 많은 사람들은 물물교환으로 보지만, 이는 잘못 알고 있는 것이다. 앞에서 살펴보았듯이, 1991년 러시아 사람들은 페인트와 전기를 물물교환한 것이 아니었다. 현존하는 계산화폐가 여전히 가격과 채무를 표시하는 데 사용되고 있다면, 현물 형태의 지급수단으로 수취된 재화는 전통적 지급수단의 '대용물surrogate'이라고 볼 수 있다.[63] 다시 케인스의 말을 빌리자면, 화폐의 '서술'에 부합하는 '물건'은 계속 변해왔다.

[63] 전기요금을 페인트로 받았던 러시아의 사례에서 '계산화폐'는 루블화고, '현물 형태의 지급수단으로 수취된 재화'는 페인트를 가리킨다.

보조화폐

지역의 보조화폐는 대개 경기침체에 대응하기 위해 만들어진다. 이는 화폐가 제한된 범위의 네트워크에서만 교환 매개물의 기능을 수행하면서, 경제적 거래의 지속과 활성화를 유도하기 위한 목적으로 발행된다. 현대 자본주의에서 비국가적 보조화폐는 전간기의 대공황 기간 동안 유럽과 미국에서 최초로 광범위하게 출현했다. 1931년에서 1935년까지 미국에서는 지역상점에서 재화구입에 사용할 수 있는 수백 종의 지역통화가 여러 단체에 의해 실험적으로 발행되었다. 대부분은 얼마 안 가서 사용이 중단되었고, 경기에 그다지 도움이 되지도 않았다. 하지만 미국의 지방자치단체인 시 정부들이 발행한 '세금 선납증서tax anticipation scrip'는 1940년대 초반까지 일부 지역에서 성공적으로 사용되었다. 경기침체로 지방세 수입이 크게 줄어든 시 정부들은 부족분을 메우기 위해 자신들의 신용이나 '증서scrip'를 활용했다. 이는 시 정부들이 근로자들에게 임금으로 지불하거나, 공공 서비스 제공에 필요한 자금으로 사용하고 나중에 사람들이 지방세를 납부하는 경우에 달러 대신 받아주기로 했던 것이다(Gatch, 2012).

1932년에 오스트리아 뵈르글Wörgl 시는 케인스로부터 호평을 받은 실비오 게젤Silvio Gesell의 화폐이론에 근거하여 통화Freigeld('공짜화폐free money'를 의미)를 발행했다(Keynes, 1973 [1936]). 게젤은 시간이 지나면서 가치가 계속해서 하락하는 효과를 거둘 수 있도록 정기적으로 스탬프를 찍어야만 사용할 수 있는 발행일이 기록된 지폐를 발행하는 것을 제안했다.[64] 사람들이 가치저장 수단으로 화폐를 저축하기보다는 지출에 사용하도록 장려하기 위해(케인즈의 유동성 선호에 해당)서였다. '뵈르글의 기적miracle of Wörgl'으로 알려진 이 시도는 새로운 도로와 주택건설을 통해 고용창출을 가져왔다. 그 성공을 경계하던 오스트리아 중앙은행은 자신의 권한이 위협받자 지역통화의 발행을 금지해버렸다. 그러자 실업의 그늘이 다시 뵈르글에 드리워졌다.

비국가적 화폐는 주로 지방의 경기침체에 대응하기 위해 발행되었지만, 보조화폐는 20세기 후반 선진경제의 부유한 지역에서 발행되었다. 세계화에 대항한 공동체주의자들의 대응전략 중 하나로 보인다. 일반인에게까지 널리 사용되었던 현대적 보조화폐는 마이클 린턴Michael Linton이 1983년 캐나다 밴쿠버에서 실시한 컴퓨터 기반의 '지역교환거래체계Local Exchange Trading Scheme, LETS'에서 시작되었다. 참가자들은 소프트웨어를 통해 자신들의 매도와 매입의사를 교환하고, 채권과 채무를 공통 교환단위로 기록했다. 레츠는 채권과 채무를 기록 및 청산하기 위해 종이, 수거함[65]과 인터넷을 사용하면서 선진국과 개발도상국에 빠르게 확산되었다. 거래 회계단위로는 통상적으로 국가의 통화를 그대로 사용했다. 하지만 종종

---

64 게젤이 제시한 방안의 구체적 내용은 다음과 같다. 화폐가 발행된 시점으로부터 매주 액면가의 0.1%에 해당하는 스탬프를 붙인 화폐만이 액면가격 그대로 사용될 수 있는 것이다. 가령, 100달러짜리 화폐가 8월 4일-10일이 있는 주에 사용되기 위해서는 10센트짜리 스탬프 31개(1월 1일에 발행된 경우 31번째 주에 해당)가 붙어 있어야만 한다. 화폐를 보유하는 것만으로 연간 5.2%의 감가상각과 마찬가지의 가치하락이 발생하는 것이다. 연말에 화폐가 스탬프로 가득 차면 정부는 새 화폐로 교환해준다. 최근 논의되고 있는 중앙은행 디지털 화폐 도입 시 장점 중 하나가 마이너스 금리 부과가 기술적으로 용이해진다는 점인데, 이는 게젤의 제안과 일맥상통하다. 참고로 현재 화폐시스템에서 모든 화폐 소유자에게 마이너스 금리를 부과하는 것은 기술적으로 어렵다. 만약 은행예금에 대해 마이너스 금리를 부과할 경우에 현금보유를 통해 이를 회피할 수 있기 때문이다. 모든 사람들이 현금을 집에 쌓아 놓고 대부분의 경제거래를 현금으로 대신한다고 할 경우에 발생할 혼란을 생각해보라.

지역의 정체성이 반영된 새로운 통화명이 사용되기도 했다. 영국 캔터베리 지방에서는 '탈레Tales', 맨체스터 지방에서는 '바빈Bobbins' 을 사용했다.

엄밀히 말하면, 레츠는 참가자들이 거래에 쓸 수 있는 통화를 네트워크에서 재화와 서비스를 판매해야만 얻을 수 있으므로 물물교환-신용네트워크에 해당한다. 이로써 거래가 시간적으로 분리될 수 있어, 쌍방으로 직접적인 물물교환에 필요한 '욕망의 이중적 일치가 이루어지지 않는' 문제가 극복될 수 있었다. 또 일상적인 명목 통화 단위를 그대로 사용했기 때문에 참가자들은 회계단위가 존재하지 않는 물물교환의 불편함 없이 자신의 재화와 서비스에 대한 가격을 게시할 수 있었다. 이런 식으로 어느 정도의 다자간 거래가 성사되었지만, 그 교환 매개물은 네트워크상 거래에서만 사용될 수 있으므로 네트워크에 강하게 속박되어 있었다. 또한 교환 매개물을 사용하는 대신 비축하는 것은 교환을 지속할 수 없게 하기 때문에 어떤 시스템에서는 비축 의욕을 저지하기 위해 **지연료**demurrage[66]를 부과하기도 했다. 따라서 경제에 속박되어 있지 않은 일반 화폐와 달리 레츠의 교환 매개물은 거래와 분리될 수 없으므로 화폐채무의 일방적 청산을 위해 사용되는 추상적인 가치 저장소의 역할을 할 수는 없었다.[67] 더욱이 레츠의 교환 매개물은 세금처럼 발행자가 자신에 대한 채무를 상환 받겠다는 발행자의 약속에 의해 보증된 것

---

65 레츠의 교환 매개는 일반적으로 종이표로 발행되었다. 구성원들이 물건을 매매한 이후에 이 표를 지역 내 수거함에 넣어 청산소로 보내면, 청산소에서 구성원들의 계좌 잔액에서 각각 차감 및 가산함으로써 결제를 수행했다.

66 디머리지는 원래 해운물류 분야에서 사용하는 용어로서 화물의 선적 또는 하역이 당초 일정보다 지연될 경우, 화주(배를 대여한 회사)가 선사(배를 소유한 회사)에게 지급하는 일종의 배상금인 '체선료'를 뜻한다. 본문에서는 화폐가 늦게 사용될 때 페널티 성격으로 부과된다는 점을 감안해 '지연료'라고 번역했다.

도 아니었다. 이는 "독자적인 의미를 가지지 못한 채 지급과 수취를 통해 이 사람 저 사람의 손을 거치다가 거래가 끝나면 사라져버리는 단순한 중간 매개물에 불과한 것이다"(Keynes, 1971 [1923], 124).

별개의 계산화폐를 사용한 보조화폐는 주류적 화폐의 '대체' 화폐가 되기도 한다. 이는 실업자가 많아 주류화폐를 얻기 힘들어지거나, 주류화폐 자체가 부족한 경우에 등장한다. 아르헨티나는 30년 넘게 화폐와 경제상황에 따라 부침을 겪었던 수많은 교환 네트워크trueques에서 국가화폐인 페소peso를 대신하여 끄레디또crédito를 회계단위로 사용했던 경험이 있다. 끄레디또로 표시되어 참가자들에게 발행된 플러스 마이너스 잔고credits and debits는 도심 내 지역 시장feria에 있는 교환네트워크에서 사용되었다. 어떤 '대체적' 끄레디또는 지역의 경제, 사회프로젝트에 사용되었기 때문에 공동체 결속과 정치적 연대의 상징이 되기도 했다.

19세기 후반 이래로 여러 대체통화가 존재했던 아르헨티나는 현대 선진국과는 달리 예외적인 경우였다. 민간인들 사이에서 쓰인 끄레디또 이외에도, 아르헨티나 지방정부는 수년간 피고용인과 납품업자에게 지불하기 위해 스스로 통화bonos를 정기적으로 발행했다. 지역에서 발행된 것은 지방세 납부에 사용될 수 있었던 만큼 그 통화는 가치를 가지고 있었고, 고용-과세-지출의 안정적인 재정 사이클이 작동될 수 있었다. 실제로 투쿠만Tucuman 지역에서 발행된 통화는 국가통화보다 안정적이었다는 주장도 있다(Théret, 2017).

---

67 레츠의 교환 매개물은 네트워크에서 거래되는 재화와 용역과 교환될 수 있는 특수 목적의 화폐다. 따라서 경제 내 모든 재화와 용역과 교환될 수 있고 세금납부나 채무상환에 사용할 수 있는, 즉 경제 내 모든 목적의 지불에 사용할 수 있는 추상적 가치를 가지는 일반적 화폐의 기능을 레츠의 교환 매개물은 수행할 수 없었다. 가령, 한 기업이 근로자에게 임금(기업의 임금채무)을 전부 레츠의 교환 매개물로 지급한다고 할 때 근로자의 처지가 어떻게 될지를 생각해보라.

어떤 보조통화는 주류적 통화와의 교환이 보장되면서 애초에 '속박'되었던 네트워크를 벗어나 사용될 수 있는 잠재력을 갖기도 했다. 영국의 '브릭스턴 파운드Brixton pounds'와 프랑스 낭트 지방의 '소낭트SoNantes'가 이에 해당한다. 이러한 태환 가능한 지역통화가 사용될 수 있었던 것은 지역통화를 매매하는 데 유리한 환율을 적용해주었기 때문이다. 예를 들어, 2013년 말까지 100 영국 파운드로는 110 브릭스턴 파운드를 매입할 수 있었고, 반대로 100 브릭스턴 파운드는 90 영국 파운드와 교환될 수 있었다. 지역의 보조통화가 조세수입를 줄이거나 통화시스템에 대한 통제력에 위협을 가하지 않는 이상, 현대국가는 이를 그냥 내버려두었고, 나아가 경제적 복지와 고용증진을 위해 적극적으로 장려하는 경우도 있었다.

경제적으로 낙후된 지역에서는 정보통신 기술의 발달에 따라 기업의 거대하고 광범위한 온라인 신용네트워크, 즉 '폐쇄된 순환형 지급결제 시스템closed loop payment system'을 발전시킬 수 있었다. 예를 들어, 이탈리아 사르데냐Sardinia 지역의 사덱스Sardex 네트워크는 현금부족으로 어려움을 겪는 기업들이 참여하여 계속 영업을 할 수 있도록 거래대금을 결제해주는 메커니즘이다. 참고로 사덱스 네트워크는 유럽연합 차원의 지원을 받은 적이 있는데, 이러한 거래의 영향은 제한적이어서 사르데냐 지방 국내총생산의 1%에도 미치지 못했다(Lucarelli and Gobbi, 2016, 1416).

보조통화는 이데올로기상 반대 진영으로부터도 폭넓은 지지를 받고 있다. 그들은 현대 국가의 통제력을 견제하는 보조통화의 역할에 주목하고 있다(North, 2007; Dodd, 2014, chaps. 7-8). 경제적 자유주의자들은 비국가적 화폐의 출현은 하이에크가 주장한 자유 시장적 화폐이론에 부합하는 것이라고 보았다. 이들과 이데올로기의 스펙트럼상 정반대에 있는 사람들은 보조통화를 공동체의 연대를 제고할 수 있는 수단으로 보았다. 실제로 많은 구상들이 지역 공동체가 자신들이 가진 재능과 모험정신으로부터 실질적 부 또는 사회적 자본을 끌어낼 수 있도록 사회의 연대의식을 고취하는 것을 공식적으로 표방하고 있다(Dodd, 2014, 342). 오늘날 어떤 제안들은 반국가, 반자본주의, 반세계화 운동과 밀접히 관련되어 있다. 공동체화폐가 독재적 은행과 국가권력에 대항하여 이들을 근본부터 바꿀 수 있다고 믿기도 한다. 이러한 화폐는 민주주의 사회에서 그 사용자에 의해 통제를 받으면서 인간의 복지를 증진하는 진정한 '사회적 기술'이라고 할 수 있다.

가상화폐

정보기술은 완전히 색다른 형태의 화폐를 만들어냈다. 가상화폐Crypto-Currency는 명시적으로 국가화폐의 대안으로서 만들어졌다. 하지만 공동체 기반의 통화와 엄밀하게 비교해보면, 이는 지역사회 및 경제네트워크에 그다지 속박되어 있지 않다. 비트코인이 2009년에 만들어진 이유 중 하나는 화폐를 사회적, 정치적 토대로부터 완전히 분리하기 위해서였다. 이더리움, 라이트코인, 리플 그리고 수많은 다른 가상화폐들이 연달아 등장했다. 2018년까지 그

총수는 1,500개가 넘는다(www.coinmarketcap.com).

가상화폐는 '온라인 뱅킹'처럼 은행예금의 화폐를 전자적으로 전송하기 위해 컴퓨터 소프트웨어와 정보기술을 단순하게 사용하는 것이 아니다. 여기서는 화폐 그 자체가 암호적인 방법으로 소프트웨어(블록체인 기술)에 위치하고 있다. 화폐를 생성해낸 바로 그 소프트웨어에 화폐가 존재하는 것이다. 블록체인은 가상화폐의 생성과 거래에 대한 일련의 기록이다. 기록은 '블록'을 형성하고 블록은 '체인'으로 연결된다. 안전한 암호화를 통해 통화 거래자와 소유자는 화폐생산을 지배하는 파일을 수정할 수 없다. 통화의 희소성이 프로그램에 내재되어 있기 때문에 2,100만 개 이상의 비트코인은 절대로 존재할 수 없다. 비트코인은 고도의 연산기능을 가진 '특수 목적'의 개인 컴퓨터에서 복잡한 알고리즘을 통해 '채굴'되며, 가상공간에 있는 디지털 '지갑'에 보관된다. 점점 더 많은 사람들이 가상화폐 채굴에 뛰어들어 계산이 복잡해지자 고가의 다기능, 고성능 컴퓨터가 필요해졌다. 이 가치가 급등하기 이전에는 비트코인 관련 기계장치, 장치 작동에 필요한 전력 그리고 엄청난 열을 식히기 위한 에어컨 관련 비용을 감당할 수 없었다.

비트코인이 전통적인 화폐에 비해 우수한 점에는 세 가지가 있다. 첫째, 암호로 짜인 공급의 유한성은 금의 자연적 희소성에 비견된다. 이는 국가의 명목화폐와 은행예금이 무한대로 공급되면서 발생할 수 있는 신용 버블을 사전에 차단하기 위한 것이다. 비트코인을 설계한 사토시 나카모토^{Satoshi Nakamoto}의 말을 인용해보겠다.

전통적인 통화의 근본적인 문제는 그것이 작동되기 위해 신뢰가 전제되어야 한다는 것이다. 중앙은행은 통화가치가 하락하지 않도록 신뢰를 확보해야 한다. 그러나 명목통화의 역사는 수많은 배신으로 가득 차 있다. 은행이 우리의 돈을 보관할 정도로 신뢰를 받아야함에도 불구하고, 그들은 신용 버블의 물결 속에서 준비금으로 하나도 남김없이 모두 빌려줘버렸다. (http://p2pfoundation.ning.com/forum/topics/bitcoin-open-source)

아이러니하게도 이러한 점이 비트코인뿐 아니라 급상승하는 가격과 투기에 편승하여 수없이 만들어진 '알트코인'의 타고난 숙명이었다. 2017년 가상화폐 열풍이 최고조에 달했을 때, 800억 달러 이상의 시장가치를 가진 수백 개의 가상화폐가 여러 거래소에 상장되었다. 1720년 '아무도 정확히 알지 못했던 수익성이 매우 좋은 프로젝트를 수행하는 기업'의 주식에 대한 투자설명서가 나돌았던 남해 버블South Sea Bubble 열풍 당시와 마찬가지로, 일부 투기자들은 존재하지도 않는 통화에 대한 청구권을 소유하게 되었다. 2017년까지 비트코인의 가격은 2013년 106달러에서 12월 버블이 터지기 전에는 19,000달러까지 상승했다. 하지만 2018년 4월에는 7,000달러로 하락했다. 2018년 11월에는 4,000달러로 다시 미끄러졌지만, 2019년 5월에는 5,000달러 이상으로 다소 회복했다.

둘째, 비트코인은 암호화 방식의 보안 때문에 주류 은행화폐와 전통적인 통화보다 안전하다. 하지만 마운트 곡스Mt Gox와 다른 가상화폐 거래소의 몰락은 그렇지 않다는 점을 확인해주었다. 마운트 곡스는 2010년 7월 도쿄에 설립되어 전 세계 거래량의 70% 이상을 처리하던 거래소였지만 2014년 2월 거래를 중단했다. 해커가 마운트 곡스 거래소의 암호화된 '지갑'과 '원장'에 침입하여 약 850,000개, 4억 5,000만 달러 이상의 가치를 가진 비트코인을 탈취해갔다. 비트파이넥스Bitfinex, 코인체크CoinCheck 그리고 다른 거래소는 그들의 원장을 노린 '트로이목마' 프로그램의 침입을 받았다.

셋째, 가상화폐는 소유자를 암호화하여 처리하기 때문에 국가가 발행한 현금과 마찬가지로 익명성을 가진다. 전통적인 인터넷 뱅킹에서 예금주의 실명이 기재된 예금과는 다르다는 것이다. 따라서 이는 '다크웹dark web' 같은 범죄네트워크에서 불법 거래에 유용하게 사용될 수 있다. FBI 조사는 비트코인의 익명성에 대한 신뢰를 처참히 무너뜨렸다. 2015년 비트코인으로 거래하는 10억 달러 규모의 실크로드 마약시장을 개설한 미국인 로스 울브리히트Ross Ulbricht는 무기징역을 받았다. 같은 해 1억 5,000만 달러의 가상화폐 폰지 사기를 저지른 주범은 기소되었다. 마운트 곡스 전직 직원은 3억 9,000만 달러의 비트코인을 거래소로부터 횡령했다는 이유로 기소되었다. 불법 거래와 관련된 데이터 흔적을 추적하기 위해 이와 유사하게 강력한 정보기술이 사용될 수 있다는 것 또한 아이러니다. 이러한 보안 실패 사례로 인해 '현금의 종말'과 중앙은행이 운영하는 블록체인 통화로의 대체를 떠들던 온갖 허풍들은 의심을 받게 되었다.

가상화폐가 사용된 기간은 짧지만, 화폐의 근본적인 기능을 수행할 수 없다는 점은 입증되었다. 비트코인은 그 교환가치가 급등락하기 때문에, 상품가격을 매기는 데 사용되는 계산화폐로 부적합하며 지급수단으로 받아들여지기도 어렵다. 오히려 이는 17세기 중반 네델란드의 튤립 버블에서 시작된 자본주의 투기적 열풍의 긴 행렬에서 마지막 자리를 차지하고 있다. 가상화폐공개Initial Coin Offering, ICO[68]를 보면서 사람들은 가치가 반드시 상승할 것이라고 믿는다. 가격의 급등락은 선물상품으로 만들어 팔려는 파생상품시장의 관심을 받고 있다. 투기자들은 높은 가격에 우선 팔고, 나중에 가격이 하락한 뒤 매입하려고 하는 '공매도shorting'를 하기도 한다.[69] 가상화폐는 화폐가 하지 말아야 하는 바로 그것, 즉 거래에 불확실성을 초래한다. 사람들은 가상화폐의 교환가치가 급격하게 상승할까봐 지급수단으로 사용하는 것을 꺼리고, 반대로 손실 가능성 때문에 수취하는 것도 주저한다.

---

68 가상화폐를 처음 발행하면서 투자자를 모집하는 것인데, 기업이 주식시장에 처음 상장되면서 자신의 주식을 불특정 다수에게 판매하는 '기업공개Initial Public Offering, IPO'에 착안해서 만들어진 용어다. 현실의 ICO에서는 대부분 새로운 가상화폐를 발행하면서 현금 대신에 이미 시장에서 가치를 인정받고 있는 다른 가상화폐를 대가로 받는다.

69 공매도는 가격하락이 예상되는 경우, 타인으로부터 해당 물건을 차입해 우선 매도하고, 추후에 가격이 하락하는 경우, 같은 물건을 매수하여 상환함으로써 이익을 거두는 투자방법이다.

결론

정보기술이 어떻게 돈과 사회를 변화시켜 우리를 현대국가의 중앙집권적인 지배로부터 구출할 것인지에 관한 거대담론이 존재한다. 폭넓은 정치적 스펙트럼의 극단에 위치한 주장들은 공통적으로 이러한 입장을 가지고 있다. 이는 우리가 앞서 살펴보았던 사회질서에 관한 근본적으로 다른 두 개의 일반이론에서 그 근거를 찾아볼 수 있다. 한쪽에서는 인터넷과 정보기술로 인해 비국가적 화폐가 번성할 것이라는 주장이 '시장'을 사회의 기본단위로 보는 것에서 비롯되었다고 말한다. 시장이 없었다면 효용 극대화에 매진하는 개인들은 '분리된' 채 존재했을 것이다(Orléan, 2014a). 다른 한쪽에서는 같은 정보기술을 활용한 지역 보조화폐가 모든 공동체로 하여금 실업과 경제적 궁핍에 대응할 수 있는 재능을 마음껏 펼치도록 함으로써 잠재된 '사회적 자본'과 연대를 끌어내는 역할을 한다고 본다. 어떤 사람들은 더 나아가 세계에 대한 지역의 승리, 국가에 대한 공동체의 승리 그리고 독점 자본에 대한 협동조합의 승리를 꿈꾸기도 한다. 비국가적 교환 매개물을 통한 "거래의 거대한 규모, 속도, 공간적 확산은 결국 자신의 수입에만 혈안이 된 국가를 제압할 것이다. 사회적 영토라는 시각에서 더 많은 지역단위가 중심에 서게 될 것이다"(Hart, 2000, 316; Dodd, 2014, chap. 8).

하지만 최근 역사에서는 '시장'화폐와 '공동체' 화폐 모두가 한계를 가지는 것으로 나타났다. 이는 그 주장들이 근거로 하는 화폐

185

와 사회질서에 관한 이론들에 결함이 있음을 암시한다. 하이에크의 주장을 따르는 화폐의 시장이론은 안정적 화폐가 무수한 경쟁 화폐들 사이에서 이루어진 합리적 선택의 결과라고 주장한다. 여기서 사회질서는 사람들이 사익을 추구하는 과정에서 상호 의존성을 장점으로 인식함으로써 형성된 것이라고 본다. 하지만 가상화폐의 교환가치 간 경쟁이 증가하면서 오히려 시장이 해소해야 할 버블과 불안정성은 확대되고 있다. 지역화폐가 공동체의 신뢰와 경제적 활동을 촉진하는 것은 분명하지만, 그렇다고 생존력이 높은 주류화폐의 '보완재' 이상이 된다거나 사회주의나 공산주의 사회로 이행할 근거가 된다고 볼 수는 없다. 이러한 유토피아적 사고는 시장 교환적 시장질서이론과는 이데올로기적으로 반대되는 입장에 있지만, 마찬가지로 유사한 (좀 상충되는 측면이 있는) 화폐이론을 전제로 하고 있다. 두 견해 모두 화폐를 중앙집권적인 국가와 독립되어 각자의 '이상적' 사회질서를 실현하기 위한 수단으로 보는 것이다. 또한 둘 다 화폐를 단지 경제교환에서 발생한 실물가치와 공동체의 결속에 내재된 실물적 사회의 힘을 나타내는 표상으로 보는 것이다.

화폐는 사회적 기술로서 바빌론에서 현재까지 대규모 사회시스템을 만들어냈다. 화폐는 신뢰의 문제를 거래 당사자로부터 분리하여 발행자에게 이전할 수 있어야만 복잡한 거래를 조정하는 수단으로서 제 역할을 가장 효과적으로 수행할 수 있다. 화폐는 인격적 신뢰를 이방인들 사이의 거래를 가능하게 하는 비인격적 신뢰로 대체한다. 화폐는 시장을 만든다. 아르헨티나에서 가장 성공적이고 오래 지속한 지역통화는 공동체 화폐가 아니라 느슨한 통화연방에서 '소형 주권국가' 역할을 하는 지방정부에 의해 발행된 끄레디또라는 사실은 시사하는 바가 크다.

국가가 독점적 강제력을 보유하고 국가의 사회적 폭력이 점차 소멸되는 것은 대규모 사회와 지속가능한 화폐를 유지하기 위한 핵심요소다. 나아가 이러한 시각은 화폐가 단순한 교환 매개물이나 지급수단 이상이라는 점을 일깨워준다. 미로프스키의 '불변표준에 대한 통속적인 허구'를 성공적으로 확립하는 것이야말로 경제사회 질서를 유지하기 위한 전제조건이다.

7장

2008년
금융위기와 화폐의 문제

2008년 11월 5일 엘리자베스 2세는 런던정치경제대학의 신축 건물 개관식에서 뛰어난 전문가들이 2008년 금융위기를 예측하지 못했던 이유를 물어 경제학자들로부터 주목을 받았다. 복잡한 수학 모델이 어떻게 그 사건이 발생할 어떤 징후도 감지하지 못했을까? 2011년 4월 미국 상원의 한 위원회에서 있었던 골드만삭스 재무담당 최고책임자인 데이비드 비니어David Viniar는 자신의 발언 때문에 웃음거리가 되었다. 비니어는 모델에 따르면 '며칠 동안 표준편차의 25배에 해당하는 사건이 연이어 벌어져야' 위기가 발생하기 때문에 이를 예측할 수 없었다고 답변했다. 통계학자들은 표준편차의 25배에 해당하는 사건은 전 인류사를 통틀어 한 번도 발생하기 힘들 것이라고 이구동성으로 지적했다. 이는 곧 금융위기가 여태껏 발생한 적이 없었다는 메시지를 던지는 걸까(Authers, 2017)?

세계은행 수석 이코노미스트와 오바마 행정부의 국가경제위원회 위원장을 역임했던 래리 서머스Larry Summers는 같은 시기에 유사한 질문을 받았다. 서머스는 제2차 세계대전 이래로 구축된 거대한 경제이론체계는 화폐와 금융을 중앙은행이 결정하는 독립변수로 간주하여 배제했기 때문에 거의 쓸모가 없게 되었다고 말했다(Martin 2013, 190, Buiter, 2009; Ingham, 2011; Turner, 2016; King, 2017). 결과적으로 그 모델들은 2008년 금융위기가 발생할 수 있다는 어떤 예상도 제기하지 못하게 되었다. 위기 당시 잉글랜드은행 총재였던 머빈 킹도 "은행에서의 내 경험에 따르면, 경제학자들이 총지출과 생산의 변화를 설명하기 위해 사용하는 '모델들'은 결함을 가지고 있다. 특히 그 모델들은 신문이나 텔레비전에 비춰진 화폐와 은행의 중요성과 금융시장의 위용에 대해서는 아무 말도 하지 않는다"(King, 2017, 7). '거대한 경제이론체계'의 구축에 참여했던 학자들 대부분은 '중립적' 화폐를 신봉했다. 화폐가 하나의 상품으로서 다른 모든 상품을 '구매'하는 데 사용되기는 하지만, 상품 생산이나 경제활동 변동에는 아무런 영향을 미치지 못한다고 보았다. 그들은 화폐의 중립성이 유사 물물교환 시스템에 입각한 시대착오적 경제관념에서 유래했다는 걸 알아차리지 못했다.

실제적인 측면에서 심각한 통화, 금융위기가 발생하면 늘 그렇듯이, 2008년 금융위기 당시에도 재발 방지를 위한 다양한 제안들이 쏟아졌다. 한편에서 정부는 조사를 거쳐 여느 때와 마찬가지로 현행 시스템은 근본적으로 건전하지만 보다 엄격한 규제와 부분적인 제도보완이 필요하다는 결론을 내렸다. 예를 들어, 오바마 대통령 당시 경제회복자문위원회 의장이었던 폴 볼커Paul Volcker는 은행과 금융회사가 준비금과 자본을 더 쌓아야 한다고 주장했다. 또한 1930년대 위기 이후 도입된 상업은행과 투자은행의 분리 의무화를 재도입하는 것을 권고하면서 논쟁의 중심에 서게 되었다. 글래스-스티걸법Glass-Steagall Act, 1933[70]은 예금자의 예금이 위험한 투자은행에 사용되는 것을 방지하기 위한 목적으로 도입되었으나, 1999년에 폐지되었다. 다시 영국 빅커스위원회Vickers Commission가 기존의 은행 내에서 두 유형의 은행업무 사이에 '울타리ring-fence'를 치도록 하는 보다 완화된 버전을 제안했다. 그러나 미국의 은행가들이 온화하고 점진적인 방식으로 수정된 볼커의 제안(특히 상업은행과 투자은행의 분리방안)에 격렬히 반대함으로써 그런 움직임을 성공적으로 막아낼 수 있었다. 금융위기는 시스템 전반의 문제가 아니라 '썩은 사과' 같은 인간의 타락과 부정에서 발생한 것이라는 견해가 설득력을 얻게 되었다. 은행들은 반성의 표시로서 탐욕스럽고 과도한 위험추구 '문화'를 사회봉사의 기풍으로 바꿔 나가자는 데 흔쾌히 동의했다.

어쨌든 잠시나마 화폐와 자본주의에 관한 이전보다 비판적인 분석이 공개적으로 논의될 수 있었다. 3장에서 살펴보았듯이, 2008년 금융위기는 '민스키 모멘트'라고 불렸다. 주목받지 못했던 이단의 경제학자인 하이먼 민스키는 금융위기는 자본주의에서 나

---

70 글래스-스티걸법은 대공황 당시 주식시장 폭락을 경험한 뒤, 은행신용이 투기가 아니라 생산적인 목적으로 제조업, 농업, 상업 등에 사용되도록 해야 한다는 취지에서 입법되었다. 구체적으로 예금을 받아 대출을 하는 상업은행은 더 이상 증권 거래를 하지 못하도록 금지되었고, 증권에 대한 투자를 주된 목적으로 했던 투자은행은 상업은행과 소유나 지배적인 측면에서 분리되도록 했다.

타날 수밖에 없는 사건이라고 주장했다(Minsky, 1982). 그의 주장에 따르면 사적채무를 공공화폐로 전환하는 은행의 기능은 자본주의 활력의 원천이자 동시에 취약성의 근원이다. 이는 생산뿐 아니라 금융투기에도 자금을 대주기 때문에 경제적 혼란이 발생하면 이후 연쇄적인 채무불이행이 발생할 가능성을 내포한다. 생산자금을 차입으로 조달하다 보니 투기적 팽창이나 '과잉생산'이 번갈아 발생하고, 수요가 소진될 경우에는 '부채 디플레이션debt deflation'[71]과 경기침체가 뒤따르게 되는 것이다.

1970년대 각국 정부가 케인스 처방에 대한 신뢰를 거둬들이자 (4장 참조), 총수요는 소비자 대출로 조달되었다. 이를 '민영화된 케인스 처방privatized Keynesianism'이라고 부른다(Crouch, 2009). 정부는 '재산 소유 민주주의property-owning democracy' 시대를 열기 위해 주택담보대출을 적극적으로 유도했다. 이는 호황과 불황의 순환구조를 만들어냈지만, 결국에는 2007년 서브프라임 위기로 막을 내리게 되었다(Ingham, 2011). 주기적인 경제불안은 금융자산 시장에서도 계속되었으며, 결국 투기적 '버블'은 터져버리고 말았다.

두 가지 의문이 여러 사람들로부터 제기되었다(Wolf, 2014; Turner, 2016). 첫째, 위기에 기름을 붓는 은행시스템의 화폐창출 능력은 보다 엄격히 통제되거나 나아가 제거되어야만 하는 것일까? 둘째, 비선출 중앙은행의 화폐창출 권한은 보다 무거운 책임을 져야만 하는 것일까(Pixley, 2018; Tucker, 2018)? 두 가지 의문 모두 화폐창출, 통제 그리고 관리가 현대 민주주의 체제 내 어디에서 이루

---

[71] 부채 디플레이션은 경기침체로 물가와 임금이 하락함에 따라 채무자들의 실질적인 채무상환 부담이 증가하여 채무불이행이 늘어나는 현상을 지칭한다. 부채 디플레이션이 무서운 것은 채무불이행이 늘어남에 따라 금융회사들이 대출을 줄이게 되어 디플레이션이 더욱 심화된다는 점에 있다.

어져야 하는지에 대한 근본적 문제와 관련되어 있다.

화폐창출 은행 프랜차이즈에 대한 통제

1933년 시카고 경제학파는 은행의 손쉬운 신용화폐창출 능력
이 1929년 월스트리트 붕괴, 연쇄적 채무불이행, 은행파산, 디플레
이션 그리고 경기침체를 초래한 주요 원인이라고 지적했다. 그들
은 1933년 루즈벨트 대통령에게 모든 은행들로 하여금 중앙은행에
100% 준비금을 보유하도록 제안했는데, 이는 은행들이 보유 준비
금 이상으로 차입자에게 예금을 창출하는 방식으로 화폐를 만들지
못하게 하기 위해서였다. 이 계획이 실행된다면 은행들은 계좌 간
지급결제와 저축자와 차입자 간 중개로 그 역할이 제한될 것이었
다. 시카고 경제학파는 자본주의에서 생산과 소비가 일어나려면 구
매력이 뒷받침되어야 한다는 점을 알고 있었기 때문에 정부가 명목
화폐의 신규발행에 의해 조달되는 소규모의 적자재정을 운영할 것
을 제안했다. 이는 정부가 사적자본으로부터 차입하는 대신 이자부
채권을 매각하는 것을 의미한다(5장 참조).

이 같은 방식의 전액지급준비제도Full Reserve Banking, FRB를 제
안한 '시카고 플랜Chicago Plan'은 결국 실행되지 못했지만 금융위기
이후 국제통화기금 이코노미스트들에 의해 다시 부활하면서 언론
을 통해 알려지게 되었다(Benes and Kumhof, 2012). 이 제안 및 이

와 유사한 제안은 파이낸셜타임즈 수석 경제논설위원인 마틴 울프 Martin Wolf와 영국 금융감독청장이었던 아데어 터너Adair Turner 같은 영향력이 있는 논평가들에 의해 진지하게 받아들여졌다(Wolf, 2014; Turner, 2016). 예를 들어, 영국의 싱크탱크think-tank인 포지티브 머니 positive money는 은행의 화폐창출 권한을 제거하고 정부의 '주권화폐' 로 대체해야 한다고 주장했다. 이 경우에는 정부가 이자부 채권을 매각하여 자금을 조달할 필요가 없으므로 정부는 '채무가 없는 상 태'가 될 것이라고 보았다(Dyson et al., 2016). (물론 화폐의 수용성은 발행자가 자신에 대한 채무의 상환수단으로서 그 화폐를 받아들이겠다는 약속을 기반으로 발생하는 것이므로 정부가 완전히 '채무가 없는 상태'가 된다고 볼 수는 없다(Nersisyan and Wray, 2016).)

중앙은행은 화폐창출에 대한 배타적 통제권을 가져야 하지만, 정부의 경제정책 목표를 추구하면서는 '독립성'을 상실하게 된다고 주장했다. 그렇게 해야만 자금이 금융투기와 상업용 부동산 투자에 활용되기보다 생산과 고용을 위해 흘러 들어갈 수 있다고 보았다. 또한 디지털 통화가 발행되어 모든 사람이 중앙은행에 계좌를 가지게 되면, 화폐공급에 대한 중앙은행의 통제력과 관리능력은 획기적으로 강화될 수 있다고 보았다(Huber, 2017; Moe, 2018). 이는 느슨한 화폐통제와 왜곡된 자금흐름에서 벗어나게 해줄 뿐 아니라 화폐를 창출하는 프랜차이즈를 해체하고, '화폐를 만들어냄으로써 돈을 버는' 은행의 시뇨리지 이익을 박탈할 수 있는 기회이기도 했다(Macfarlane et al., 2017).

주류 경제 및 금융학계는 대체로 이러한 새로운 제안들을 무시해왔다. 그들은 이러한 주장들은 비주류 경제학자들이 은행 세력을 비판하려고 만들어낸 '궤변'에 불과하다고 치부해버렸다(Ingham et al., 2016; Pettifor, 2017). 주류 학계의 비판은 세 가지 점에 집중되었다.

첫째, 대출과 차입이 전적으로 중앙은행의 손아귀에 놓이게 된다면 투자수요를 충족시키기에는 너무 제한적일 수 있다. 일각에서는 국영 투자은행의 설립이 필요하게 될 것이라는 의견도 있다.

둘째, 인가와 규제를 받는 은행 프랜차이즈를 제한, 폐지하더라도 비국가적 화폐창출 자체가 없어지지는 않을 것이다. 실제 은행에 어떠한 제한을 가하는 것도 화폐수요를 충족시키기 위한 그림자 은행의 준화폐와 '현금등가물'의 팽창을 자극할 뿐이다. 모건 릭스Morgan Ricks는 프랜차이즈 라이센스도 받지 않은 그림자 은행에서의 화폐팽창을 2008년 금융위기뿐 아니라 다른 '버블'의 주요한 원인으로 지적했다(Ricks, 2016). 은행의 느슨한 통제로 인한 연쇄적 채무불이행의 확산을 막으려다가 금융네트워크상에서 민간 채무증서가 가진 근본적인 취약성이 드러난 사례다(5장 참조). 은행 프랜차이즈가 창조한 예금과 달리 준화폐는 예금보험 대상이 아니며 중앙은행이 보증[72]을 해주는 것도 아니다. 따라서 준화폐의 유동성 또는 '현금 등가성cash equivalence'(즉, 수용성 및 국가화폐와의 교환 가능성)은 전적으로 민간 발행자의 불안정한 신용에 달려있다. 2007년 채무불이행은 단지 지급불능, 즉 부채가 자산에 비해 컸기 때문에 발

72 예금인출의 쇄도가 발생하는 경우, 중앙은행은 해당 은행에 유동성을 공급한다. 이것이 바로 중앙은행의 최종대부자 기능이다. 이러한 최종대부자 기능으로 인해 은행의 예금은 사실상 중앙은행으로부터 지급을 보증 받는 효과가 있다.

생한 것이 아니다. 오히려 금융시스템에서 지급불능은 준화폐의 유동성이 급격하게 악화되었기 때문에 발생한 것이다. 채무증서가 주권화폐('현금등가물')와 교환될 가능성이 없어진다면, 금융 네트워크는 해체되고 그 혼란은 규제받는 은행시스템으로 퍼지게 된다. 대출자와 차입자의 지급능력에 대해 모두가 극도로 불안하게 생각한다면, 아무도 돈을 빌려주려 하지 않는 '신용경색credit crunch'이 발생한다. 이러한 시스템적 취약성을 해결하기 위해서는 사적으로 발행된 채무증서의 사용을 금지해야 한다. 하지만 앞에서 지적했듯이, 이는 자본주의를 뒷받침하는 계약법을 수정해야만 가능하다. 릭스는 정치적 난관이 있을지라도 정부는 모든 그림자 은행을 막을 수 있는 권한을 가져야 한다고 믿었다. 그렇지만 그 역시 중앙집권적 '정부지출'보다는 분권화된 '대출'이 자금배분의 효율성 측면에서 더 유리하다는 전통적인 믿음을 간직하고 있었다. 정부와 인가를 받은 은행의 보다 긴밀한 협력이 중요한 이유다(Moe, 2018).

셋째, 앤 페티퍼Ann Pettitfor가 날카롭게 지적했듯이, 과거 통화정책이 화폐수량설에 너무 집착한 것처럼 주권화폐를 제안한 측은 생산예측을 바탕으로 한 인플레이션을 유발하지 않는 화폐 공급량 계산에 매몰되어 있다는 비판이 있다. 페티퍼는 시카고 플랜이 제출되었던 당시 케인스가 쓴《루즈벨트 대통령에 대한 공개서한Open Letter to President Roosevelt》(1933)을 인용하면서, 화폐공급의 축소는 경제활동을 억제하겠지만 그 역도 성립할 것이라고 보는 것은 잘못이라고 말했다. 생산과 소득을 증가시키기 위해 화폐 공급량만을 늘리는 것은 "마치 살을 찌우기 위해 더 긴 허리띠를 사는 것과 마찬 가지다. '추동력'은 화폐수량이 아니라 '지출규모'라고 했다"(Pettifor, 2017, 98; Skidelsky 2018). 게다가 그는 주권화폐 옹호론자들이 제안 한 화폐발행위원회를 통한 화폐공급량의 배타적 통제방식은 통화 시스템 내 '비선출' 권력에 힘이 집중되도록 할 것이라고 보았다.

화폐적 지출에 대한 수요를 추동력이라고 본 케인스의 의견에 덧붙여 페티퍼는 '사회적으로 공정한 통화시스템'에서 채권자(은 행)와 채무자(차입자)가 균형적, 비착취적인 관계를 유지하는 경우 에 그 추동력은 최상이 될 것이라고 믿었다(Pettitfor, 2017, 112). 물 론 페티퍼가 비판했던 계획과 마찬가지로 페티퍼의 주장 자체도 많 은 의문을 자아내긴 한다. 예를 들어, 포지티브 머니는 정부의 주권 화폐 통제하에 놓인 자들이 공통적인 정치적, 경제적 목적을 가졌 다고 단순하게 생각하는 경향이 있다. 또한 페티퍼의 '사회적으로 공정한 통화시스템'은 다양한 화폐의 창출과 사용방식에 따라 그 모습이 크게 달라질 것임에도 불구하고 이미 형성된 것으로 간주해 버렸다. 페티퍼는 적어도 잉글랜드은행이 공공통제까지는 아니더 라도 공공소유의 대상이 되었던 1945년 이후에 있었던 힘의 균형 과 사회민주적 합의 같은 것이 있다고 전제한 것이다(Pixley, 2018).

중앙은행: 비선출 권력

5장에서 우리는 2008년 금융위기 당시 있었던 은행 구제가 자본주의의 거대한 채무네트워크의 붕괴를 막아내고 경기침체와 불황을 예방했다는 점을 살펴보았다(Ingham, 2011). 영국에서는 얼어붙은 금융시스템을 녹이기 위해 정부가 5,000억 파운드를 구제 금융으로 투입했다. 이를 두고 당시 잉글랜드은행 총재였던 머빈 킹은 윈스턴 처칠Winston Churchill이 1940년 영국 전황에 대해 내렸던 평가[73]를 "금융정책의 역사에서 이토록 적은 사람이 이처럼 많은 사람에게 이와 같은 빚을 진적은 없었다"라고 재치 있게 바꾸어 말한 적이 있다. 킹의 발언은 사익추구 은행들('이토록 적은 사람')에 대한 대중('이처럼 많은 사람')의 보조금 지급을 비판한 것으로 많은 사람들의 관심을 끌었다. 또한 구제자금은 다년간 정부지출의 대규모 삭감을 통해 조달되어야 한다고 결정되자, 더 많은 사람이 주목하게 되었다. 양적완화로 인해 구제를 위한 대규모 화폐발행이 이루어지고 난 후, 긴급한 '긴축'조치가 필요하다는 주장은 강한 반대에 직면하게 되었다. 은행들은 '규모가 너무 커서 파산시킬 수 없을지' 모르겠지만 그들의 준비금을 늘리는 은행구제방안을 발표하면서 이 자금을 대중이 부담할 것을 요구하자, 현행 화폐창출 시스템에 대한 대대적인 조사가 필요하다는 반발이 일어난 것이다(Wolf, 2014; Turner, 2016; Skidelsky, 2018, chap. 9).

양적완화 시행으로 중앙은행의 '독립성'과 화폐의 '중립성'에

---

[73] 윈스턴 처칠은 제2차 세계대전 당시 독일의 공습을 막아낸 영국 조종사들에게 "인류가 경험한 전쟁의 역사에서 이토록 많은 사람이 이처럼 적은 사람에게 이와 같은 빚을 진적은 없었다"라고 말하면서 그들의 노고를 치하했다.

대한 의구심은 더욱 커졌다. 양적완화의 목표 중 하나에 달성하지 못했다는 사실은 분명해졌다(5장 참조). 금리인하 압력을 유지하기 위해 은행 준비금을 늘려주었던 조치는 정부의 채무부담을 완화했지만, 생산을 위한 투자와 고용을 자극하지는 못했다. 게다가 양적완화는 의도하지 않게 불평등을 확대하는 결과를 초래했다. 중앙은행이 은행으로부터 국채를 재매입하기 위해 창출한 화폐는 국채의 수요를 증대시켜 국채가격을 끌어올리고 말았다. 원래 은행이 보유하고 있던 국채도 중앙은행이 화폐발행을 통해 지원해줌으로써 은행이 매입했던 것이다. 국채 소지자들은 국채가격 상승으로 재산이 증가했고, 낮은 은행예금 금리를 피해 다른 자산에 투자를 확대했다. 결과적으로 주식시장에서 붐이 발생하고, 주택, 고급 승용차, 와인과 미술품 가격이 급등하고, 가상화폐 같은 위험자산 시장이 번성하게 되었다. 게다가 부자들은 안전한 담보를 가지고 있어 이러한 자산에 대한 투자자금을 낮은 금리로 빌릴 수 있었다. 자본가들이 기피하는 생산적인 투자지출을 정부가 담당해야 한다고 했던 케인스의 주장이 다시 주목을 받게 되었다(Turner, 2016, chap. 7; Skidelsky, 2018).

여러 가지 질문과 제안이 쏟아졌다. 첫째, 비선출 중앙은행 직원들은 민간은행의 차환지원을 위해 화폐를 창출하고, 의도하지 않았을지라도 금융권 내에서 금권정치를 강화했다. 하지만 어째서 그들은 주택위기와 무너진 공공 인프라에 대해서는 침묵으로 일관했을까? 왜 '시민들을 위한 양적완화'는 존재하지 않았을까? 비록 급진적이고 민주적인 의도에서 나온 질문이었지만, 질문만 제기하는 것은 화폐창출 주체나 방법 같은 정치적인 문제를 회피하는 꼴이 된다. 중대한 제도개편이 없다면, 화폐통제권은 '독립적인' 중앙은행에 남게 되고 비선출 기술 전문가의 권력은 한층 강화될 것이다 (Pettifor, 2017, 117-28: Tucker, 2018).

양적완화를 계기로 민간자본과의 국채매매를 통해 화폐를 창출하는 중앙은행의 전통적이고 복잡한 역할이 주목을 받았다. 하지만 정부와 중앙은행이 경제에 직접 화폐를 주입하는 방안이 더 효율적이지 않았을까? 디지털 화폐기술의 발달로 이제는 밀턴 프리드먼이 1960년대 사고실험 차원에서 제안한 '헬리콥터'에서 지폐 뿌리기를 할 필요가 없어졌다(Turner, 2016, 218-22). 대부분의 사람들은 화폐를 언제든지 쓸 수 있는 전자적 형태로 보관할 것이기 때문이다. 하지만 케인스가 주장했듯이, 화폐량의 증가가 반드시 생산적 투자로 이어지는 것은 아니다. 케인스는 특이하고 아이러니하게도 그 이슈에서 국가와 민간자본 사이의 관습적 관계라는 정치적 문제를 꺼냈다. 그는 '자유방임이라는 오랜 시험을 거친 원칙'에 부합하는 화폐적 자극을 실행하기 위해 재무부는 "오래된 병에 지폐를 가득 채우고, 그것을 폐쇄된 탄광에 묻고, 지폐를 다시 파내는 작업을 민간기업에 맡겨야 한다"라고 말했다(Keynes, 1973 [1936], 129). 물론 케인스가 덧붙였듯이, 화폐가 확실히 지출에 사용될 수 있도록 정부가 직접 주택을 건설하는 것이 더 합리적일 수 있다. 하지만 이 경우에는 추가적으로 발생하는 정치적 어려움이 장애가 될 것이다. 다시 말하면, 이는 화폐의 생산방법에 관한 기술적 문제가 아니라 화폐의 발행주체와 목적에 관한 문제다. 여러 비판적 제안을 실행하기 위해서는 제도적 변화뿐 아니라 지배적 경제이론에 도전하는 반혁명counter-revolution이 있어야 할 것이다.

양적완화가 초래한 의외의 결과와 경제실패로 인해, 1990년대 이래로 케인스 경제학을 비판하면서 세계 주요국의 경제정책에 영향을 미쳤던 새로운 거시경제 합의에 대한 근본적인 의문이 제기되었다(5장 참조; Skidelsky, 2016, 196-9). 이 이론은 인플레이션과 그 기대가 제거된 화폐안정을 주로 추구했다. 그리고 화폐가 안정된 상황에서는 합리적인 경제주체들과 수급 메커니즘이 균형을 찾아 움직일 것이라고 보았다. 3장에서 살펴보았듯이, 케인스 경제학을 비판한 합리적 기대가설 학파는 공공지출의 증가를 통해 경제를 자극하는 재정정책의 유효성을 부정했다. 재정정책보다 통화정책을 우선시했다. 그 결과로 인플레이션이 없는 성장을 달성하기 위해 금리를 조정하는, 중앙은행이 겉으로 독립성을 가지고 화폐권력을 보유하는 제도가 마련되었다. 하지만 오로지 통화정책에만 의존하는 것은 한계에 직면했다. 금리가 제로에 가까워지자 중앙은행은 더 이상 은행시스템의 내생적 예금창출에 영향을 미칠 수 없게 되었다. 20세기 후반 통화주의가 쇠퇴한 이래로 중앙은행들이 차입확대를 위해 채택한 금리인하 방식이 작동할 수 없게 된 것이다. 이제 잠재적 화폐공급을 늘리는 방안은 은행의 준비금을 확충하는 간접적 양적완화 방법뿐이었다. "싫든 좋든 중앙은행은 화폐수량설

주창자가 되었다"(Skidelsky, 2018, 256).

통화개혁과 경제에 직접적 화폐주입을 위한 다양한 제안들이 기술적으로 효과가 있는지 여부를 차치하고, 이러한 제안들은 화폐의 정치문제에 대해 낙관적이고 순진한 입장을 가지고 있다. 우리가 지금까지 살펴본 바와 같이, 수세기에 걸쳐 화폐창출에 영향을 미쳤던 정치적 이데올로기의 발전과정에서 경제'과학'이 중요한 역할을 했던 것은 맞다. 하지만 화폐라는 문제는 화폐 그 자체에서 출발한다고 해결될 수 있는 것이 아니다. 주류화폐 경제학과 이를 비판했던 이단적 이론은 모두 화폐를 실체화[hypostasize]하는 경향[74]이 있다(Cartelier, 2007; 3장 참조). 이러한 시각에서는 화폐에 대한 이론적 인식, 화폐의 형태 및 전송기술의 변화를 가장 중요하게 여긴다.

신용이론과 국정화폐이론은 화폐를 사회적으로 창출된 권력으로 본다. 하지만 이들도 화폐 자체에 집중한 나머지 화폐개혁에 필요한 정치적 조건을 등한시하는 측면이 있다. 이러한 점에서 달러가 전 세계적으로 가진 힘은 국채시장에서의 공격을 잘 견딜 수 있게 해준다고 본 현대통화이론의 분석과 제안이 미국에 더 적합하다는 주장도 제기되고 있다. 현재로서 달러와 미국국채는 국제 투자자들에게 가장 안전한 피난처다. 그들은 정부지출에 대한 부정적인 평가에 즉시 반응하여 달러와 미국국채를 즉시 팔아치우려고 하지 않는다. 그들이 가진 화폐와 국채가 상대적으로 힘이 없는 국가의 것인 경우에 비해 확실히 덜하다. 주권화폐를 '화폐발행위원회'의 관리를 받는 공공자원으로 본 포지티브 머니 등의 주장은

---

[74] 화폐를 구체적인 형태를 가진 물질 또는 독립적 존재라고 이해하는 것을 화폐의 실체화라고 한다.

1945년 이후 잠시 나타났던 정치적 합의 같은 것을 최소한이나마 전제하고 있다(4장 참조). 그렇지 않았다면 그러한 제안은 현대 중앙은행 기술 전문가와 마찬가지로 정당성과 책임이 결핍되었다는 비판을 피하지 못했을 것이다(Pettifor, 2017).

2008년 금융위기 이후 십여 년이 흐른 지금, 화폐개혁 문제는 잊히고 있다. 하지만 이 문제는 다음 대형위기가 발생할 때까지 남아있을 것이고 아마도 그때에는 화폐의 정치적 기초에 대한 보다 신중한 점검이 이루어져야 할 것이다. 이러한 논쟁이 다시 불거질 때는 처리해야 할 미완성된 일도 있을 것이다. 2008년 금융위기 당시, 미국 연방준비제도에 관한 전문적 논의와 여러 화폐개혁 방법들이 다시 등장했지만, 이들에 비해 시기적으로 조금 앞서면서 못지않은 타당성을 가진 '사회주의 화폐socialist money'의 가능성에 관한 논의는 놀라울 정도로 무시되었다(Turner, 2016).

민주주의 화폐 또는 사회주의 화폐?

민주주의 화폐라는 건 정말 존재할까? 이는 공적주체가 화폐 공급의 원칙과 관리방법(얼마나 많은 화폐를 어떤 목적으로 발행할 것인지)에 관한 합의를 이루어냈다는 의미일 것이다. 물론 이는 정치적 문제임이 분명하며, 우리는 이제까지 화폐문제는 기술적인 경제학만의 문제가 아니라는 점을 강조해왔다. 그렇다고 해서 화폐는 순전히 정치적인 문제라고 결론을 내리는 것 또한 잘못이다. 결국 '올바른' 화폐이론과 적절한 정치적 의지가 있는 상황이라면, 우리는 원하는 대로 자유롭게 통화시스템을 만들어갈 수 있을 것이다.

20세기 초반 사회주의자들은 우리 시대의 온건한 비판가들보다 급진적인 의견을 제시했다. 자본주의적 착취와 반복되는 투기적 위기의 원인인 화폐는 사회주의 사회에서도 필요한 것일까, 아니면 정말 민주주의 사회에만 필요한 것일까? 주요 계급과 계급 사이의 갈등이 존재하지 않는다면 집단적인 경제적 목적에 대한 보편적인 합의는 존재할 수 있다. 그렇다면 시장이 가격을 결정하는 무정부 상태는 중앙에서 계획된 화폐와 상품을 균형 있게 공급하는 체제에 의해 대체될 수도 있을 것이다. 하지만 이러한 낙관론은 자유시장에서 사익의 합리적 추구를 통해 화폐가 적절하게 공급될 수 있다는 믿음만큼이나 부적절한 것으로 드러났다. 이러한 두 가지 유토피아적 경제관은 화폐, 정보, 계산과 불확실성 사이의 체계적 관계를 바라보는 시각이 근본적으로 상이하다. 화폐시스템이 효과적으로 원활하게 작동, 운영되기 위해서는 화폐의 창출방법을 제한할 수 있는 별도의 제도적 합의가 필요한 것이 아닐까? 복잡한 선진경제가 화폐 없이 돌아갈 수 있을까?

경제 및 금융학계의 전통적 이론은 첫번째 질문에 대해 긍정적으로 답변할 것이다. 오늘날 화폐를 생산, 관리하는 방식은 대체로 유효성이 검증되었다. 현대의 금융통화 시스템은 경제학계의 도움에 힘입어 더욱 효율적인 관행이 순차적으로 받아들여지는 '진화적 선택'의 결과라고 볼 수 있다. 처음부터 완벽할 수는 없지만, '설계 단계에서의 결함'은 조금씩 개선될 수 있다. '최종대부자'로서 중앙 은행제도가 보편적으로 받아들여지게 된 것도 여기에 해당하는 사례라고 할 수 있다. 앞에서 살펴보았듯이, 자본주의 통화시스템은 대립하는 이해관계들이 연속적으로 역사적 타협을 거치면서 만들어진 것이다(4장 참조). 이런 식으로 우연히 만들어진 제도가 반드시 효율성과 효과성이 떨어진다고 단정할 수는 없다.

의심할 여지없이 자본주의 통화시스템에는 정치권력과 경제력이 집중되어 있다. 하지만 이러한 시스템이 고대 제국과 역사적 유물이 되어버린 20세기 공산주의 국가에서처럼 단일체에 의해 독점되는 것은 아니다. 자본주의에서 화폐는 여전히 상대적으로 분권화되어 있다. 국가, 인가받은 은행 그리고 독립된 중앙은행이 화폐 창출 권한을 나누어가지며 그림자 은행, 준화폐 그리고 수많은 보완화폐 및 대안화폐가 존재하고 있다. 그렇다면 이러한 복잡성, 갈등 그리고 경쟁이 문제를 제대로 해결하는 데 도움을 주는 다양성, 유연성 그리고 혁신으로 이어질 수 있을까?

이러한 의문들은 20세기 초반에 있었던 '사회주의 계산 논쟁 socialist calculation debate'에서 약간 다른 모습으로 등장했다(Boettke, 2000; Levy and Peart, 2008). 사회주의자들은 화폐에 대해 상품을 생산하는 자본주의에서 교환가치와 이윤의 측정수단으로 사용됨으로써 역동성을 가져오는 핵심요소라고 명확하게 정의했다. 하지만 금융자본주의에서 경제력이 집중되자 이러한 역동성은 착취, 갈등,

투기와 불안정의 원인으로 작용했다. 화폐를 몰아내려던 유토피아적 계획까지 언급할 필요 없이, 사회주의 경제에서 화폐를 통한 계산은 **현물적 계산**으로 대체될 수 있다는 믿음이 널리 퍼지게 되었다. 여기서 상품은 사회에서 받아들여지는 **사용가치**를 목적으로 생산되며, 그 사용가치는 사용된 생산수단의 가치에 의해 계산되고, 생산수단의 가치는 상대적인 생산 기여도에 의해 측정될 수 있다고 보았다. 이는 '노동시간'을 가치의 원천이자 척도로 본 마르크스의 '노동가치설'을 떠오르게 한다. (역설적으로 독자들은 이것이 앞서 이야기한 '부르주아' 고전학파 경제학의 '실물'경제 개념과 밀접한 관련이 있다는 점을 눈치챌 수 있을 것이다(Smithin, 2018)).

바이마르 독일의 혁명적 수립기에 등장했다가 곧 사라진 바이에른 소비에트 공화국 Bavarian Soviet Republic (1918-19)의 고문이었던 오토 노이라트 Otto Neurath 는 전시 생산기구가 화폐가격 없이 물리적인 계획만으로 작동될 수 있는 사회주의 경제의 청사진을 보여주었다고 주장했다. 화폐가격 없이도 각 생산요소별로 물리적 단위당 기여도를 계산할 수 있다는 것이다. 예를 들어, 노동을 더 투입하면 전기를 더 사용하는 경우에 비해 생산이 더욱 늘어난다는 식이다.

루트비히 폰 미제스 Ludwig von Mises 가 '사회주의 연방의 경제계산'에서 내놓은 반응은 불확실성과 복구할 수 없는 불완전한 정보의 세계에서 우리는 경제를 효과적으로 계획할 정도로 충분한 통찰력과 지식을 가질 수 없다는 주장이었다. 그의 주장은 후에 하이에크에 의해 가다듬어졌다. 관료주의나 기술관료주의적 방법으로는 아마도 자원의 합리적 배분에 필요한 모든 정보를 확보할 수 없을 것이다. 경제적 합리성은 분권화된 시장에서 '보이지 않는 손'이 만든 화폐가격에 사람들이 적응하는 과정을 거쳐야 제대로 달성될 수 있다. 이러한 화폐적 계산 없이는 "사람의 마음은 혼란스러울 정도로 많은 중간생산물과 다양한 생산방법 사이에서 갈피를 잡지 못할 것이다. 그들은 당혹한 채 그냥 서 있을 수밖에 없다"(von Mises, 1990 [1920], 13).

이러한 비판에 대해 어떤 사회주의자는 상품과 생산수단의 가치를 측정, 계산하기 위해서는 물리적이거나 공학적 판단기준보다 화폐의 사용이 필요하다는 점을 인정했다. 폴란드 경제학자 오스카르 랑게Oskar Lange는 1930년대 자신의 저서에서 국유기업이 가격을 한계비용에 따라 책정하도록 중앙계획당국이 지시하는 모델을 제안했다. 이 모델에서 계획당국은 이러한 가격들을 사용하여 시행착오를 거쳐 수요와 공급이 균형을 이루는 가격수준에 도달할 수 있었다. 계획당국의 시행착오를 연립방정식으로 대체할 수 있다는 주장도 있었다. 여기서 계획당국은 사실상 '시장의 역할을 대신surrogate market'하지만, 생산수단이 공공의 소유에 있는 만큼 이러한 모델은 '시장 사회주의market socialism'라고 알려져 있다. (다시 한번, 독자들은 이러한 모델이 근본적으로 현대 부르주아 경제학과 유사하다는 점을 알아차렸을 것이다. 그 이론적 기반인 발라스의 '일반균형모델'에서는 '경매인auctioneer'이 단위재로 표시된 가격을 제시하는 역할을 담당했다.)

컴퓨터 계산능력의 획기적 발전은 방대한 계획의 실현 가능성을 높여 이러한 아이디어가 다시 제기되는 계기로 작용했다.《월마트 인민공화국People's Republic of Walmart》에서 리 필립스Leigh Phillips와 마이클 로즈워스키Michal Rozworski는 오늘날 다국적 기업에서 관찰되는 중앙계획은 '사회주의를 위한 기초를 놓은 것'이라고 평가했다 (Phillips and Rozworski, 2019).

그렇다면 정말 아마존이 사회주의의 미래를 제시한 걸까? 중앙계획적인 대기업들이 언제나 독점적 자본주의의 구성요소였다는 등 다른 문제들을 차치하더라도, 이러한 주장은 미제스와 하이에크가 지적한 지식과 정보의 문제에 직면하게 된다. 이는 실패한 공산주의 경제시스템에서도 분명하게 드러났던 문제다(Woodruff, 1999; Devine, 2010; Ellman, 2014). 게다가 기술적인 경제적 문제가 해결된다고 하더라도, 민주주의적 또는 사회주의적 정치를 어떻게 제대로 실현할 것인가라는 보다 근본적인 문제는 남게 된다. 실제로 어떤 화폐개혁 비판가들은 화폐개혁 방안이 뚜렷하게 제시되지 않는다면 화폐에 대한 사회주의적 중앙통제는 사회주의와 모순되는 권력의 집중을 가져올 것이라고 주장하기도 했다.

막스 베버는 기술적인 경제적 사항과 정보문제에 집착하지 않고 이러한 논쟁에서 정교하고 색다른 공헌을 했다. 화폐를 '경제적 생존투쟁에서의 무기'라고 표현하면서 화폐의 정치적 속성을 강조했던 그는 근본적인 화폐개혁에는 한계가 있다는 결론에 이르렀다. 화폐가 효과적으로 작동하기 위해서는 화폐의 생산방법을 제한하는 명확한 제도적 약속이 필요하지 않을까?

207

중앙계획경제가 등장하기 이전이었지만, 고대 제국에 대한 지식과 예리한 사회학적 분석으로 무장한 베버는 그들이 겪게 될 어려움을 예상했다. 그는 **자본회계**capital accounting와 **예산계산**budgetary calculation 개념을 구분해서 자본주의를 분석했다. 자본회계는 경쟁적인 사업들과 비교해서 수익성을 계산하는 것이며, 예산계산은 내부적 자원관리 차원에서 화폐가치를 임의로 할당하는 것이다. 그는 자본주의적 방식에 따라 수익성을 계산할 경우에 자원의 효율적 사용이 가능하다고 보았다. 하지만 그는 자본주의적 계산이 합리적으로 수행되기 위해서는 수입과 비용을 유효한 화폐가격으로 나타낼 수 있도록 사후적 계산이 뒷받침되어야 한다고 믿었다. 가격은 자율적인 경제주체들과 기업들의 경쟁적인 경제적 생존투쟁에서 자유롭게 형성되어야만 유효하다. 이러한 가격들이 효율성 계산에 유효한 수단이 될 수 있는 것은 이들이 예산과정에서 내부적으로 할당된 '가상적fictitious' 가격이 아닌 외부에서 생성 및 부여된 것이기 때문이다. 예산계산은 오로지 두 가지 방법 중 하나에 의해 이루어진다. 자본주의 이전 사회처럼 전통적으로 고정된 가격을 그대로 사용하거나 '소비패턴을 직접 지시하거나 복종을 강요'하는 '자의적, 독재적 규정'을 따르는 방법이 있다(Weber, 1978, 104).

일반적으로 "화폐는 화폐인 이상 결코 무해한 '상품권voucher'이나 순수한 명목상 회계단위일 수 없다"(Weber, 1978, 79). 이집트 프톨레마이오스 왕국에서 사용했던 빵 교환권과 마찬가지로 사회주의 경제에서 사회적으로 유용한 노동에 대한 대가로 지급된 상품권을 가지고 재화를 구입하는 것은 화폐경제가 아닌 물물교환의 규칙에 따르는 것이다(Weber, 1978, 80). 베버는 제1차 세계대전 당시 경제를 담당했던 독일 조직이 효과적이었다는 노이라트의 견해에 동의했다. 하지만 이는 평상시에는 "독재국가의 '노예'를 대상으로 하는 경우"가 아닌 이상 허용되지 않았을 권한을 행사하면서 중앙통제하에서 유일한 목표를 추구했다는 점에서 예외적이라고 보았다(Weber, 1978, 106). 결과적으로 그는 권위주의 국가에서 경제의 '완전한 사회주의화'가 반드시 효율적이진 않더라도 효과적으로 기능할 수 있다고 보았다. 베버가 연구했던 문제는 아니지만, 이는 어떤 사회주의 또는 공산주의 시스템도 이집트 프톨레마이오스와 고대 바빌론의 관료주의적 제국에 버금가는 역동성을 갖기는 힘들 것이라는 의미를 함축하고 있다(Weber, 1978, 1094-7). 베버는 자원의 객관적 가치를 효과적으로 평가하는 도구로서 화폐는 '경제적 생존 투쟁'에 관한 규칙을 만드는 사회적 구조를 필요로 한다는 점을 역사에서 발견했다. 그의 분석에 따르면 화폐를 인플레이션을 회피할 수 있을 수준으로 통제하기 위해서는 경쟁적이지만 상대적으로 동등한 이해관계자 사이의 힘의 균형이 필요하다. 20세기 후반 자본주의 국가에 집중된 권력으로 인해 조직화된 노동과 독점자본은 과도한 요구를 했고, 이는 '임금과 가격'의 연쇄적 상승을 초래했다. 브래튼우즈체제가 종식된 이후, 국제 자본시장과 외환시장에서의 투기는 가격의 급등락과 불안정을 초래했다. 하지만 이는 인플레이션을 유발하는 정부의 과도한 지출 조짐에 민감한 반응을 보임으로써 '정부를 침착하게 만든' 측면도 있다(Pettifor, 2017). 독재적 명령경제에서 화폐에 대한 완전한 독점적 통제가 존재하는 경우, 가격은 경쟁적 투쟁을 통해 형성될 수 없으며 화폐도 제 기능을 다하지 못하게 된다. 또한 생산과 소비가 중앙에서 통제되는 경우, 화폐는 경제적 계산수단, 지급수단 그리고 가치저장 수단으로서 의미를 잃어버린다(Woodruff, 1999, chap. 3).

우리가 베버의 의견을 따른다면 거대한 현대사회에 대한 전망은 암울할 뿐이다. 경쟁적 투쟁의 대안은 하나의 집단적 목표에 대해 광범위한 가치합의를 이루어내거나(즉, 공산주의적 유토피아와 그 이전 소규모 전통사회) 작동하지 않는 중앙 명령 사회에서 사는 길 밖에 없다. 하지만 그의 분석을 기존의 자본주의 사회와 여기서 나타나고 있는 권한과 부의 불공평한 분배에 대한 면죄부로 받아들여서는 안 된다. 오히려 자본주의 통화시스템이 가진 결점을 치유하기 위한 제안이라고 생각해야 한다.

8장   결론

    화폐에 대한 논쟁은 끊임없이 계속되고 있다. 그렇지만 화폐에 대한 이해는 점점 더 나아지고 있다. 잉글랜드은행이 분기 보고서를 통해 은행시스템에 의한 내생적 화폐창출을 인정한 것은 역사적인 사건이라고 볼 수 있다(McLeay et al., 2014). 잉글랜드은행이 암묵적으로 화폐의 신용이론을 받아들인 것이다. 하지만 이러한 화폐 관념은 19세기 이래 사회학과 이단의 경제학에서 줄곧 주장되어 온 것이라는 점을 잊어서는 안 된다(Ingham, 2004). 또한 은행가들이 신용-채무관계를 통해 얼마나 많은 화폐가 생산되는지를 알고 있었다는 것은 놀랄만한 일이 아니다(Hodgson, 2015). 따라서 주류 경제학 교과서가 아직 이러한 화폐인식을 완전히 반영하지 않은 것은 실망스러운 일이다. 경제학과 학생들의 기본 교과에는 여전히 화폐의 장기 중립성과 화폐와 신용 사이의 엄격한 구별이 교리처럼 남아 있다. 물론 토마스 쿤Thomas Kuhn이 《과학혁명의 구조The Structure of Scientific Revolutions》에서 말했듯이, 학계에는 기득권층이 자신들의 뛰어난 지적체계를 고수하고 이를 다음 세대로 전달하려는 관성이 있다(Kuhn, 1962). 이견이 있긴 하지만 중립적 화폐는 신고전학파 미시경제학, 일반균형이론 그리고 20세기 후반 케인즈 경제학을 대체했던 거시경제학의 필수적인 개념요소다. 화폐의 신용이론과 국정화폐이론은 이 같은 중립적 화폐와 실물경제를 전제로 한 경제모델을 수정해야만 받아들여질 수 있을 것이다(Smithin, 2018).

주류적 경제모델이 화폐와 금융을 모델에서 누락함으로써 2008년 금융위기와 현대경제에서의 새로운 국면을 제대로 이해할 수 없었다는 지적이 확산되고 있다. 이에 따라 케인스에 대한 관심이 다시 고개를 들고 있다(Skidelsky, 2018). 케인스는 당시 주류였던 고전학파의 중립적 화폐와 실물경제에 대한 신념을 상당 부분 수정하려고 했지만, 그러한 시도는 결국 받아들여지지 못했다. 정통 이론은 1945년 이후 한동안 세력을 잃었지만, 1970년대 위기를 거치면서 대부분 회복되었다. 케인스에게 고전학파 모델은 구성원들이 자신의 '효용'을 충족하기 위해 상품을 교환하는 '협동조합 경제'를 상정한 것으로 비춰졌다. 이런 경제에서 교환수단이 꼭 필요한 것은 아니다. 다시 말하면, 이는 스미스와 마르크스가 자본주의 이전 시대의 교환을 묘사하는 데 사용했던 상품-화폐-상품의 흐름을 전제로 하는 것이다. 케인스는 마르크스와 베버와 마찬가지로 자본주의는 '화폐적 생산경제'라고 이해했다. 화폐적 이윤을 얻기 위해 화폐자본을 사용하는 것이 자본주의를 움직이는 핵심적인 동력이라고 본 것이다. 여기서는 화폐–상품–화폐의 순서로 경제활동이 이루어진다(Keynes, 1973 [1933]; Smithin, 2018).

두 종류의 경제분석과 그 각각의 화폐이론 뒤에는 자본주의 지배구조에 관한 뜨거운 격론이 자리하고 있다. 한편으로 주류 경제학은 화폐공급은 경제의 장기적인 생산능력을 초과할 수도, 초과해서도 안 된다고 믿었다. 기술이나 노동 같은 실물 생산요소만이 새로운 가치를 창출할 수 있으므로, 화폐를 푼다고 생산요소의 투입이 증가하는 것은 아니라고 본 것이다. 결과적으로 화폐가 이러한 실물요소에 앞서 팽창한다면 반드시 인플레이션이 뒤따를 것이라고 보았다. 반면, 광의의 케인스 학파와 이단적 전통을 따르는 경제학자들은 화폐를 사회적 기술로서 생산에 필수적인 자원이라는 주장을 굽히지 않고 있다. 화폐를 가지고 인플레이션을 초래하지 않으면서도 경제성장과 고용창출을 가져올 수 있다는 것이다. 하지만 그 효과가 제대로 나타나기 위해서는 화폐를 '양적으로' 투입할 것이 아니라 쓰임새 있게 써야할 것이다. 또 민간기업이 실물경제에서 얻을 수 있는 노동력과 자원을 모두 사용할 수 없는 경우라면, 정부가 재화와 서비스에 대한 지출을 늘려야 한다.

통화를 민주적 정부의 통제대상에서 제외함으로써 논리적, 제도적, 이데올로기적으로 재정과 통화를 분리한 것은 이러한 광의의 케인스학파 프로젝트의 재추진을 가로막는 일이다. 현재의 자본주의 지배구조는 정부의 재정정책이 조세수입과 지출 사이의 균형을 도모하고, '예외적인 독립상태'에 있는 중앙은행이 거시경제 전문가들이 제시한 모델을 돌려 계산된 경제의 생산능력에 맞게 화폐공급을 세밀히 조정할 것을 요구하고 있다. 앞에서 살펴보았듯이, 이는 유럽중앙은행의 유로통제에서 절정에 달했다.

정리하자면, 화폐이슈는 두 가지 기본요소를 포함하고 있다. 첫번째는 화폐가 무엇이고, 어떻게 창출되는 것이냐를 제대로 설명할 수 있는 화폐이론과 관련된 문제다. 두번째는 누가, 얼마나 많은 화폐를 무슨 목적으로 창출하느냐에 관한 정치적 차원의 문제다. 현대 민주주의에서 통화정책의 목표에 관한 합의는 어떻게 이루어지고 집행되는 것일까? 예를 들어, 양립하기 어려운 이해갈등이 있는 상황에서 통화에 대한 통제력을 민주주의 무대 밖에 위치한 대리인들(중앙은행과 글로벌 화폐시장)에게 부여하는 것이 화폐안정을 위한 유일한 방법일까?

수천 년 동안 이어진 논의와 논쟁에서 우리는 무엇을 깨달았으며 또 무엇을 할 수 있을까? 화폐를 자연세계나 적어도 사회영역 밖으로 몰아내려는 지칠 줄 모르는 이데올로기적 시도도 있었다. 그럼에도 불구하고 우리는 화폐가 처음 사용된 이래로 화폐는 생산의 '힘'으로서 경제활동을 자극하는 사회적 기술이라는 사실을 알고 있다. 우리는 화폐공급의 급격한 증가, 보다 정확히 말하면 정부지출에 필요한 자금조달의 급격한 증가가 인플레이션을 초래한다는 것도 알고 있다. 하지만 완만한 인플레이션이 하이퍼인플레이션으로 변하는 것은 십중팔구 정치적 불안과 정당성 상실에서 비롯된 것이다. 이는 구매력에 대한 신뢰를 짓밟고 만다. 문제의 핵심은 화폐의 창출과 지출이 사회가 필요한 유효수요의 수준을 유지하는 것을 목적으로 하는지 여부다. 이 유효수요의 수준은 모든 현존 자원을 사용하고 새로운 생산을 유도하기 위해 필요한 정도다. 이를 달성하려면 우선 모델의 예측성을 높일 수 있는 제대로 된 경제이론과 화폐관념을 선택하는 것이 필요하다.

전시경제는 인플레이션을 초래하지 않으면서 자원과 고용을 최대로 사용하는 지출이 가능하다는 점을 보여주었다. 그러나 이것은 평상시의 자유 민주주의에서 찾아볼 수 없는 정치적 조건이 있었기에 가능했던 것이다. 제2차 세계대전 당시 계획된 생산, 노동명령, 가격과 소득통제 그리고 배급은 독재적이었다. 베버가 살아 있다면 이런 사실을 수긍했을 것이다. 하지만 우리가 4장에서 보았듯이, 그 경험은 잠정적이나마 주요 이해관계자들의 사회, 정치적 합의를 바탕으로 했다. 이는 완전고용과 공평한 자원배분을 추구하기 위해 국내외에 걸쳐 존재하던 자본과 국가 사이의 힘의 균형을 전쟁으로 인해 깰 수 있었기 때문에 가능했던 것이다. 불행하게도 현재의 세계 자본주의는 완전고용과 공평한 자원배분을 추구하는 두 번째 시도를 하기에 녹록하지 않다.

해설

신용화폐이론의 이해

우리는 화폐를 물리적인 형체를 가진 소중한 물건이라고 생각한다. 금본위제가 끝나고 더 이상 금으로 바꿀 수 없는 지폐나 일반 금속으로 만든 주화도 여전히 가치를 가지는 물건이라고 본다. 더욱이 이러한 화폐에 국가가 사용을 강제하는 법화라는 특수한 지위까지 부여하고 있으니 뭔가 특별한 물건이라는 믿음은 더욱 굳어진다. 예금, 대출, 투자 등 일반적인 금융서비스나 최근 핀테크 붐으로 새로 등장한 각종 간편결제 서비스도 우리가 맡긴 화폐라는 물건이 이동하는 것이라고 이해한다. 우리는 습관적으로 화폐를 경제의 혈액에 비유하거나 은행을 예금자가 맡긴 화폐를 차입자에게 빌려주는 중개기관 또는 통로로 묘사한다. 이러한 화폐관념은 우리의 경험과 직관 그리고 우리가 교과서에서 배운 내용과도 일치하기 때문에 우리의 생각이 잘못된 것일 수도 있다는 의심을 품어 본 적이 없다.

하지만 주위에는 화폐를 물건이라고 간주해서는 이해하기 어려운 현상들이 많다. 몇 가지 예를 들어보겠다. 지폐는 한국은행의 채무라고 하는데, 한국은행이 어떻게 채무를 갚을 수 있을까? 중앙은행이 화폐발행을 전담하고 있는 상황에서 국가가 화폐를 발행한다는 이야기는 무슨 뜻인가? 간편결제 서비스를 제공하는 업체나 은행이 우리가 맡긴 화폐를 대출이나 투자 등 자신의 이익을 위해 사용한다면 우리를 속인 것이 아닌가? 은행은 예금과 대출을 통해 신용을 창조하는데, 하나의 물건으로부터 여러 소유권을 만드는 비결은 무엇일까? 최근 들어 각국의 중앙은행에서 디지털 화폐Central Bank Digital Currency, CBDC 발행을 준비중이라고 하는데, 이제는 화폐가 물건이 아니게 되는 것인가?[1] 과연 블록체인에서 지급결제를 목적으로 만들어진 비트코인은 화폐가 될 수 없는 것인가?

이 책에서 소개한 신용화폐이론은 화폐를 물건으로 보는 주류 경제학의 상품화폐이론에 반대한다. 이 이론에서 화폐는 물건이 아니라 사람 사이의 관계인 신용이라고 본다. 신용이라는 용어에 대해서는 나중에 상세히 설명하기로 하고, 우선은 다른 사람에 대한 금전채권을 의미한다고 보자. 이러한 주장은 오래전부터 제기되어 왔지만, 주류 경제학계로부터 철저한 무시와 멸시를 받아왔다. 나

---

1 우리가 상식적으로 생각하는 물건의 범위와는 다르게 법에서 규정하는 물건에 대한 정의는 다음과 같다. 민법 제98조는 "본법에서 물건이라 함은 유체물 및 전기 기타 관리할 수 있는 자연력을 말한다"라고 규정함으로써 동 규정에 따른 물건에 해당하는 경우에만 물건에 대한 각종 법률규정이 적용된다. 따라서 데이터에 불과한 중앙은행의 디지털 화폐가 물건의 규정을 적용받기 위해서는 민법상 물건의 정의에 포함되어야 한다는 주장이 제기되기도 한다.

름 오랜 역사를 가졌음에도 불구하고 아직 엄격한 검증을 받지 않은 만큼 여전히 새로운 이론으로 볼 수 있다. 그럼에도 이 이론은 정체되지 않은 채 논리의 정합성, 포괄성, 현실 설명력을 높이기 위해 꾸준히 진화를 거듭하고 있다.

신용화폐이론이 토마스 쿤이 말했던 '패러다임의 전환'을 초래할 만큼의 잠재력을 가졌는지는 알 수 없다. 상품화폐이론과 신용화폐이론은 화폐에 관한 다양한 이론의 스펙트럼 상 양쪽 끝에 위치한다. 진실은 스펙트럼상 중간에 있을 수도 있다. 하지만 지금까지 이해할 수 없었던 현상 중 하나라도 새로운 시각에 따라 설명될 수 있다면, 그러한 시도는 의미가 있다. 특히 금융위기 이후 기존의 시각에 따라 규제와 감독을 크게 강화했음에도 불구하고 또 다른 금융위기가 찾아오는 것이 현실이므로 이제는 다른 시각으로 현실을 보아야 한다.

신용화폐이론은 처음 접한 사람들이 이해하기에 쉽지 않다. 이 이론이 우리가 일상적으로 경험하는 화폐현상을 설명하는 것이 아니라, 현상의 이면에 있는 화폐의 본질과 작동원리를 꿰뚫어 보기 때문이다. 해설에서는 신용화폐이론과 관련된 주요 개념과 원리를 별도로 정리했다. 여러 문헌에서 단편적으로 설명하고 있는 사항들을 체계를 갖춰 정리함으로써 신용화폐이론이 화폐의 여러 측면을 종합적으로 설명하는 이론임을 보여줄 수 있도록 노력했다. 아울러 이쪽 분야에 흥미를 느끼는 독자들이 관심의 범위를 넓힐 수 있도록 각주를 통해 법, 제도, 이론, 역사 등에 대한 상세한 설명을 추가했다. 이러한 노력이 독자에게 경제학의 이단아들과 함께 미지의 세계를 탐험하는 기회가 된다면 좋겠다.

재산: 물권과 채권

"누구의 재산이 얼마다"라는 말을 들으면 우리는 그 사람이 부동산, 동산, 금융자산 중 어느 것을 많이 가졌을지 궁금해한다. 수영장이 딸린 근사한 집, 다이아몬드, 돈다발, 우량기업의 주식 등 머릿속에 어떤 구체적인 형체가 떠오른다. 금융자산에 관해서도 당장 그 사람의 수중에는 없지만 언제든지 손에 쥘 수 있는 현금과 같다고 생각한다. 즉, 재산을 물건으로 보는 것이다.

반면, 법에서는 재산을 물건이 아닌 권리로 본다. 법은 사회에서 사람 사이의 질서를 만드는 것이므로 재산도 사람이 관계를 맺는 방식으로 보는 것이다. 그래서 법에서는 재산 대신 재산권이라는 용어를 사용한다. 재산권은 물권과 채권으로 구성된다. 물권은 물건을 지배하는 권리며, 채권은 특정한 사람에 대한 권리다. 소유권은 물건을 사용, 수익, 처분할 수 있는 가장 강한 물권이다. 채권은 특정인에 대해 일정한 행위나 금전 또는 물건을 요구할 수 있는 권리다. 자본주의는 사람들의 재산권을 법으로 보호해줌으로써 크게 발전할 수 있었다. 자본주의하에서 살고 있는 누구나 사유재산제도와 계약자유의 원칙은 반드시 지켜져야 하는 기본 원칙이라고 생각한다.

물권은 누구의 간섭도 배제할 수 있는 절대성과 배타성을 가진다. 이는 사회의 모든 구성원이 특정인이 가지고 있는 물권을 침해하지 않도록 조심해야 한다는 의무를 부과하는 것인 만큼 법률은 물권에 대해 엄격한 제한을 두고 있다. 법률에서 규정된 물권 이외에는 경제주체들이 임의로 새로운 권리를 만들 수 없다.[2] 어떤 물건이 누구에게 속하는지 제3자도 알 수 있도록 물권을 가진 자는 공시를 해야 한다.[3] 반면, 채권은 계약 당사자 사이에서만 적용되는 것이므로 경제주체들이 자유롭게 계약 여부 및 내용을 결정할 수 있으며[4], 채권의 내용을 외부에 알릴 필요도 없다.

하지만 권리를 남에게 양도한다는 측면에서는 물권이 채권보다 오히려 간편하다. 물권은 특정인의 이해관계와 직접적인 관련이 없으므로 물권을 가진 사람은 자유롭게 다른 사람에게 이를 넘길 수 있다. 하지만 채권은 권리를 가진 자의 반대편에 의무를 부담하는 특정한 사람이 있으며, 채권을 다른 사람에게 넘기면 채무자의 처지가 달라지기 때문에 채권의 양도에는 일정한 제한이 있다.[5] 이러한 법적 취급의 차이에는 물권은 구체적 형체가 있는 물건을 대

2　민법에서는 점유권, 소유권, 지상권, 지역권, 전세권, 유치권, 질권, 저당권 등 8개의 물권을 인정하고 있다. 그 밖의 물권을 당사자가 임의로 창설할 수 없도록 하는 원칙을 '물권법정주의'라고 한다.

3　물권의 공시방법은 종류별로 다르다. 부동산의 경우에는 등기며 동산의 경우에는 점유다.

4　민법에서는 증여, 매매, 교환, 소비대차, 사용대차, 임대차, 고용, 도급, 여행계약, 현상광고, 위임, 임치, 조합, 종신정기금, 화해 등 15개의 계약을 규정하고 있다. 이들은 전형계약이라고 불리는데, 사회에서 행해지는 계약 중 빈번하게 이용되는 것을 유형화한 것이다. 사람들은 전형계약 외에도 계약(비전형계약)을 자유롭게 체결할 수 있으며, 전형계약의 당사자들도 민법에서 정한 것과 달리 계약내용을 정할 수 있다. 민법에서 규정하는 계약에 관한 사항들은 일종의 사회적 표준약관에 불과하다.

5　민법에서 채권은 성질상 또는 당사자 간 의사표시로 양도가 제한될 수 있다고 본다. 또한 채권자가 특정인으로 지정되어 있는 지명채권의 양도 시에는 채무자에게 통지하거나 채무자로부터 승낙을 받아야 한다(대항요건).

상으로 하지만, 채권은 눈에 보이지 않아 실제 권리가 누구에게 있는지 알기 어렵다는 권리의 외형이 영향을 미쳤을 것이다. 내가 친구에게 100만원을 빌렸는데, 갑자기 덩치가 큰 사람이 나타나서 자기가 그 채권을 넘겨받았다면서 갚으라고 한다면 얼마나 황당하겠는가?

금융은 기본적으로 채권관계를 활용한다. 금융이 제공하는 서비스는 지급결제[6], 자산운용(투자와 증권), 위험보장(보험과 파생), 대출로 나누어볼 수 있다. 금융서비스는 고객이 금전을 맡기면 그 대가로 금융회사가 제공하는 것이다.[7] 이중에서 지급결제와 자산운용 중 증권은 독특한 공통적인 속성을 가지고 있다. 지급결제와 증권은 금전지급에 따라 고객이 가진 채권을 이동시키는 방식으로 금융서비스를 제공한다.[8,9] 지급결제는 다른 사람에 대한 채권을 자신의 채무를 해소하는 데 사용한다. 채권이 이동함으로써 채무의 해소

---

6 요구불예금은 이자수입보다 계좌이체 등의 목적으로 사용되는 것이므로 지급결제 서비스로 분류되고, 저축성예금은 계좌이체 등의 용도로 사용될 수 없는 반면, 이자수입을 발생시키기 때문에 자산운용 서비스로 분류된다. MMF는 기본적으로 자산운용 서비스지만 현금화(환매)를 용이하게 하는 특징이 있으므로 지급결제 서비스의 성격도 일부 가진다고 볼 수 있다. 참고로 금융혁신은 MMF 사례처럼 개별 금융서비스를 융합함으로써 나타난다.

7 금융서비스는 고객이 금융회사에 금전을 미리 납입하는 선불제가 원칙이지만, 서비스의 성격에 따라 후불제인 경우도 있다. 예를 들어, 대출(만기 이후 원금상환), 지급결제 중 신용카드 서비스(결제일에 지급), 위험보장 중 파생(사건 발생 시 청산 및 결제) 등은 후불제가 적용된다고 볼 수 있다.

8 최근 사람들로부터 큰 관심을 받고 있는 블록체인이 금융부문과 중첩되는 영역이 바로 지급결제(비트코인 등)와 증권거래(증권형 토큰 등)라는 사실은 우연이 아니다. 블록체인은 거래와 기록의 안전성 측면에서 장점을 가진 것이기 때문에, 권리의 이동을 특정으로 하는 지급결제와 증권거래 분야에서 블록체인을 활용하는 현상이 집중적으로 나타나는 것은 어찌 보면 자연스러운 융합의 시도라고 볼 수 있다.

9 요즘에는 지급결제와 증권 이외의 다른 금융서비스에서도 양도성 증대현상이 나타나고 있다. 금융회사는 주택담보대출, 신용카드 채권 등 대출채권을 매각한다. 특히 금융회사는 차입자가 제때 상환하지 못한 부실채권을 연체 후 일정 기간이 지나면 일률적으로 대부업자에게 매각한다. 미국에서는 생명보험계약조차도 매매한다.

라는 목적을 달성하는 것이다. 증권도 높은 이동성(양도성 또는 유통성)을 특징으로 한다. 특정인에게 자금을 대여, 투자한 권리를 표시하는 것이 증권[10]이다. 증권에서는 투자대상인 발행자가 일정 기간 자금을 사용하는 것이므로 채권자인 투자자는 자금이 묶이게 된다. 따라서 투자자가 필요한 경우 증권을 다른 사람에게 판매하여 자금을 회수할 수 있도록 증권 유통시장이 발달했다. 투자자는 유통성이 높은 증권은 현금과 유사한 유동성을 갖는다고 생각한다.

하지만 채권의 양도는 물권에 비해 자유롭지 못하다. 로마 시대에는 지급결제를 위해 최소한 네 명이 모여야 했다. 채권자와 채무자, 그 채권을 넘겨받을 양수인 그리고 증인들이 한자리에 모여 채권자가 가진 채무자의 채무를 면제하면서 동시에 채권자가 양수인에게 지고 있는 채무를 면제받게 된다는 사실을 확인했다. 하지만 유통성이 필수적인 지급결제와 증권거래에 있어 매번 이러한 복잡한 절차를 거치는 경우에는 많은 불편과 높은 거래비용이 소요된다.

거래비용 절감을 위해 사람들이 생각해낸 방법은 채권을 물건화하는 것이었다. 채권의 구체적 내용을 종이에 기재하여 채권을 마치 물건인 양 양도하는 방법이다. 그 종이를 양도하면 권리를 양

---

10 금전을 빌려줘서 얻게 된 채권을 증서화한 것이 채권이고, 주식회사에 대한 출자를 통해 얻게 되는 주주의 지위는 주식이며, 이를 증서화한 것이 주권이다. 채권이나 주권 같이 증서에 권리를 표시한 것을 증권이라고 한다.

11 역사적으로 이러한 은행권에는 중앙은행이 발행한 은행권뿐 아니라 일반은행이 발행한 은행권도 포함된다. 일반은행이 은행권을 발행할 수 없게 된 것은 중앙은행이 은행권 발행을 독점하면서부터다.

12 유가증권이 꼭 채권만을 증서화한 것은 아니다. 가령, 주권은 사원권인 주주의 권리를 증서화한 것이다. 하지만 주식회사 자체도 자연인에 대한 권리를 물건(법인)에 대한 권리로 전환하기 위해 도입된 것이라고 이해하면 유가증권이 채권을 증서화한 것이라고 해도 꼭 틀린 것은 아니다.

도하는 것과 마찬가지의 효과가 발생한다. 은행권[11]이나 유가증권[12]이 대표적인 사례다. 채권을 물건처럼 취급하자, 이제는 거래를 위해 당사자 두 명만 모이면 충분했다. 채권을 물건화하여 거래하는 관행은 점차 제도적으로도 수용되어 법적 안정성[13]을 갖게 되었다.

이처럼 채권관계를 기반으로 하는 금융 분야는 물권 법리를 도입[14]함으로써 거래의 편의가 높아졌을 뿐 아니라 일반인들도 쉽게 이해할 수 있게 되었다. 금융거래는 원래 눈에 보이지 않아 사람들이 직관적으로 이해하기가 힘들다. 금융을 제대로 이해하기 위해서는 하나의 거래를 최소한 거래 당사자별 채권과 채무의 변동이라는 4가지 관점에서 파악해야 한다. 하지만 금융을 물건(금전)의 이동으로 간주하면, 금융거래가 쉽게 이해되는 것처럼 보인다. 재산은 물건이고, 금융은 물건의 이동이라는 사고가 확고해진다.

반복하지만, 금융은 채권거래다. 금융의 복잡한 외형에도 불구하고 그 본질은 상대방에 대한 권리에 있다. 외형에 매몰된 사고는 은행예금은 은행에 맡긴 돈이며 부채는 빌린 돈이라는 오해를 낳는다. 은행예금은 은행에 대한 채권이며, 부채는 채권자에게 내가 갚아야 할 채무일 뿐이다.

이 책은 화폐 역시 대표적인 오해의 산물이라고 주장한다. 화폐는 역사 속에서 귀금속, 종이, 전자기록 등 다양한 외투를 입었지

---

13 예를 들어, 어음은 상인들이 관습적으로 만들어 사용하던 것이었으므로 별도의 법률에 의해 규율되지 않았다. 일정한 시간이 흐르자 각국은 어음의 법률관계를 안정시키기 위해 이를 규율하는 별도의 성문법을 제정하게 되었다. 영국의 현행 환어음법은 1882년도에 제정되었는데, 제정 당시에 종래의 관습, 판례 등을 수집하여 상호 모순되는 것을 제외하고는 모두 법률에 반영했다고 한다.

14 법률적으로 증권의 발행자가 새로운 권리의 내용을 임의로 기록했다고 해서 증권의 물권성이 인정되는 것이 아니다. 증권의 경우도 물권법정주의와 마찬가지로 법률에서 허용하는 종류와 내용에 부합하는 범위에서만 발행될 수 있다. 이를 '유가증권 법정주의'라고 부른다.

만 본질은 다른 사람에 대한 채권이다. 이처럼 화폐를 신용으로 보면, 화폐를 원료로 하는 금융도 채권과 채무의 거래라는 시각에서 이해할 수 있게 된다.

화폐의 다의성: 계산화폐, 신용, 기록매체

옛날에 사용되던 금화는 여전히 현대를 사는 우리가 가진 화폐 관념을 지배하고 있다. 당시 국가는 일정한 무게와 순도의 금에 도장을 찍어서 금화를 주조했다. 따라서 금화는 그 속에 있는 금과 같은 가치를 가진다. 모든 재화의 가치는 이러한 금화를 기준으로 측정되기 때문에 금화는 모든 가치를 계산하는 기본단위가 되었다. 화폐단위는 계산화폐라고도 부른다. 각 국가에서 사용하는 화폐단위 중 무게를 의미하는 단어를 사용하는 경우가 많은 것은 이러한 이유 때문이다.[15] 이러한 설명은 상품화폐이론이 가지고 있는 화폐 관념과 같다. 상품화폐이론에서는 물물교환 과정에서 교환의 매개물로 사용되는 대표적 상품이 등장했으며, 귀금속이 최종적으로 그 자리를 차지하게 되었다고 설명한다.

신용화폐이론에서 상품화폐이론의 주장은 역사적 증거를 찾을 수 없는 허구라고 본다.[16] 이들은 계산화폐가 우리가 흔히 생각하는 물질적 형체를 가진 화폐와는 별개라고 주장한다. 케인스도

---

15 유럽의 화폐체계는 8세기 후반 카롤루스 대제가 만든 은화 중심의 화폐체계를 모델로 삼았다. 1파운드 무게의 은화를 리브르livre라고 하고, 1리브르는 20수sous, 1수는 12드니에denier로 나누었다. 리브르는 고대 로마의 무게 측정단위인 리브라libra에서 유래했다. 영국의 파운드pound와 이탈리아 리라lira도 이를 따온 것이다. 영국 파운드를 £로 표시하는 것도 리브라의 L에서 유래한 것이다.

16 신용화폐이론의 주창자들은 물물교환 과정에서 등장한 대표적 교환 매개물이 다른 모든 재화와 일관된 상대적 교환비율을 가지면서 가치척도가 되었다는 상품화폐이론의 주장은 실제로 성립하기 어렵다고 본다. 교환비율은 거래당사자의 선호나 교환의 시기마다 다를 수 있음에도 불구하고 교환 매개물이 각각의 재화에 대해 단 하나의 상대가격을 가진다고 보는 것은 비현실적인 가정이라는 주장이다.

《고용, 이자 및 화폐에 관한 일반이론》을 저술하기 이전 오랜 기간 화폐를 공부하고 나서 계산화폐와 물질적 형태의 화폐는 개념적으로 다르다는 점을 발견했다. 계산화폐는 여러 재화의 가치를 비교, 측정할 수 있는 추상적인 척도일 뿐이다. 가령, 한 가족이 한 달 동안 먹고 살기 위해 필요한 가상적인 곡식의 양을 계산화폐로 삼을 수 있다. 이러한 기준은 다른 재화의 가치를 측정하는 데 사용될 수 있다. 예를 들어, 소 한 마리는 계산화폐가 나타내는 가치의 절반에 해당한다고 평가할 수 있게 된다. 물론 이러한 계산화폐는 가족 구성원의 수, 무게, 식성 등에 따라 그 수치나 수준이 조금 달라질 수 있다. 하지만 계산화폐는 추상적이고 평균적인 개념으로서 사람들이 그것을 듣고 나서 어느 정도의 가치인지를 떠올릴 수 있는 정도라면 그 기능을 수행하기에 충분하다.[17]

나아가 신용화폐이론은 논리적으로 계산화폐가 물질적 형태를 가진 화폐보다 빨리 등장했다고 주장한다. 교환경제 이전인 부족공동체 사회에서도 공동사업을 위한 조세제도와 질서유지를 위한 손해배상제도를 운영하는 과정에서 가치평가 기준이 존재했다고 주장한다. 예를 들어, 남에게 피해를 끼친 구성원이 복수를 당하는 대신 물질적으로 보상하도록 공동체 규율이 마련됨에 따라 사람의 신체에서 시작하여 각종 소유물에 이르기까지 그 가치를 평가할 필요가 있었다. 이를 위해 등장한 것이 계산화폐라는 주장이다. 실제로 역사에는 주화의 제조 없이 계산화폐 형태로만 존재했던 화폐가 있었다. 파운드는 은의 중량을 기준으로 하는 계산화폐지만

---

17 우리가 사용하는 '원'이라는 계산화폐의 경우도 이것이 어느 정도의 가치를 의미하는 것인지 추상적으로 떠올릴 수 있을 뿐이지, 정확한 가치수준을 알 수 없기는 마찬가지다. 가령, 1,000원의 가치는 이것과 교환될 수 있는 재화의 종류가 너무 많고 해당 재화의 가격도 계속 변화하기 때문에 정확히 알 수는 없다. 현대에서 화폐가치 안정을 목적으로 수행하는 통화정책이 모든 재화의 가격을 가중평균하여 산출한 물가지수(소비자 물가지수)를 기준으로 하는 것과도 일맥상통하다.

실제 은화로 만든 파운드는 주조된 적이 없다. 유로화의 경우에도 1999년에 우선 계산화폐로 도입되었고, 2002년이 되어서야 비로소 지폐와 주화가 만들어져 실제 지급에 사용되었다.

신용화폐이론에서는 경제시스템을 경제주체 사이의 채권-채무관계가 복잡하게 얽힌 거대한 신용네트워크라고 이해한다. 물건의 판매자는 구매자에게 물건을 넘기는 즉시 물건가치에 해당하는 채권을 가진다. 구매자가 이 거래 이전에 물건의 판매나 노동을 통해 제3자에 대한 채권을 미리 확보하고 있는 경우, 그는 자신이 가진 채권으로 자신의 채무를 해소할 수 있다. 물건의 판매자도 지급받은 채권을 자기가 필요로 하는 물건을 구입하는데 사용할 수 있다. 이러한 채권과 채무는 모두 계산화폐로 가치가 평가되기 때문에 비교가 가능해져 채권이 거래에 사용될 수 있게 된 것이다. 이러한 채권은 화폐로서 지급수단의 역할[18]을 원활하게 수행할 수 있다.

신용네트워크는 누가, 누구에 대한 채권을 얼마나 가지는지를 정확히 기록해야지만 원활하게 작동될 수 있다. 화폐에서 계산화폐를 분리한 신용화폐이론에서는 채권의 기록을 위한 화폐는 꼭 내재가치를 가진 물건일 필요가 없다고 본다. 기록이 위조와 복제로부터 보호되어 진실성만 보장받을 수 있다면, 어떤 기록방법도 무방하다. 제3자가 운영하는 계좌부나 채권자 또는 채무자가 발행한 종

---

18 화폐의 기능 중 교환 매개물과 지급수단은 비슷해 보이지만 엄연히 구분되는 개념이다. 교환이란 거래당사자가 서로 대등한 가치의 물건을 바꾸는 것을 말한다. 화폐가 교환의 매개로 사용된다는 것은 물건의 판매자가 최종적으로 원하는 물건을 얻기 위해 중간에 화폐로 교환하는 과정을 거친다는 차원에서 붙여진 것이다. 즉, 자신이 가진 물건1을 물건2로 바꾸기를 희망하는 사람이 직접 물건2로 교환하기가 어렵기 때문에 중간에 화폐와의 교환과정을 거쳐 '물건1 → 화폐 → 물건2'의 단계적 교환을 거치게 된다. 반면, 지급은 쌍방 간 교환이 아니라 일방이 자신의 채무를 청산하는 것을 의미한다. 상품화폐이론은 화폐의 교환 매개물 기능을 중시하고, 신용화폐이론은 지급수단 기능을 중시한다.

이 증서여도 상관없다. 은행예금은 예금자가 은행에 대해 가지는 신용을 계산화폐로 기록한 것이다. 옛날처럼 조개껍데기도 괜찮다. 최첨단 디지털 기술이 반영된 블록체인에서 거래되는 토큰으로 기록된다면 기록의 안전성 측면에서는 더 좋을 수도 있다. 화폐라는 기록매체는 그 자체가 가치를 가지는 것이 아니라 가치를 가진 신용을 나타내기 때문에 가치를 가진다.

밀턴 프리드먼의 《화폐경제학Money Mischief》에는 재미있는 이야기가 나온다. 돌화폐를 사용하는 야프섬Yap Island에 관한 이야기이다. 야프섬 주민들이 화폐로 사용하는 돌은 수백 킬로미터 떨어진 석회암 광산에서 채취되었다. 한번은 어떤 주민이 그 돌을 배에 싣고 오다가 풍랑을 만나 바다에 빠뜨리고 말았다. 그는 주민들에게 자초지종을 이야기했고, 주민들은 모두 그를 믿었다. 그 이후 바다에 빠진 그 화폐는 여느 화폐처럼 거래에 사용되었다. 바다 속 화폐 소유자의 지불은 가상적이지만 유효한 지불로 인정받았고, 그것을 지불받은 자 역시 다른 거래의 지급에 사용할 수 있었다. 이전할 수 있는 물적 대상이 없었기 때문에 지급은 순전히 마을 사람들의 기억 속에서만 이루어졌다. 화폐의 외형이라고 할 만한 것은 전혀 없었지만, 사람들의 기억 속에 기록된 채권이 무리 없이 화폐의 역할을 했던 것이다.

대공황 이후 금본위제가 종료되고 1971년에는 마지막 남은 달러의 금태환도 중단되자, 세계경제는 화폐가 어떤 내재가치도 가

---

19 현실적인 화폐외형의 변화로 인해 상품화폐이론이 승복하면서 모든 논쟁이 끝난 것은 아니다. 이들은 최근의 화폐외형의 변화를 두고 '화폐의 탈물질화'와 '화폐와 신용의 구분론'을 들고 나왔다. 국가나 중앙은행이 발행한 지폐와 동전은 여전히 물질적 속성을 가진 화폐이며, 은행예금은 은행이 이러한 화폐와의 교환을 전제로 발행한 신용에 불과하다는 주장이다. 하지만 은행신용과 화폐의 관계는 1:1이 아니며, 은행은 하나의 화폐를 바탕으로 그 이상의 신용을 만들어내는 신용창조 기능을 가진다고 본다. 이러한 과정을 설명하는 것이 바로 통화승수이론이다.

지지 않는 명목화폐 시대에 진입했다.[19] 우리가 사용하는 '화폐'라는 용어에는 계산화폐, 실제 가치를 가지고 있는 채권(신용), 채권에 대한 기록(외형)의 개념이 모두 포함되어 있다는 점이 더욱 명확해졌다.

신용의 사용: 신용과 화폐

다른 사람에 대한 채권을 의미하는 신용이 거래에서 채무를 해소하는 지급수단으로서 사용된다는 것은 무슨 의미일까?

우선 용어부터 명확히 할 필요가 있다. 신용은 우리에게 익숙하지만 다양한 의미로 사용되기 때문에 정확한 의미를 파악하기 어렵다. '신용공여'처럼 대출을 의미하기도 하고, '신용등급'처럼 신뢰나 믿음의 의미로도 사용된다. 하지만 화폐는 신용이라는 주장에서 신용은 어떤 사람으로부터 일정한 가치를 받아낼 수 있는 권리인 채권을 의미한다. 전자오락이나 비디오게임에서 1회의 플레이를 할 수 있음을 나타내는 크레딧credit과 그 의미가 같다.

신용의 반대편에는 부채나 의무를 부담하는 채무자가 존재한다. 신용과 부채, 권리와 의무, 채권자와 채무자는 항상 쌍으로 존재하는 사람 사이의 관계를 의미한다. 신용과 부채는 하나의 관계를 누구를 기준으로 하느냐에 따른 구별이다. 가령, A가 B에게 1백만 원짜리 물건을 팔았다면, 채권자 A는 채무자 B에 대해 1백만 원의 채권을 가진다. 반면, 채무자 B는 채권자 A에게 1백만 원의 부채를 진다. 물건의 매매를 매도자 입장에서 '판매', 매수자 입장에서 '구입'이라고 부르고, 자금의 대차를 차입자 입장에서 '차입', 대여자 입장에서 '대출'이라고 부르는 것과 마찬가지다. 따라서 화폐가 신용이라는 주장은 채권자 입장에서 표현하는 것이다. 채무자 입장에서 화폐를 부채라고 부르는 것도 가능하다. 여기서 채무자는 바로 채권자가 가지는 신용을 발행한 사람이다.

일반적으로 채무는 채무자가 금전을 지급하는 방식으로 상환된다. 하지만 신용이 화폐로 사용되는 경우는 다른 사람에게 받을 채권을 자신의 채무해소에 사용하는 것이다.[20] 쉽게 말하면, "내가 저 사람한테 받을 게(신용) 있으니 내가 갚아야 할 부채는 그 사람한테 받는 것으로 합시다"라고 하는 것이다.[21] 위에서 언급한 사례에서 A에게 1백만 원의 채무를 지고 있는 B는 자신의 은행예금 중 1백만 원을 A의 계좌로 이체함으로써 자신의 채무를 해소할 수 있다. 여기서 B가 가지고 있는 은행예금이 바로 신용이다. 일반적인 채권-채무관계에는 두 명의 당사자와 하나의 채무가 있지만, 신용을 화폐로 사용하는 관계에는 세 명의 당사자와 두 개의 채무가 존재한다. 신용을 화폐로 사용하는 거래에서는 양 당사자 사이에 제3자가 개입되어 있다. 화폐는 거래에서 발생하는 신뢰의 문제를 거래당사자로부터 분리하여 신용의 발행자에게 이전함으로써 극복할 수 있는 효과적인 수단이다.

---

20 다른 사람이 자신에게 지고 있는 부채(신용)를 이전함으로써 채권자에 대해 자신의 채무를 해소하는 것을 '환exchange'이라고 한다. 이는 약속어음과 달리 세 명의 당사자가 존재하는 환어음에서 '환'이 의미하는 바와 같다. 은행이 수행하는 지급결제 업무를 일컫는 '환업무'라는 단어의 '환'도 같은 의미다.

21 채권이 화폐로 사용된다는 것은 채권의 이전을 전제로 하며, 채권의 이전은 채권자가 변경되는 '경개'의 일종이다. 원래 로마법에서 채권과 채무는 인적관계를 기반으로 하는 것이므로 채권자가 변경되는 경우에 기존의 채권과 채무관계는 동일성을 상실하면서 소멸되고 새로운 채권과 채무관계가 성립된 것으로 보았다. 하지만 근대에서 상업발달을 지원하기 위해 기존 채권이 동일성을 유지하면서 이전될 수 있도록 채권양도의 법리가 등장하게 되었다.

신용화폐이론에서 염두에 두는 화폐의 개념은 상품화폐이론의 경우보다 포괄적이다. 상품화폐이론은 국가나 중앙은행이 발행하는 것만을 화폐[22]로 보고 은행이 발행하는 것은 신용으로 구분한다. 여기서 신용은 화폐를 돌려받을 수 있는 청구권을 의미한다. 은행을 화폐를 기초로 해 신용을 창조하는 기관으로 보는 것은 이러한 용어 구분을 전제로 한다.[23] 반면, 신용화폐이론에서 경제주체들이 자신의 채무해소에 널리 사용하는 신용은 모두 화폐라고 본다. 국가나 중앙은행이 발행하는 화폐도 신용의 일종이다. 모든 화폐는 신용이다. 그렇지만 모든 신용이 화폐가 될 수 있는 것은 아니다.[24]

우리가 편의점에서 음료수 하나를 사는 경우를 생각해보자. 점원이 음료수 캔 표면에 있는 바코드를 스캔하여 해당 가격을 입력하고 우리에게 음료수를 넘겨주는 순간 우리는 음료수 가치에 해당하는 채무를 지게 된다. 그 채무해소에 사용될 수 있는 지급수단은 현금, 체크카드, 신용카드, 수표, 은행 계좌이체, 티머니, 각종 페이 서비스, 지역화폐, 각종 포인트 등 아주 다양하다. 이들은 모두 하나의 공통점을 가지고 있다. 바로 우리가 그것의 발행인에 대해 가지는 채권이자 신용이라는 점이다. 우리는 이러한 신용을 통해 우리의 채무를 해소한다.

지급수단별로 그 특성은 조금씩 다르다. 대부분의 지급수단은 우리가 미리 발행자에게 적립해놓고 사용하지만, 후불결제 방식

---

22 국가나 중앙은행이 발행한 화폐는 '법화' '본원통화' '주권화폐' '국가화폐' 등 다양한 명칭으로 불린다.

23 상품화폐이론에서는 화폐와 신용을 통틀어 별도로 '통화'라고 부른다. 어떤 신용까지 통화에 포함하느냐에 따라 다양한 통화량이 존재한다.

24 슘페터는 두 이론에서의 화폐와 신용의 개념 차이를 '신용을 화폐로 보는 이론 monetary theory of credit'과 '화폐를 신용으로 보는 이론credit theory of money'이라고 구분해서 설명했다.

인 신용카드는 다르다. 신용카드 고객은 미리 정한 한도 내에서 물품 구입에 따른 채무를 카드회사가 우선 해소하고 나중에 한꺼번에 정산하는 계약을 카드회사와 맺었다. 고객은 신용카드를 내미는 순간 이러한 사전계약에 따라 편의점에 지급해야 할 자신의 채무를 카드회사에게 우선 해소해주기를 요청하는 것이다.[25] '선불신용'에서 고객이 신용을 사용한 경우에는 자신이 발행자에 대해 가지고 있는 신용에서 차감이 발생하지만, 신용카드 같은 '후불신용'에서 고객은 신용을 사용한 결과로 발행자인 카드회사에 대한 부채가 발생한다.

신용의 상환과 소멸: 신용의 가치

사람들이 어떤 신용을 받아들이기 위해서는 그 신용의 발행인을 신뢰할 수 있어야 한다. 아무 생각 없이 특정인이 발행한 신용을 덜컥 받아들인 사람은 발행인이 망하기라도 하면 손해를 보게 된다. 사람들은 자신이 지급받은 신용을 발행자로부터 금전으로 상환받아야 한다고 생각한다. 그래서 사람들은 발행인의 상환능력이 신용의 가치를 결정하는 가장 중요한 요소라고 생각하는데 이는 화폐와 신용을 구분하는 상품화폐이론 측의 주장과 일치한다. 즉, 신용의 가치는 화폐로 교환 또는 상환될 수 있는 가능성과 정도에 달려있다고 보는 것이다.

---

25 이처럼 신용은 미리 적립해놓고 쓰는 권리(선불신용)뿐만 아니라 빌려 쓸 수 있는 권리(후불신용)도 포함한다. 신용카드와 마찬가지로 마이너스 통장을 개설한 사람도 은행으로부터 빌려 쓸 수 있는 권리인 신용을 가진 것이다. 이런 식으로 신용의 개념을 확장하다 보면, 자신의 신용을 잘 관리해서 필요한 경우에는 대출을 받을 수 있는 능력도 신용에 포함시킬 수 있다. 이러한 신용은 믿음과 신뢰라는 우리가 일상적으로 사용하는 신용의 개념과 점차 유사해진다. 그리고 그러한 신용을 실제로 사용했을 때, 차입자의 부채가 증가하게 되어 실제 대출을 받은 것과 마찬가지의 효과가 발생한다는 점에서 신용이 대출을 의미한다는 일상적인 언어 습관도 꼭 잘못된 것만은 아니다.

화폐를 내재가치를 가진 귀금속으로 만들었던 시대에는 발행인의 상환 자체가 필요하지 않았다. 화폐 자체가 액면가에 해당하는 귀금속을 포함하고 있기 때문이다. 반면, 금이나 금화로의 태환이 보장된 은행권은 금으로 상환될 수 있으므로 가치를 가지는 것으로 보았다.

하지만 이제 화폐는 종이, 일반 금속, 전자기록 등 내재가치를 가지지 않는 소재로 만들어지기 때문에 다른 설명이 필요하다. 게다가 발행자의 태환약속도 없기 때문에 화폐의 상환이라는 개념 자체를 상상하기도 어렵다. 중앙은행은 자신의 화폐를 어떻게 상환할 수 있을까? 상품화폐이론에서는 명목화폐 시대에 화폐가 가치를 가지는 이유에 대해 다양한 설명을 제시했다. 국가가 사용을 강제한 법화라는 특수성을 강조하기도 했다.[26] 다른 사람들이 받아들일 것이기 때문에 나도 받아들이는 것이 합리적이라는 식으로 사회 심리적인 차원의 설명도 있다. 하지만 이는 '닭이 먼저냐 달걀이 먼저냐'의 논리와 마찬가지로 화폐가 가치를 가지는 이유에 대한 본질적인 설명이 될 수는 없다. 또한 국가나 중앙은행이 발행한 화폐는 가치가 있다고 암묵적으로 전제하고, 은행이 창조한 신용에 대해서만 화폐로의 인출(교환, 상환)을 보장하기 때문에 가치를 가진다는 주장도 있다. 이는 주류 경제학계로부터 공감을 받아 교과서에 실려 우리가 배웠던 주장이기도 하다. 교과서에서는 은행의 건전성과 은행예금에 대한 보호장치인 지급준비제도가 은행이 발행한 신용의 가치를 더욱 굳건하게 해준다고 설명한다.

---

26 실제로 법으로 사용을 강제했다고 모든 국민이 법화를 신뢰하고 사용하는 것은 아니다. 특히 인플레이션이 심화될 때는 자국의 법화 대신에 달러 등 외화를 사용하거나 물물교환으로 돌아가는 경우도 심심치 않게 관찰된다. 어쨌든 법화이기 때문에 가치를 가진다는 주장은 비현실적이다.

하지만 어떤 내재가치도 없는 명목화폐의 발행자가 가치 있는 다른 것과의 교환을 보장함으로써 명목화폐가 가치를 가진다는 주장은 아무래도 어색하다. 이는 화폐가 또 다른 화폐로 상환되어야 한다는 것으로서 동어반복이다. 과연 은행예금은 은행이 한국은행권으로의 교환을 보장하기 때문에 가치를 가지는 것일까? 그렇다면 한국은행권은 한국은행이 더 깨끗하거나 액면금액이 다른 한국은행권이나 동전으로의 교환을 보장하기 때문에 가치를 가지는 것일까?

신용화폐이론은 신용의 발행자가 그 신용을 자신에 대한 채무의 상환수단으로 받아들이기 때문에 그 신용이 가치를 가진다고 본다. 화폐로 사용되는 신용(발행자의 채무)은 다른 화폐의 지급(예를 들어, 은행이 예금자에 대해 중앙은행이 발행한 현금을 지급하여 채무를 상환)을 통해 상환된다기보다는 발행자에 대한 채무를 청산하는 수단으로 사용됨으로써 상환된다. 다시 말하면, 사람들이 제3자가 발행한 신용을 자신에 대한 채무의 해소수단으로 받아들이는 것은 추후에 자신이 그 신용을 발행인에 대한 채무해소에 사용할 수 있다고 보기 때문이다. 이러한 과정을 거쳐 발행인에게 되돌아간 신용은 소멸한다.[27] 이 경우, 경제 내에서 채권(발행자에 대한 채권, 즉 신용)과 채무(발행자에 대한 신용 사용자의 채무)가 동시에 없어진다.

화폐로 사용되는 신용은 그 발행자에게 채무를 진 사람이 얼마나 많은지에 따라 사람들이 받아들이는 정도가 달라진다. 모든 사람이 발행인에 대해 채무를 질 수 밖에 없다면, 그 신용은 화폐 중에

---

27 신용의 발행자가 자신이 발행한 신용을 자신에 대한 채무 상환수단으로 받아들임으로써 자신이 가진 채무(신용)와 채권(신용을 지급한 자의 채무)이 모두 소멸하는 효과가 발생하는 것은 '혼동' 또는 '상계'에 의해서다. '혼동'은 채권과 채무가 동일한 주체에 속하게 되면서 소멸하는 것이고, '상계'는 쌍방이 서로 같은 채무를 부담하는 경우에 각 채무가 대등액 범위 내에서 소멸하는 것이다.

서도 가장 높은 가치를 인정받게 된다. 바로 국가가 발행한 화폐가 그렇다. 국가는 화폐를 발행하면서 이 화폐를 조세납부에 사용할 수 있다고 선언했기 때문에 모든 국민은 그 화폐를 사용한다.[28] 국민은 국가가 발행한 화폐의 사용을 법으로 강제했기 때문에 그 화폐를 사용하는 것이 아니다. 다른 사람들이 그 화폐를 받아들일 것이기 때문에 나도 그 화폐를 받아들이는 것도 아니다. 더군다나 그 화폐를 가져간다고 국가가 금처럼 가치 있는 것으로 바꿔주는 것도 아니다. 모든 국민은 국가에 세금을 납부해야 할 의무가 있으므로 자신의 조세채무를 해소할 수 있는 수단을 확보하기 위해 일상적인 거래에서 국가가 발행한 화폐를 받아들이는 것이다. 로마제국에 새로 편입된 지역에서는 조세납부에 필요한 로마의 화폐를 얻기 위해 시장거래가 확대되었다고 한다.

중앙은행이 발행한 화폐가 가치를 가지는 이유도 마찬가지다. 이를 본원통화라고 하는데, 여기에는 현금뿐 아니라 은행의 지급준비금이 포함되어 있다.[29] 지급준비금은 은행이 가지고 있는 중앙은행에 대한 채권으로서 중앙은행 신용의 일종이다. 현금이 가치를 가지는 이유는 국가발행 화폐에서 설명한 바와 같이 국가가 세금납부의 수단으로 인정하기 때문이다.[30] 지급준비금은 은행이 예금자의 현금인출에 대비하기 위한 것이라고 알고 있지만, 실제로는 대부분 지급결제 목적으로 사용된다. 은행이 다른 은행에 자금을 이

---

28 우리나라 국세징수법(제12조)에서는 국세의 징수방법으로 현금을 규정하고 있다. 다만 결제수단의 다양화 현상과 국민의 납세편의를 고려해 현금뿐 아니라 은행 계좌이체, 신용카드와 직불카드 등도 함께 허용하고 있다.

29 우리나라의 경우, 2020년 중 본원통화의 61%는 현금이며 39%는 지급준비금이다.

30 대부분 국가에서는 정부가 발행하는 주화뿐 아니라 중앙은행이 발행하는 지폐도 법화에 포함하고 세금납부 수단으로 인정한다.

전하기 위해서는 반드시 중앙은행의 지급준비금을 활용해야 한다. 은행이 중앙은행에게 다른 은행으로 자금이전을 요청하는 경우에 그 은행은 중앙은행에 대해 채무를 지게 되는데 지급준비금은 바로 그 채무를 상환하는 수단이 된다.[31] 이 거래를 중앙은행의 측면에서 보면, 중앙은행은 그 은행의 요청에 따라 지급준비금을 다른 은행 계좌로 이전함으로써 자금이전을 요청한 은행에게 자신이 지고 있는 채무(지급준비금)를 상환하는 것이다.[32] 그 결과, 자금이전을 요청한 은행의 지급준비금은 감소하고 이전 받는 은행의 지급준비금은 증가한다. 은행은 업무를 위해 은행 간 자금이전이 꼭 필요하기 때문에 설사 법률상 지급준비의무가 없더라도 중앙은행이 발행한 화폐인 지급준비금을 가질 수밖에 없다. 즉, 은행들은 지급준비금이라는 중앙은행의 신용을 사용할 수밖에 없는 것이다.

은행의 예금자가 같은 은행 또는 다른 은행의 예금자에게 계좌이체를 하는 경우도 마찬가지로 볼 수 있다. 은행의 계좌이체 서비스를 이용하기 위해서는 그 은행이 발행한 신용을 받아들여야 한다. 예금자는 은행신용을 가지고 계좌이체에 따라 은행에 지게 되는 채무를 상환한다.[33] 은행예금은 계좌이체에 사용될 수 있기 때문에 가치를 가진다. 특히 요즘에는 현금 대신 은행예금이 더 많이 사

---

31 중앙은행이 자금이전 요청을 받은 경우, 중앙은행이 먼저 수취은행의 지급준비금을 증가시킨다고 보면, 그 순간에 지급은행은 중앙은행에 대한 채무가 발생하고 지급준비금으로 그 채무를 상환하는 것으로 볼 수 있다.

32 중앙은행은 통화정책 수행과정에서 은행에 대해 대출하는 경우가 빈번하기 때문에 은행은 자신의 차입금을 상환하는 데 사용하기 위해 중앙은행의 신용인 지급준비금을 사용할 수밖에 없다는 식으로도 설명이 가능하다.

33 요즘에는 은행에 대출을 받은 사람이 많기 때문에 은행대출을 상환하기 위해 사람들이 은행의 신용인 예금을 사용할 수밖에 없다는 식으로도 설명이 가능하다. 실제로 주택담보대출 등 은행대출을 현금으로 상환하는 사람은 없을 것이다. 대부분 사람들은 은행이 지정한 계좌로 이체함으로써 은행대출을 상환한다.

용되고 있는 상황[34]이므로 사람들은 은행예금을 사용하지 않고는 하루 동안이라도 정상적인 경제활동을 영위할 수 없을 것이다.

그렇다면 현실에서 나타나고 있는 화폐의 발행자가 다른 화폐로의 상환을 약속하는 행위(예를 들어, 은행이 예금의 현금인출을 보장하는 행위)는 어떻게 받아들여야 할까? 이는 신용의 발행자가 자기신용의 수용성을 높이기 위해 일종의 보증행위를 하는 것인데, 이에 대해서는 뒤에서 설명하겠다.

한편 블록체인에서 지급 목적으로 사용하기 위해 개발된 비트코인 등 가상자산의 경우에는 발행자가 없으므로 그 가상자산으로 상환할 수 있는 채무 자체가 존재하지 않기 때문에 신용과 같은 지급수단으로서의 가치를 가질 수는 없다. 현실적으로 가상자산이 가지는 가치는 투자가치뿐이다. 투자가치는 사람들의 기대, 수요와 공급상황 등에 따라 항상 변동하기 마련이다. 화폐로 사용되기 위해서는 계산화폐로 표시되어 다른 재화의 가치측정에 사용될 수 있어야 하나, 그 자체의 가치가 크게 변동한다면 화폐로 사용될 수는 없다. 화폐를 사용하는 이유가 거래에 따른 불확실성을 줄이기 위함인데, 가치변동이 큰 가상자산으로 지급으로 이루어진다면 오히려 거래의 불확실성이 더욱 확대될 것이다.

신용의 다양성: 화폐의 계층구조

누구나 채무를 질 수 있는 만큼 경제 내에는 다양한 신용이 존재한다. 하지만 모든 신용이 화폐가 될 수는 없다. 화폐로 사용될 수

---

34 한국의 경우, 2020년 중 M1(현금+요구불예금+수시입출식예금)에서 현금이 차지하는 비중은 11.8%에 불과하다.

있는 신용은 그 경제 내에서 수용성을 가져야 한다. 즉, 사람들이 자신의 채무자가 제3자가 발행한 신용으로 채무를 해소하려고 하는 경우에 그 신용을 받아들여야 한다. 앞에서 설명했듯이, 신용의 수용성은 사람들이 발행자의 채무에 의존하는 정도에 따라 결정되는 신용의 가치에 달려있다. 하지만 실제로는 신용의 발행자가 제3자에 대한 신용으로 자신이 발행한 신용의 상환을 보장하는 경우가 많다. 은행은 예금의 현금인출을 허용하며 선불지급수단을 발행한 사업자도 은행예금 형태로의 인출을 허용한다.[35] 그래서 신용의 수용성에는 발행자에 대한 채무의 보편성뿐 아니라 발행자의 상환능력도 어느 정도 영향을 미치는 것이 현실이다.

경제 내에 다양한 신용이 존재하는 만큼 신용의 수용성도 천차만별이다. 경제 내에 존재하는 신용을 수용성을 기준으로 순서대로 쌓는다면 거대한 피라미드 모양이 만들어질 것이다. 최정상에는 국가화폐, 바로 밑에는 중앙은행 화폐, 그 밑에는 은행예금이 있을 것이다. 그 아래에는 상거래에서 사용되는 어음, 다양한 대체 지급수단, 각종 지역화폐 등이 위치하고 맨 아래에는 개인이 발행한 제각각의 차용증서가 자리를 잡고 있을 것이다. 이러한 점을 감안하면, 어떤 신용이 화폐인지의 여부는 어떤 신용이 어느 정도의 화폐성을 갖고 있느냐의 문제라고 보는 것이 더 정확할 것이다.

어떤 신용이 화폐처럼 사용되는 인적 또는 지역적 범위를 화폐공간이라 한다. 신용은 자신의 화폐공간에서는 액면가대at par로 교환된다. 가령, 액면가 1만원의 신용은 실제 1만원의 채무를 상환

---

35 모든 신용이 현금으로의 인출을 허용하는 것은 아니다. 예를 들어, 신용카드사 고객의 경우에 물품을 구매할 때, 그 신용을 사용할 수 있지만 현금으로 인출할 수는 없다. 선불카드 역시 현금으로의 인출이 금지되어 있다. 또한 상거래에서 사용되는 환어음의 경우에도 만기 이전까지는 현금으로 상환 받을 수 없다.

하는 데 사용된다. 하지만 그 신용이 자신의 화폐공간을 넘어서 다른 화폐공간에서 사용되는 경우에는 일정한 할인이 불가피하다. 액면가 1만원의 신용이 10% 할인되어 9천원의 가치만 인정되는 식이다. 자신이 사용하지 않는 신용을 받아들인 사람은 자신이 사용하는 신용으로 교환하는 과정에서 시간, 발행자 신용위험, 교환의 불편 등 추가비용이 들기 때문이다. 제2차 북미은행Second Bank of the United States이 문을 닫은 후, 1837년에서 1886년까지 미국에서 나타난 자유은행시대에는 대부분 은행들이 자체적으로 은행권을 발행했다. 각 은행권은 발행은행의 건전성이나 지점의 접근성 등에 따라 시장에서 상이한 할인율을 적용받았다. 오죽하면 당시에는 은행권별로 상이한 할인율을 알려주는 잡지가 있었다고 한다. 상인들 사이에서 사용되는 어음도 상인네트워크에서는 액면가대로 사용되지만, 자신의 화폐공간을 넘어서 은행이 매입하는 경우에는 할인을 피할 수 없다.

화폐 발행인은 자신의 화폐공간을 끊임없이 확장하기 위해 노력한다. 화폐를 사용하는 사람이 많아질수록 화폐의 가치를 높일 수 있기 때문이다. 은행업의 발전과정은 화폐공간 확장의 역사이기도 하다. 은행별로 그 예금의 가치가 다른 것은 현재로서는 상상할 수도 없는 일이다. 자신의 은행예금을 다른 은행의 고객에게 계좌이체를 하더라도 액면가대로 신용[36]이 이전된다. 이것은 은행들이 각자의 화폐공간을 하나로 합쳐서 새로운 거대한 화폐공간을 만들었기 때문에 가능한 것이다. 여기서 중심 역할을 한 것은 청산소

---

36 은행간 계좌이체는 정확하게 A은행 예금자가 가진 A은행의 신용을 B은행 예금자가 가진 B은행의 신용으로 바꾸는 것이다. 여기서 A은행의 신용과 B은행의 신용이 액면가대로 교환된다.

37 우리나라의 금융결제원이 이에 해당한다.

clearing house[37]였다. 청산소에 참여한 은행들은 각자의 신용을 1:1로 교환하기로 협약을 맺었다. 은행들은 하루 동안 다른 은행들과 주고받아야 할 신용을 쌓아놓았다가 일정 시점에 청산소에 모여 상계를 통해 각자의 채권과 채무를 없앴다. 상계되지 않고 남은 채무는 현금이나 중앙은행에 맡겨놓은 예금으로 결제했다. 은행들의 결제 네트워크인 청산소는 오늘날 소액결제 시스템으로 발전했다.

은행신용은 중앙은행의 신용과도 액면가대로 교환된다. 은행은 예금자들이 언제든지 예금을 현금으로 인출하는 것을 보장한다. 현대 화폐금융 시스템에서는 중앙은행이 이를 보장한다. 모든 사람들이 한꺼번에 현금을 인출하려는 뱅크런bank run이 발생할 경우에는 중앙은행이 최종대부자의 역할을 통해 은행의 유동성 문제를 해소해준다. 이러한 제도와 관행 덕분에 은행은 중앙은행의 화폐공간으로까지 자기 신용의 세력을 넓힐 수 있었다.

신용의 발행자가 자신의 신용을 다른 신용과 교환을 보장하는 것이 그 신용이 화폐로 사용되기 위한 필수적인 조건은 아니다. 제3자의 신용과의 교환보장은 신용 발행자가 자기의 신용에 대한 시장의 신뢰부족을 극복하기 위해 화폐공간의 확장을 통해 신용의 가치를 높이기 위한 추가적인 약속에 불과하다. 이는 자신의 신용에 대한 일종의 담보장치다. 주화를 금으로 만드는 것, 지폐의 금태환을 보장하는 것, 은행예금의 현금인출을 보장하는 것, 선불지급수단 발행 사업자가 현금반환을 약속하는 것 모두 신용의 담보라고 볼 수 있다.[38]

화폐공간의 확장은 국경을 넘어서 이루어지기도 한다. 1999년 출범한 유로는 유럽 전체를 하나의 화폐공간으로 합치려는 시도였다. 결과적으로 재정권한과 통화권한의 인위적인 분리와 단절은 유로 위기로 이어질 수밖에 없었다.

신용창조: 신용의 맞교환과 매입

이번에는 경제 내에서 새로운 화폐가 만들어지는 신용의 발행 과정을 살펴보자. 화폐로 사용되는 신용은 구매력을 의미하기 때문에 신용의 발행은 경제 내에서 생산과 소비의 증가를 가져온다.[39,40] 신용은 물건처럼 발행자가 미리 만들어놓았다가 필요할 때 꺼내 쓰는 것이 아니라 발행자가 거래 상대방에게 신용을 배분함과 동시에

---

38 페이스북이 발행을 준비중에 있는 화폐인 '디엠Diem'은 액면가를 달러, 파운드, 유로 등 특정 통화에 고정하고 발행량에 상응하는 현금, 현금등가물, 단기국채 등을 담보로 보유한다. 담보는 사람들이 디엠을 신뢰하여 사용하게 만드는 보조장치에 불과하다. 사람들이 실제 디엠을 사용할 것인지의 여부는 우선 결제의 편의성 등에 따라 결정될 것이다. 사람들은 현금으로 상환 받기 위해 그 신용을 사용하는 것이 아니다. 또한 페이스북이 디엠 발행금액 같은 현금을 담보로 보관하지 않는 이상, 현금 이외의 담보자산은 가격이 계속 변동할 것이므로 100% 담보란 실제로 존재할 수 없다. 그렇다면 담보비율이 어느 정도일 경우에 사람들이 안심하고 디엠을 사용하게 될까? 이는 국채가 시장의 신뢰를 잃지 않는 적정한 국가부채비율 수준을 구하는 것만큼이나 어려운 문제다.

39 화폐로 사용되는 신용의 발행이 경제 내 구매력 증가를 가져온다는 점이 신용화폐이론이 상품화폐이론과 구별되는 가장 큰 차이 중 하나다. 상품화폐이론에서는 신용에는 채권자와 채무자가 존재하므로 채무자의 구매력 증가는 채권자의 구매력 감소로 정확히 상쇄되기 때문에 신용의 발행이 경제 전체에 아무런 영향을 미칠 수 없다고 본다. 이는 경제 전체적으로 저축과 투자가 항상 일치하기 때문에 생산과 소비 등 실물적 요소만 중시하고 화폐의 역할을 별도로 고려하지 않는 상품화폐이론이 가진 화폐관념의 연장으로 볼 수 있다. 반면, 신용화폐이론은 채권자가 그 신용을 만기까지 보유하면서 기다리는 경우에는 상품화폐이론이 주장하는 내용이 맞지만, 실제로 채권자는 그 신용을 여러 방식으로 다른 거래에 즉시 사용할 수 있기 때문에 결과적으로 신용의 발행이 새로운 구매력을 창출할 수 있다고 주장한다.

40 경제 내에서 새로 발행된 신용은 투자, 소비 등에 사용되지 않고 기존의 자산을 구입하는데 사용될 수도 있다. 이러한 신용이 기존에 존재했던 부동산, 귀금속, 각종 금융자산 등에 집중적으로 몰리는 경우는 새로운 생산을 유발하는 대신 자산 가격의 버블현상을 초래한다.

발행된다. 채권과 채무는 동시에 발생하는 것이므로 신용의 발행과 배분도 동시에 나타난다.

　일반적으로 신용은 금융거래를 통해 발행된다. 실물거래에서는 물건과 신용이 교환되지만, 금융거래에서는 신용과 신용이 교환된다. 여기서 발행인의 신용과 교환되는 신용은 거래상대방의 신용이거나 제3자가 발행한 신용일 수 있다. 전자를 신용의 맞교환이라고 하면 후자는 신용의 매입이라고 할 수 있다. 현대에서 신용의 맞교환과 매입을 통해서 신용을 발행하는 기능은 금융회사가 전담한다.

　먼저 당사자가 서로의 신용을 맞교환함으로써 신용이 발행되는 경우를 살펴보자. 생소한 개념처럼 보이지만, 신용의 맞교환은 우리에게 익숙한 대출(또는 차입)과 같다. 우리는 화폐를 물건이라고 보는데 익숙하기 때문에 대출을 물건의 대여와 동일하게 생각한다. 책이나 자전거 대여와 마찬가지로 대여자가 차입자에게 화폐를 넘겨준다고 생각한다. 하지만 실제 대출은 차입자와 대여자가 서로 자신의 신용을 맞교환하는 것이다. 대여자는 차입자의 신용을 받고 자신의 신용을 제공한다. 은행이 대출하는 경우, 은행은 자신의 자산에 대출채권을 추가하고 부채인 차입자의 예금계좌에 잔액을 늘려준다. 여기서 대출채권은 차입자에 대한 채권으로서 차입자의 신용이며 예금은 은행의 신용이다. 중앙은행도 마찬가지로 은행과 신용을 맞교환한다. 이 경우에 중앙은행은 자산으로서 은행에 대한 대출채권을 가지게 되고, 부채인 은행의 지급준비금을 늘려준다.

신용의 교환과정에서 수용성이 더 높은 신용을 가진 사람 입장에서는 대출을 하는 것이며 그 상대방은 차입을 하는 것이다.

다음으로 거래 당사자 중 일방이 가진 제3자가 발행한 신용이 거래 상대방의 신용으로 교환됨으로써 신용이 발행되는 과정을 살펴보자. 이는 제3자의 신용이 매각되는 경우다. 예를 들어, 어음을 지급받은 상인은 은행에 어음을 매각할 수 있다. 이를 '어음할인'이라고 한다. 이 경우 은행은 어음할인의 대가로 상인의 예금계좌에 잔액을 늘려준다. 어음이 매각되면서 새로운 은행신용이 발행된 것이다. 중앙은행도 똑같은 방식으로 신용을 발행한다. 공개시장조작은 중앙은행이 국채 등 신용을 매입하고, 자신의 신용을 발행하는 것이다. 중앙은행이 은행으로부터 국채를 매입하면 중앙은행은 그 은행의 예금인 지급준비금을 늘려준다. 은행이 보유한 지급준비금은 중앙은행이 발행한 신용이다. 일반적으로 신용을 매각하는 이유는 자신이 가진 제3자의 신용보다 매각을 통해 새롭게 얻게 될 신용이 수용성이 더 높기 때문이다.[41] 어음은 상거래에서는 액면가대로 지급 목적에 사용할 수 있지만, 상인이 종업원 임금을 주거나 자녀 학자금을 내는 데에는 사용할 수 없다. 은행이 국채를 중앙은행에 매각하는 이유는 국채가 중앙은행의 신용보다 더욱 안전한 자산이긴 하지만 당장 지급준비의무를 이행하기 위한 목적으로는 사용할 수 없기 때문이다.

신용의 맞교환과 매입 이외에도 경제 내에서 새로운 화폐가 발행되는 다른 경로가 존재한다. 바로 물건의 구매자가 외상으로

---

[41] 반대로 매각하는 신용이 새롭게 얻게 될 신용보다 유리할 경우에 이는 예금이라고 할 수 있다. 현금을 은행에 맡기는 것은 예금자가 현금을 대가로 은행신용을 받는 것과 마찬가지다. 그 이유는 은행의 안전한 보관이나 지급결제 서비스를 이용하려는 것이다.

물건을 사는 경우다. 물건을 구매자에게 넘겨준 판매자는 구매자에 대해 채권(신용)을 가지게 된다. 흔히 생각하는 외상거래에서는 판매자가 구매자로부터 돈을 받을 때까지 기다려야 한다. 이 경우에 신용이 새로 생긴 것은 맞지만 경제 내 화폐가 증가했다고 볼 수는 없다. 구매자의 흡족함은 판매자의 희생(결제까지 기다림)을 대가로 하는 것이기 때문이다. 하지만 외상으로 물건을 산 구매자의 신용이 수용성이 있다면, 판매자는 그 신용을 즉시 다른 거래의 지급에 사용할 수 있다. 이를 누구보다도 잘 알고 있을 판매자도 그 신용을 화폐로 사용할 수 있을 만한 구매자에게만 외상을 주려고 할 것이다. 서로 사정을 잘 아는 상인들 사이에서 사용되는 어음과 국가가 발행한 화폐가 이런 식으로 발행되는 신용이라고 볼 수 있다. 여기서 국가가 외상의 대가로 지급하는 것이 주화, 지폐, 어음, 채권 등 어떤 것이든지 경제 내 신용이 증가한다는 점에서 그 효과는 같다.[42] 이렇게 외상을 통해 발행된 신용은 다른 거래에 직접 쓰이거나(예를 들어, 환어음의 배서양도) 위에서 언급한 매입대상이 되어(예를 들어, 환어음의 할인) 다른 신용과 교환될 수도 있다.

공공부문의 신용창조: 국가와 중앙은행

요즘에는 정부가 아닌 중앙은행이 화폐를 발행하는 것을 당연하게 생각한다. 하지만 중앙은행이 설립되기 이전에는 국가가 직접

---

[42] 국가가 발행한 화폐를 가진 경우와 만기가 있는 채권을 가지고 있는 경우는 화폐라는 측면에서 다를 수 있다. 채권을 가진 사람은 만기가 도래하기 전까지 그 채권을 지급에 직접 사용할 수 없기 때문이다. 하지만 그 채권이 은행이나 중앙은행이 사들이는 대상에 포함되어 있다면 사정은 달라진다. 그 채권을 가진 자는 언제든지 필요한 경우에 매각하여 즉시 사용 가능한 신용으로 바꿀 수 있게 된다. 이를 매입한 은행이나 중앙은행은 그 대가로 자신의 신용을 발행하기 때문에 경제 내에는 그만큼 새로운 신용이 발행된다. 이처럼 유동성이 좋은 국가가 발행한 채권에 투자하는 사람은 일시적으로 현금을 요구불예금이 아닌 저축성예금에 넣어 놓는 것과 마찬가지다.

화폐를 발행했다. 금본위제 당시 주화도 마찬가지다. 하지만 급증하는 주화수요를 만족시킬 만큼의 귀금속이 없었기 때문에 국가는 지폐를 발행하거나 상인들에게 화폐를 빌리기도 했다. 옛날에도 국가는 화폐가 과도하게 발행되면, 화폐의 가치가 떨어지고 인플레이션이 발생한다는 점을 경험을 통해 알고 있었다. 그렇지만 국가가 지출욕구를 자제하는 것은 아주 곤혹스러운 일이라는 점도 잘 알고 있었다. 더욱이 이웃 국가와 전쟁을 하는 경우에는 국가지출의 급증을 피할 수 없었다.

화폐의 과도한 발행방지와 국가지출 확대라는 상충하는 목표는 국가와 중앙은행 사이에 화폐발행 권한을 조정함으로써 균형을 찾을 수 있었다. 그 기원은 1694년 잉글랜드은행의 설립으로 거슬러 올라간다. 당시 영국은 프랑스와의 전쟁으로 전비마련이 시급했지만, 1688년 명예혁명으로 상인들의 권리가 강화되어 추가적인 세금징수가 어려웠다. 과거에 있었던 왕실의 채무불이행[43]으로 민간에서 돈을 추가로 빌리는 것도 생각할 수 없었다. 당시 영국 왕실에 도움을 준 사람은 스코틀랜드 상인 윌리엄 패터슨William Paterson 이었는데, 그가 바로 잉글랜드은행의 설립방안을 제안했다. 그는 영국 상인들로부터 120만 파운드의 자금을 출자 받아 잉글랜드은행을 설립하고, 잉글랜드은행은 그 돈을 영국 정부에 대출할 것을 제안했다. 영국 정부는 원금을 상환하지 않는 대신 이자와 관리비 명목으로 매년 10만 파운드를 잉글랜드은행에 지급했다. 그 대신 잉글랜드은행은 자본에 해당하는 120만 파운드만큼의 은행권을 발

---

43 1672년 찰스 2세는 차입한 130만 파운드의 상환을 거부하기도 했다.

행할 수 있는 특권을 얻었다. 잉글랜드은행이 발행한 은행권은 영국 정부에 대한 채권으로 담보된 것이다. 잉글랜드은행은 이 은행권을 대출에 사용함으로써 정부로부터의 수입 외에 별도의 이자수입을 거둘 수 있었다. 이후 영국 정부의 잉글랜드은행 차입은 더욱 늘어났고, 잉글랜드은행은 정부로부터 은행권 발행의 독점권을 인정받게 되었다. 이러한 과정에서 잉글랜드은행은 점차 정부의 은행으로서 현대와 같은 중앙은행의 역할을 담당하게 되었다. 잉글랜드은행의 설립을 통해 정부가 직접 화폐를 발행하는 대신 중앙은행으로부터 차입을 통해 간접적으로 화폐를 발행하는 방식이 도입되었다. 영국 정부의 채무가 중앙은행을 통해 화폐화된 것이다. 이러한 중앙은행의 모델은 세계 각국으로 퍼지게 되었다. 1913년 설립된 미국 중앙은행인 연방준비제도도 국가의 채무와 화폐발행을 연동시켜 놓은 잉글랜드은행을 모델로 삼았다.

하지만 시간이 지나면서 중앙은행을 통한 정부채무의 화폐화에도 제동이 걸렸다. 무분별한 정부채무와 화폐발행의 확산이 인플레이션을 유발하는 원인으로 지목되었기 때문이다. 이제 정부는 중앙은행으로부터 직접 차입하는 대신 금융시장에서 국채를 발행해야 했다. 중앙은행이 발행시장에서 국채를 직접 인수하는 것은 금지되었다.[44] 투자자들은 국채의 발행이 인플레이션을 초래할 경우에 자신이 보유하고 있던 국채의 가치가 떨어질 것이므로 국채가 적정한 수준으로 발행되는지를 적극적으로 감시했다. 국가가 간접적이라도 화폐를 발행하려는 경우에 시장의 평가를 받아야 하는 것

---

[44] 미국, EU, 스웨덴 등에서는 중앙은행이 국채를 발행시장에서 직접 인수하는 것을 명시적으로 금지하고 있다. 반면, 한국은행법에서는 이를 허용하고 있다. 한국은행법 제75조 제1항에 따르면 한국은행은 정부에 대하여 당좌대출 또는 그 밖의 형식의 여신을 할 수 있으며, 정부로부터 국채를 직접 인수할 수 있다.

이 규범으로 확립된 것이다.

국가채무가 화폐화되는 방법으로는 첫째, 국가가 직접 화폐를 발행하는 방법, 둘째, 국가가 중앙은행에서 직접 차입하는 방법, 셋째, 국가가 금융시장에서 국채를 발행해 차입하는 방법이 있다. 현재 주요국은 대부분 금융시장에서 국채를 발행하는 방식을 채택하고 있다. 하지만 최근 각국이 국가부채 확대로 몸살을 앓으면서 창고에 방치되었던 낡은 방법들을 다시금 살펴보고 있다.

한국은행법에서는 지폐와 주화의 발행을 한국은행의 권한으로 명시하고 있다.[45] 하지만 미국, 일본, EU 등 주요국에서는 지폐는 중앙은행이 발행하지만 주화는 여전히 정부가 발행한다. 중앙은행이 발행한 지폐가 정부가 발행한 금화로 태환되었던 예전 제도의 흔적이 남아 있는 것이다. 이들 나라에서 주화는 작은 액면가로 발행되어 지폐의 보조화폐로 사용되는 경우가 대부분이다. 하지만 일부 국가에서는 국가부채 문제를 해소하기 위한 수단으로 고액의 주화를 발행하자는 주장도 제기되고 있다.[46] 국가가 액면가와 주조비용의 차이인 시뇨리지를 가지고 부채를 상환하자는 주장이다.

중앙은행이 직접 국채를 인수하는 방법은 이미 부채가 많은 정부가 금융시장에서 추가로 국채를 발행하는 경우에 금리가 급격히 상승할 것이 우려되기 때문에 채택 필요성이 제기되고 있다. 발행시장에서 중앙은행의 국채인수는 유통시장에서 공개시장조작을 통

---

45 한국은행법 제47조 화폐의 발행권은 한국은행만이 가진다.

46 최근 미국에서 국가 부채한도 확대 문제가 원만히 해결되지 못하자, 정치권에서는 고액면의 주화를 발행하자는 주장이 제기되었다. 미국 재무부가 액면가 1조 달러의 백금주화를 발행하여 중앙은행에 예금한 뒤, 지폐로 인출하여 재정지출에 사용하자는 주장이다. 백금주화는 정부의 부채로 잡히지 않으며, 중앙은행의 지폐로 바꾸는 것은 예금의 인출이기 때문에 이러한 계획을 통해 미국 정부는 국가부채를 추가로 늘리지 않으면서 재정자금을 확보할 수 있다.

해 중앙은행이 국채를 매입하는 것과 실질적 효과는 동일할 것이므로 형식논리에 집착할 필요가 없다는 주장이다. 반대 측에서는 국가의 중앙은행 직접 차입은 통화당국의 독립성 훼손으로 통화정책에 대한 시장 신뢰를 저해하고 인플레이션을 유발할 우려가 있다고 주장한다.

신용화폐이론에서 출발하여 경제의 모든 영역을 새로운 시각에서 분석하고 있는 현대통화이론[47]에 따르면 정부가 화폐를 발행하는 세 가지 방법에는 실질적으로 차이가 없다고 본다. 즉, 국가신용이 어떠한 모습을 띠더라도 정부는 아무런 제한 없이 화폐를 발행할 수 있고, 어떠한 방식이더라도 경제 내에는 그만큼 신용이 추가로 생긴다는 점에서 효과 차이는 없다는 것이다.

또한 국가와 중앙은행은 궁극적으로 한 몸[48]이기 때문에 중앙은행의 자산인 국가에 대한 채권과 국가의 부채인 국가채무는 상쇄된다. 따라서 정부가 중앙은행을 통해서만 화폐를 발행하도록 하는 것은 국가가 직접 화폐를 발행하는 것과 비교할 때 실질적인 효

47 현대통화이론에서 발권력을 가진 정부는 어떤 형태든 화폐를 무제한 발행할 수 있다고 본다. 따라서 이들은 재정의 건전성과 부채의 적정성 여부를 평가하는 것 자체가 불필요하다고 본다. 이들은 정부지출에 따른 화폐 발행이 인플레이션을 초래할 수 있다는 점은 인정하지만, 정부지출 확대에 따라 경제가 활성화되면 그만큼 세금이 늘어 민간수요가 위축될 것이므로 인플레이션은 완화될 수 있다고 본다.

48 중앙은행이 이익을 거둘 경우와 정부에 귀속되고 중앙은행이 손실을 보는 경우, 모두 정부가 보전하는 방식으로 정부와 중앙은행은 재무적으로 긴밀하게 연결되어 있다. 한국은행도 마찬가지다. 한국은행법 제99조 제3항 한국은행은 결산상 순이익금을 제1항과 제2항에 따라 처분한 후, 나머지가 있을 때에는 이를 정부에 세입으로 납부해야 한다.

49 정부가 국채를 발행하여 중앙은행에 인수시키고 그 대가로 중앙은행이 발행한 화폐를 받는 경우, 첫째, 중앙은행 대차대조표에는 자산으로 국채, 부채로 화폐가 기재되며, 둘째, 정부 대차대조표에는 자산으로 화폐, 부채로 국채가 기재된다. 중앙은행과 정부 대차대조표를 연결로 작성한다면 각각의 자산과 부채가 모두 상쇄되기 때문에 아무것도 남지 않게 된다. 실질적인 효과 측면에서 이는 정부가 중앙은행을 거치지 않고 그냥 화폐를 발행하는 경우와 동일하다.

과 측면에서 차이는 없다.[49] 그럼에도 불구하고 이러한 자기 구속적 제약을 둔 것은 국가가 재정정책을 운용함에 있어 투명성을 높이기 위한 것이다. 국가가 중앙은행을 통해 화폐를 발행하는 경우에는 화폐가 발행된 만큼 국가채무가 별도로 정확하게 인식되는 것이다. 국가차입은 결국 국민 부담으로 귀착되는 것이므로 화폐발행을 통한 재정지출의 타당성을 검증할 수 있도록 회계적 투명성을 요구하는 것이다.

민간부문의 신용창조: 은행

우리는 은행은 예금을 받아 대출하는 중개기관이라고 생각한다. 은행이 예금으로 조달한 화폐를 차입자에게 대여한다고 생각하는 것이다. 은행이 처음 등장했을 때부터 예금수취와 대출업무를 동시에 했던 것은 아니다. 영국에서는 주화를 보관해주는 업무를 하던 금세공인을 은행의 기원으로 본다.[50] 추후에 은행은 고객이 맡긴 주화 중 일부를 대출 목적에 사용할 수 있다는 점을 알아냈다. 예금수취와 대출업무를 동시에 하다 보니, 은행은 예탁 받은 주화 이상으로 대출을 하는 신용창조가 가능하게 되었다. 하지만 은행이 창조할 수 있는 신용의 총량은 통화승수이론이 설명하듯이 당초 국가나 중앙은행이 발행한 화폐량의 몇 배로 제한된다. 이것이 바로 우리가 알고 있는 은행의 신용창조 과정이며, 상품화폐이론에서의 설명과 같다.

상품화폐이론과 신용화폐이론이 가지고 있는 은행의 신용창

---

50 종래 런던 상인들은 런던탑 안에 있던 조폐창에 귀금속을 보관하는 것이 관행이었다. 하지만 1640년에 재정적으로 어려웠던 찰스 1세가 런던탑 안에 있는 귀금속을 몰수하자, 상인들은 당시 금은보석의 세공과 매매를 담당했던 금은세공인에게 귀금속을 맡기게 되었다. 금은세공인은 예탁 받은 귀금속을 바탕으로 예탁증서를 발행했는데, 이 증서는 상거래에 널리 사용되었다. 이것이 오늘날 우리가 사용하는 은행권의 출현이다.

조 과정에 대한 견해 차이를 이해하기 위해서는 화폐의 대차계약이 가진 독특한 성격을 알아야 한다. 일반적으로 물건을 빌려준 사람은 그 물건의 소유권까지 넘기는 것이 아니다. 그는 나중에 그 물건을 돌려받을 권리를 가지고 있다. 또한 그 물건은 오로지 한 사람의 수중에만 있으며, 빌려준 사람과 빌린 사람이 동시에 물건을 가질 수는 없다. 반면, 화폐(우선 화폐를 물건이라고 보자)의 경우, 화폐를 빌려준 사람은 그 소유권을 잃게 되고 화폐를 빌린 사람이 그 화폐를 쓸 수 있다. 화폐를 빌려준 사람은 그 화폐가 아니라 그 금액에 해당하는 화폐의 상환을 요구할 수 있는 권리인 금전채권을 가지고 있을 뿐이다. 일반적인 물건과 화폐가 대차계약에서 다르게 취급되는 것은 화폐에는 '특정성'이 없기 때문이다.[51] 우리가 흔히 말하는 "돈에는 꼬리표가 없다"는 것이다.

이 경우에 화폐를 빌려준 사람은 채무자에 대한 금전채권을 다른 거래에서 지급에 사용할 수 있다. 하나의 화폐가 빌린 사람과 빌려준 사람에 의해 함께 사용되는 것처럼 보일 것이다. 물론 화폐를 빌린 사람이 사용하는 것은 그 화폐이고, 빌려준 사람이 사용하는 것은 빌린 사람에 대한 채권이다. 상품화폐이론이 주장하는, 은행이 신용을 창조하는 가장 초보적인 형태는 이것이다. 은행은 화폐를 예금자로부터 빌려서 대출에 사용하고, 예금자는 은행예금을 자신의 지급 목적에 사용한다. 하나의 화폐가 두 곳에서 동시에 사용되는 것이다. 일반적으로 물건을 빌려준 사람이 물건을 돌려받기 전까지 그 물건을 전혀 사용할 수 없는 경우와는 확연히 구분된다.

---

[51] 금전의 대차계약처럼 나중에 같은 종류의 물건으로 반환하는 대차계약을 '소비대차'라고 한다. 반면, 빌린 물건 그 자체를 반환해야 하는 대차계약을 '임대차'(사용대가가 있음) 또는 '사용대차'(사용대가가 없음)라고 한다.

상품화폐이론의 주장은 여기에서 끝나지 않는다. 화폐를 예금으로 받은 은행이 그 화폐를 대출해주면 차입자가 사용한 그 화폐는 다시 은행에 예금으로 돌아온다. 이 경우에 은행은 예금으로 받은 화폐를 또 한번 대출에 사용할 수 있게 된다. 그 화폐는 다시 그 은행에 돌아오고 다시 대출재원으로 사용되는 식으로 이 과정이 반복된다. 대출금이 꼭 그 은행으로 돌아온다는 보장은 없지만, 어느 은행이든지 은행권으로 되돌아오기만 한다면 결과는 같다. 자신의 대출금이 다른 은행에 갈 확률은 다른 은행의 대출금이 그 은행으로 돌아올 가능성과 같으므로 개별 은행 입장에서는 대출금이 다시 자신에게 예금으로 돌아온다고 기대해도 된다. 현대에서 은행예금은 모든 지급수단 중 가장 빈번하게 사용되므로, 대출금으로 나간 화폐는 순환하다가 결국은 다시 은행권으로 들어오게 된다.

그렇다고 은행이 하나의 화폐로 무한대의 신용을 만들 수는 없다. 그 이유는 은행 예금자가 언제든지 화폐를 인출할 수 있기 때문이다. 단 한 번이라도 인출요구에 응할 수 없다면 그 은행은 파산한 것이나 다름없다. 따라서 은행은 예금으로 받은 화폐를 전부 대출에 사용해서는 안 된다. 예금 중 일부는 인출에 대비하여 은행 내 또는 중앙은행에 보유해야 한다. 이것이 바로 지급준비금이다. 은행은 예금으로 받은 화폐 중 지급준비금으로 적립할 만큼을 제외하고 대출에 사용한다. 예금-대출-예금의 과정이 반복될수록 은행의 대출 규모는 줄어들기 때문에 한 번의 예금으로 은행이 창출할 수 있는 신용의 총규모는 무한할 수 없다. 당초 예금의 몇 배에 해당하는 신용이 만들어졌다는 측면을 강조하는 이러한 설명을 바로 통화승수이론이라고 부른다.

반면, 신용화폐이론에서는 은행이 대출을 하기 위해 물리적 형태를 가진 화폐를 미리 가지고 있을 필요가 없다고 주장한다. 요즘에는 현금보다 은행예금으로 직접 지급이 이루어지는 경우가 대부분이므로 대출은 차입자의 예금 계좌에 잔액을 늘려주는 방식으로 이루어진다. 차입자는 예금을 현금으로 인출하지 않고 계좌이체 방식으로 지급에 사용한다. 대출을 한 결과, 은행은 차입자에 대한 채권을 가지고 차입자의 예금을 늘려준다. 상품화폐이론이 주장하는 바와 같이 은행은 예금을 대출하는 기관이 아니라 대출을 통해 신용을 창출하는 기관이다. 두 이론에서 예금과 대출의 인과관계는 반대다.

신용화폐이론에서도 예금자가 예금을 현금으로 인출할 가능성이 있다는 점을 인정한다. 하지만 중앙은행은 은행의 지급준비금 부족이 발생하는 경우에 이를 보충해주는 것을 임무로 한다.[52] 중앙은행은 평상시에 은행들이 전반적으로 지급준비금이 부족해서 시장금리가 목표수준보다 크게 상승하는 것을 방치해서는 안 된다. 또한 중앙은행은 위기 시에 유동성 부족으로 곤란을 겪는 은행에 대해서는 최종대부자로서 유동성을 공급해준다. 따라서 은행은 예금의 현금 인출을 걱정할 필요 없이, 대출을 통해 경제 내에 새로운 신용을 공급한다. 이것이 가능한 것은 결국 중앙은행의 지원과 보호가 있기 때문이다.

---

52 예전에는 통화정책이 직접 통화량을 조정함으로써 이루어졌다. 하지만 경제 내 다양한 금융업과 지급수단이 등장하면서 중앙은행은 더 이상 통화량을 정의할 수도, 통제할 수도 없게 되었다. 이에 따라 90년대에 들어 통화정책은 통화량 대신 금리를 정책수단으로 사용하게 되었다. 금리 중심의 통화정책에서는 시장금리가 중앙은행이 설정한 목표수준에서 움직이도록 통화를 공급하거나 환수한다.

그렇다면 중앙은행은 왜 은행이 막강한 권한을 행사하도록 보호해주는 것일까? 역사적 경험에 따르면 국가와 중앙은행이 발행하는 화폐는 경제 규모에 비해 늘 부족했으므로 민간에서는 항상 스스로 화폐를 만들어 사용해왔다. 하지만 민간에서 화폐를 발행하는 권한은 점차 은행에 집중되었고, 이 화폐의 안전성을 보장하는 책임은 공공부문으로 미뤄졌다. 화폐를 발행하는 은행이 무너지면 경제에 커다란 부정적 영향을 미치므로 공공부문이 이를 방관할 수만은 없었다. 그렇다고 사적이익을 추구하는 은행이 무분별한 대출을 통해 화폐를 방만하게 공급하는 것을 방치할 수도 없었다. 따라서 은행이 면밀한 심사를 거쳐 유망한 부문에만 대출을 공급할 수 있도록 정부는 은행에게 건전성 유지의무를 요구하게 되었다.[53] 대출이 부실화될 경우에는 은행 자체도 무너질 수밖에 없다는 경고의 메시지였다.[54] 이는 은행이 대출할 때 신중함을 가질 것을 요구하는 것이다.[55] 공공부문이 직접 신용을 발행하여 특정인에게 제공

[53] 대표적인 은행 건전성 감독장치는 'BIS비율(=자기자본/위험가중자산)'이다. BIS비율은 대출 등 자산을 위험도에 따라 다르게 평가함으로써 은행이 위험도가 큰 대출에 대해서는 더욱 많은 자본을 쌓도록 하고 있다. 국제적으로 BIS비율규제가 처음 도입된 것은 1988년이다.

[54] 중앙은행의 은행에 대한 유동성 지원이 자칫 은행의 건전경영 유인을 없애는 것이 아니냐는 의문이 제기될 수 있다. 원칙적으로 중앙은행은 건전하나 일시적으로 유동성이 부족한illiquid 은행만을 지원하고, 자신의 채무를 상환할 수 없을 정도로 부실한insolvent 은행을 지원하면 안 된다. 하지만 실제로 특정 은행이 어떤 상태인지 명확히 판단하기는 힘들다. 특히 이러한 문제는 금융위기 등으로 금융시장 전반에서 모든 주체들이 위험을 꺼리고, 가장 안전한 형태의 자산만을 보유하려는 상황에서 발생하는 경우가 대부분이다. 최종대부자 기능을 처음 주장한 것으로 알려진 베그홋은 중앙은행이 우량한 담보를 제공할 수 있는 은행에 대해 지원하면 된다고 주장했다. 그는 우량한 자산을 담보로 제공할 수 있는 은행은 시장 상황이 정상이라면 그 자산을 시장에 매각함으로써 유동성을 확보할 수 있었을 것이라고 본 것이다. 다만, 그는 은행에 지원을 하는 경우에도 패널티 성격으로 높은 금리를 부과해야 한다는 주장을 추가했다.

[55] 은행은 종종 자신에게 주어진 임무인 차입자의 사업계획에 대한 면밀한 심사를 충실히 수행하지 않고 담보가 충분하거나 과거 거래실적이 우수해서 채무불이행 가능성이 낮은 차입자에게만 대출을 해주는 것으로 언론 등에서 비판을 받기도 한다.

한다는 것은 공공부문이 자원배분을 직접 결정하는 것을 의미한다. 이러한 차원에서 국가는 은행의 신용배분 기능에 의지할 수밖에 없다. 결국 현대의 은행시스템은 공공적 보호를 통해 은행이 막강한 화폐발행 권한을 가지도록 하되, 동시에 그 권한에 맞는 책임까지도 요구하고 있는 것이다.[56]

신용창조에서의 민관협업: 은행과 중앙은행

중앙은행이 발행하는 화폐에는 현금과 함께 은행의 지급준비금이 있다. 앞에서 살펴본 중앙은행의 현금발행이 정부의 은행으로서 중앙은행이 발행하는 신용이라면, 이번에 살펴볼 지급준비금은 은행의 은행으로서 중앙은행이 발행하는 신용이라고 할 수 있다. 지급준비금은 현금과 달리 계정상으로만 존재하며, 은행이 아닌 가계, 기업 등 민간 경제주체들은 가질 수 없는 화폐다. 흔히 지급준비금은 은행이 예금의 현금인출에 대비하여 중앙은행에 적립해놓은 화폐라고 알려져 있다. 은행이 스스로 보유중인 현금[57] 이상으로 예금 인출이 있는 경우에 지급준비금을 현금으로 인출하여 예금인출에 충당한다는 것이다. 이 역시 상품화폐이론이 주장하는 내용이다. 통화승수이론에서 지급준비금은 은행의 신용창조 규모에 영향

---

56 현대의 은행시스템은 완성된 것이 아니다. 은행의 권한 남용은 주기적으로 금융위기를 유발했다. 하지만 은행의 몸집이 이전과는 비교할 수 없을 정도로 커졌기 때문에 정부나 중앙은행은 어쩔 수 없이 구제를 선택했다. 대마불사too big to fail의 신화를 확인한 은행은 더욱 큰 위험을 추구했다. 이에 따라 금융위기의 가능성은 한층 더 높아지는데, 정부와 중앙은행은 이 금융위기의 가능성을 줄이기 위해 새로운 규제를 도입했다. 은행의 생존을 위협할 정도로 막강한 제한을 도입하거나, 은행의 선별기능을 훼손할 정도로 은행경영에 일일이 간섭하고자 하는 유혹이 생긴 것이다. 반면, 은행은 새로운 규제에도 불구하고 공백을 찾아내서 새로운 위험요인을 만들어냈다. 이처럼 꼬리에 꼬리를 무는 은행과 정부의 게임은 여전히 진행중이다. 최근 있었던 2008년 금융위기도 그 게임의 한 장면에 불과한 것이다.

57 은행이 보유한 현금을 '시재금vault cash'이라고 한다.

을 미치는 결정적인 변수다.

하지만 요즘 예금은 대부분 현금이 아닌 계좌이체 형태로 지급에 사용된다. 따라서 예금인출에 대비한 현금 보관소라는 지급준비금의 역할은 점차 퇴색되고 있다. 80년대와 90년대를 거쳐 영국을 비롯한 호주, 뉴질랜드, 캐나다 등은 은행이 예금의 일정 비율에 해당하는 금전을 중앙은행에 의무적으로 예치하도록 하는 법정 지급준비제도를 폐지했다.[58]

현대에서 은행의 지급준비금은 은행 간 결제에 주로 사용된다. 앞에서 설명한 청산소를 통해 은행들은 상대방에 대한 채권을 주고받는 식으로 상계 처리한다.[59] 하지만 은행 사이에 주고받는 금액이 항상 같을 수는 없고, 차액이 존재하는 경우가 일반적이다. 이 경우에 각 은행은 중앙은행에 대해 가지고 있는 지급준비금을 가지고 차액을 정산한다.[60] 지급하는 은행의 지급준비금은 줄어들고, 지급받는 은행의 지급준비금은 늘어난다.[61]

---

58 국가별로 법정지급준비제도를 폐지한 연도는 영국 1981년, 뉴질랜드 1985년, 호주 1988년, 캐나다 1994년, 스웨덴 1994년이다.

59 일반적으로 상계는 당사자가 둘인 경우에 적용되지만, 당사자가 셋 이상인 경우에도 이루어질 수 있다. 셋 이상의 당사자 간 상계를 '다자간 상계'라고 한다. 예를 들어, 세 사람이 A → B → C → A 식으로 순환적으로 다른 사람에 대한 채권을 가지고 있다고 해보자. 그 채권금액이 모두 동일하다면, 세 사람은 모두 자신이 받아야 할 채권과 자신이 지급해야 할 채무가 모두 같게 된다. 이 경우에는 모든 사람의 채권과 채무를 없애는 방식으로 상계를 할 수 있게 된다. 다자간 상계의 참가자는 자신이 지급받아야 할 대상과 자신이 지급해야 할 대상이 다름에도 불구하고 그 금액이 같기 때문에 채권과 채무를 함께 없앨 수 있다는 점이 특징이다.

60 우리가 흔히 사용하는 지급결제는 '지급payment' '청산clearing' '결제settlement'를 함께 지칭하는 것이다. 경제주체가 실물거래 또는 금융거래에서 발생한 채무를 해소하기 위해 지급수단을 제공하는 것을 지급이라고 한다. 청산은 고객의 지급요청을 처리하기 위해 금융회사가 서로 주고받을 금액을 집계하여, 상계 처리할 것은 하고 남은 차액을 계산하는 과정이다. 결제는 청산결과에 따라 금융회사 간 차액을 정산함으로써 고객의 지급행위를 최종 종결시키는 행위다. 지급, 청산 및 결제는 고객이 금융회사가 발행한 신용을 지급에 사용하는 경우에 필요한 절차며, 고객이 현금을 지급한 경우에는 청산과 결제가 별도로 필요하지 않다.

은행들은 중앙은행을 통해 결제를 하기 이전에 미리 지급준비금을 확보해야 한다. 지급준비금이 부족한 은행은 다른 은행으로부터 빌려야 한다. 은행들끼리 지급준비금을 대차하는 시장을 '콜시장'이라고 한다. 하지만 은행권 전반에 지급준비금이 부족해서 개별 은행의 노력만으로는 지급준비금을 빌릴 수 없는 상황이 발생하기도 한다.[62] 이 경우에는 중앙은행이 은행권 전반을 대상으로 지급준비금을 보충해주어야 한다. 현대의 통화정책은 중앙은행이 단기금리를 목표수준에서 움직이도록 지급준비금을 공급하는 방식으로 이루어지며, 중앙은행이 은행권 전반의 지급준비금 부족을 방치할 경우에 단기금리가 크게 급등할 것이다.

중앙은행이 은행에 대해 지급준비금을 제공하는 방법은 두 가지가 있다. 은행의 자산을 매입하거나 은행에 대여하는 것이다. 위에서 설명한 바와 같이 각각은 신용의 매입과 신용 간 맞교환에 해당한다. 전자는 공개시장조작이라고 하고, 후자는 예전에 재할인정책rediscount[63]이라고 불렀던 중앙은행 대출제도다. 공개시장조작은 중앙은행이 국채를 매입함으로써 은행에 지급준비금을 제공하는 방식이다.[64] 중앙은행의 대출정책은 중앙은행이 직접 은행에 지급

---

61 이와 같이 일정기간 동안 은행 간 채권과 채무를 쌓아놓았다가 일정시점에 한꺼번에 청산 및 결제를 하는 방식을 차액결제라고 한다. 하지만 차액결제에서는 결제가 완료되기 전에 한 은행이라도 파산하면 채권-채무관계가 복잡하게 꼬이고, 지급결제 시스템 전반에 혼란이 발생한다. 따라서 대부분의 나라에서는 차액결제와는 별도로 고객의 지급이 있으면 바로 건별로 청산 및 결제를 진행하는 '총액결제'가 운영되고 있다. 일반적으로 동시결제를 하는 지급 건은 고액의 경우가 대부분이므로 총액결제는 '거액결제'라고도 불린다.

62 예를 들어, 세금납부에 따라 은행 지급준비금의 상당 부분이 중앙은행에 있는 정부계좌로 이동하는 경우에 은행권 전반적으로 지급준비금 부족이 발생한다.

63 재할인정책이란 중앙은행이 은행이 할인한 상업어음을 다시 할인, 매입함으로써 은행에 지급준비금을 제공하는 방식이다. 상업어음 재할인은 중앙은행 설립 초기에는 중앙은행이 시중에 유동성을 공급하는 주된 방법이었으나, 상업어음의 활용이 줄어들고 금융업이 발달하면서 중앙은행의 유동성 조절방안의 중요성은 줄어들었다.

준비금을 대출하는 것이다. 중앙은행은 은행이 가진 국채, 공공기관 채권 등 건전성이 확보된 채권을 담보로 잡고 대출을 한다. 이와는 반대로 중앙은행이 가지고 있는 국채를 매각하거나 대출을 회수하는 경우는 지급준비금을 환수하는 효과가 있다.

중앙은행의 통화정책은 목표금리 변동을 통해 이루어진다. 단기금리 변화는 중장기금리 변화를 통해 소비, 투자 등 경제주체들의 경제활동 전반에 영향을 미친다. 특히 이러한 금리 변화는 은행의 신용창조 규모에도 영향을 미친다. 상품화폐이론이 주장하는 바와 같이, 지급준비금의 양이 은행의 신용창조 규모에 영향을 미치는 것이 아니다. 금리가 상승하는 경우에 가계, 기업 등의 대출수요는 줄어들고 은행도 리스크에 대한 우려가 커지면서 대출공급을 줄인다.

자본주의 경제에서 화폐의 대부분을 차지하는 은행의 신용을 최종적으로 지휘, 조정하는 중앙은행은 어떻게 그러한 권한을 가졌으며 누구의 감시를 받는 것일까? 앞에서 설명했듯이, 중앙은행은 국가로부터 화폐발행 권한을 부여받았다. 그 대신, 중앙은행은 화폐발행에 있어 물가안정을 가장 중요한 판단기준으로 삼아야 한다는 임무도 부여받았다. 인플레이션이 발생하면, 자신이 발행한 화폐의 가치가 훼손되어 자신의 권한에 대해 시장의 불신을 받을 것이기 때문에 중앙은행은 스스로 물가를 안정시킬 유인을 가진다. 중앙은행이 자신의 임무를 달성하지 못하더라도 일반은행과 달리 기관이 파산하거나 별도의 법적책임을 져야 할 일은 발생하지 않는다.[65] 그 대신, 중앙은행은 자신의 권한을 행사함에 있어 어떤 일

64 한국은행의 경우에 공개시장조작은 국채를 대상으로 실시하지 않고, 한국은행이 직접 발행한 통화안정증권을 대상으로 한다. 한국은행이 통화안정증권을 매각하는 경우 통화가 환수되고, 통화안정증권을 매수하는 경우 통화가 공급된다. 따라서 주요국과는 달리 우리 중앙은행은 국채를 거의 보유하고 있지 않다.

이 있더라도 '중립성'을 지켜야 한다. 여기서 중립성은 중앙은행 권한의 보호막이자 차단막으로서 두 가지 의미를 가진다. 첫째, 중앙은행은 정부와 정치권의 압력이나 이해관계를 떠나 독립적으로 인플레이션을 중심으로 통화정책을 운용해야 한다. 둘째, 중앙은행은 경제 전반에 대해서만 신경을 쓰고 경제주체들 간 몫의 배분에 영향을 미쳐서는 안 된다.[66] 그렇기 때문에 통화정책은 경제 전체의 물가수준을 목표로 하며, 중앙은행이 직접 신용을 배분하는 대신 은행을 통해 신용을 배분하도록 하는 것이다.

최근 디지털 기술의 발달로 인해 각국의 중앙은행이 디지털 화폐 발행을 검토하고 있다. 이는 사람들의 지불관행, 은행의 신용창조 과정, 중앙은행의 역할 등 화폐시스템 전반에 큰 변화를 가져올 것으로 보인다. 하지만 이 과정에서 화폐발행과 관련된 국가, 중앙은행과 은행 간 힘의 균형 그리고 각 기관이 권한 행사시 지켜야 할 규범 등 오랜 실험과 조정을 거쳐 확립된 화폐시스템의 기본원칙이 훼손되지 않도록 세심한 주의가 필요하다.

결론

주변에 화폐는 우리 생각과 달리 물건이 아니라 신용이라는 이야기를 하면, 그들은 대략 세 가지 유형의 반응을 보였다. 아마 독자

---

65 대부분의 국가에서는 중앙은행에 대해 권한에 따른 법적 책임을 부여하는 대신, 중앙은행이 업무수행 과정에서 사전적 또는 사후적으로 외부로부터 절차적 통제를 받음으로써 책임성을 갖도록 하는 방식을 활용한다. 한국은행법에서도 한국은행의 물가안정 실패에 따른 별도의 책임을 규정하고 있지 않다.

66 예를 들어, 중앙은행이 건전성이 우수한 어떤 기업이 발행한 회사채를 공개시장 조작 대상에 포함할 경우에 거기에 포함된 회사채 발행기업은 큰 이익을 얻게 된다. 그 회사채는 수요 증가로 가격이 상승할 것이며, 발행기업은 낮은 이자율로 자금을 조달할 수 있게 된다. 바로 중앙은행이 특정 기업에 이익을 제공함으로써 자원배분을 왜곡하는 경우다. 또 다른 예로, 중앙은행이 은행에 대출을 하면서 제공받을 적격 담보채권에 특정 채권이 포함되면, 그 발행기업은 마찬가지의 이익을 얻게 될 것이다.

들의 반응도 크게 다르지 않으리라 본다. 어렵게 여기까지 읽은 독자들이 가질 의문에 대해 저자를 대신해 해명해본다.

먼저, 화폐가 신용이라는 주장은 너무 어렵고 복잡하다는 것이다. 신용으로 지불하는 금융거래를 이해하려면 세 당사자의 채권과 채무의 변화를 살펴보아야 한다. 가령, 내가 보유한 예금을 계좌이체 방식으로 집주인에게 월세를 지급하는 경우를 생각해보자. 나의 경우, 은행에 대한 채권(예금, 은행신용)이 줄고, 집주인에 대한 채무(월세 지급의무)도 준다. 집주인의 경우, 나에 대한 채권(월세청구권)이 줄고, 은행에 대한 채권(예금)은 는다. 은행의 경우, 나에 대한 채무(나의 예금)가 줄고, 대신에 집주인에 대한 채무(집주인의 예금)는 는다. 금융거래의 결과로 지급인과 수취인 그리고 그 거래에 사용된 신용발행자의 채권과 채무에 변화가 생기는 것이다. 이에 대해 우리는 은행에 맡겨 놓은 현금이 집주인에게 이동한 것과 마찬가지라고 이해한다. 복잡하고 다양한 채권과 채무관계의 변화를 물건의 이동이라는 단순한 일차원적 문제로 바꿔놓으니 직관에 부합할지 모르지만 수많은 오해와 억측을 유발한다. 이 책은 화폐의 본질에 대한 오해가 얼마나 많은 논란과 실책을 야기했는지 다양한 역사적 사례를 제시한다. 실수를 반복하지 않으려면 수고스럽더라도 차근차근 따져봐야 한다.

두번째 반응은 일반인들이 그 사실을 꼭 알 필요가 있냐는 것이다. 일반인들에게는 가상자산이 화폐인지 아닌지 보다 가상자산의 가격이 앞으로 어떻게 변할 것이냐가 더욱 큰 관심거리다. 하지만 에어컨이 고장 날 경우에는 그 작동원리를 알아야만 고칠 수 있다. 우리가 반복적으로 경험하는 금융위기는 화폐금융 시스템이 고장 났다는 신호다. 또 다른 금융위기가 반복되지 않기 위해서는 화폐금융 시스템의 작동원리를 정확하게 꿰뚫고 있어야 한다.

마지막으로는 정작 화폐가 신용이라면 우리가 무엇을 어떻게 바꿔야 한다는 것인지에 대한 의문이다. "그래서 뭘 어쩌라는 것이냐?"는 반응이다. 아직까지 신용화폐이론이 주류 경제학의 이론체계를 대체할 만큼 광범위하고 충분하게 연구가 진행되지 않은 것이 사실이다. 하지만 중요한 것은 그동안 나름 꾸준한 진전이 있었다는 점이다. 정통 경제학자들로부터 2류수준의 모험적 시도로 평가받고 있는 현대통화이론과 포스트 케인지안들은 신용화폐이론을 자신들 경제이론의 전제로 활용하고 있다. 진화론도 처음 제기되었을 당시에는 신이 만들어놓은 세계를 일시에 대체할 만큼 체계성과 완벽성을 가졌을리가 없다. 진화론이 학계와 사회에서 점차 인정을 받게 되니, 여러 사람들이 달려들어 과학, 철학, 종교 등 다양한 분야에서 새로운 이론을 만들어낸 것이다. 신용화폐이론은 아직까지 주류 경제학의 대체 이론이라기보다 화폐에 대한 새로운 관념수준에 불과하다. 새로운 관념을 바탕으로 다양한 경제, 금융, 사회현상에 관한 새로운 이론을 만드는 것은 우리의 몫이다.

참고문헌

박만섭 지음, 『포스트케인지언 내생화폐이론』, 아카넷, 2020.

랜델 레이 지음, 홍기빈 옮김, 『균형재정론은 틀렸다: 화폐의 비밀과 현대
화폐이론』, 책담, 2017.

제프리 잉햄 지음, 홍기빈 옮김, 『돈의 본성』, 삼천리, 2011.

A. Mitchell Innes, The credit theory of money, Banking Law
Journal, 31(2), 1914, p.151-168.

Henry Dunning Macleod, The Elements of Banking, 3th,
Longmans, Green, and Co., 1877.

L. Randall Wray, Introduction to an Alternative History of Money,
Levy Economics Institute, Working Paper No. 717, 2012.

추가 읽기

Calomiris, C. and S. Haber (2014). Fragile by Design: The Political Origins of Banking Crises and Scarce Credit. Princeton: Princeton University Press.

The single most comprehensive account of the political history of the development of modern monetary systems.

Dodd, N. (2014). The Social Life of Money. Princeton: Princeton University Press.

Immensely scholarly and wide-ranging – but accessible – account of every conceivable analysis of money from a wide range of disciplines.

Ingham, G. (2004). The Nature of Money. Cambridge: Polity.

Detailed account of orthodox and heterodox economic monetary theory and the history and sociology of money.

Ingham, G. (ed.) (2005). Concepts of Money: Interdisciplinary Perspectives from Economics, Sociology and Political Science. Cheltenham: Edward Elgar.

Contains thirty-five reprinted articles and extracts from the work of the major writers referred to in the present book.

Martin, F. (2013). Money: The Unauthorized Biography. New York: Alfred A. Knopf.

An engaging, entertaining, erudite historical and theoretical analysis.

Orléan, A. (2014). The Empire of Value: A New Foundation for Economics. Cambridge, MA: MIT Press.

Contains an analysis of money as a social institution, which forms the basis for an incisive critique of orthodox mainstream economics.

Pettifor, A. (2017). The Production of Money: How to Break the Power of

Bankers. London: Verso.

Concise, clear, and impassioned tract on the politics of money creation.

Skidelsky, R. (2018). Money and Government: A Challenge to Mainstream Economics. London: Allen Lane.

The culmination of a lifetime's work on the great John Maynard Keynes, which is applied to the theory of money, the history of economic and monetary policy, and a withering Keynesian critique of orthodoxy. If this proves a little difficult, try his Keynes: The Return of the Master (London: Allen Lane, 2009).

Smithin, J. (2018). Rethinking the Theory of Money, Credit, and Macroeconomics: A New Statement for the Twenty-First Century. Lanham, MD: Lexington Books.

A Keynesian-inspired, heterodox monetary analysis of capitalism which also uses econometric methods to present alternative models to mainstream economic orthodoxy analysis and policy.

Wray, L. R. (2012). Modern Money Theory: A Primer on Macroeconomics for Sovereign Monetary Systems. London: Palgrave Macmillan.

Lively, accessible account of Modern Monetary Theory by its most prolific exponent.

참고문헌

Ahamed, L. (2009). Lords of Finance: 1929, the Great Depression, and the Bankers Who Broke the World. London: Heinemann.

Aquanno, S. and J. Brennan (2016). 'Some inflationary aspects of distributional conflict', Journal of Economic Issues, 50, 1, 217 – 44.

Arrighi, G. (1994). The Long Twentieth Century: Money, Power and the Origins of Our Time. London: Verso.

Authers, J. (2017). 'Lessons from the Quant Quake resonate a decade later', Financial Times, 18 August.

Bagehot, W. (1873). Lombard Street: A Description of the Money Market. New York: Scribner, Armstrong & Co.

Bell, S. (2001). 'The role of the state in the hierarchy of money'. Cambridge Journal of Economics. 25, 149-163.

Bell, S. A. and E. J. Nell (eds) (2003). The State, the Market and the Euro. Cheltenham: Edward Elgar.

Benes, J. and M. Kumhof (2012) 'The Chicago Plan revisited'. IMF working paper (WP/12/202). Online at: https://www.imf.org/external/pubs/ft/wp/2012/wp12202.pdf

Bloch, M. (1954 [1936]). Esquisse d'une histoire monetaire de l'Europe. Paris: Armand Colin.

Boettke, P. (2000). Socialism and the Market: The Socialist Calculation Debate Revisited. London: Routledge Library of 20th Century Economics.

Boyer-Xambeu, M., G. Delaplace and L. Gillard (1994). Private Money and Public Currencies: The Sixteenth Century Challenge. London: M. E. Sharpe.

Brewer, J. (1989). The Sinews of Power: War, Money and the English State, 1688 – 1783. London: Unwin.

Buchan, J. (1997). Frozen Desire: An Enquiry into the Meaning of Money. London: Picador.

Buiter, W. (2009). 'The unfortunate uselessness of most "state of the art" academic monetary economics'. VOXeu.org, 6 March. Online at: https://mpra.ub.uni-muenchen.de/58407/1/MPRA_paper_58407.pdf

Burn, G. (2006). The Re-emergence of Global Finance. Basingstoke: Palgrave Macmillan.

Calomiris, C. and S. Haber (2014). Fragile by Design: The Political Origins of Banking Crises and Scarce Credit. Princeton: Princeton University Press.

Carruthers, B. and S. Babb (1996). 'The colour of money and the nature of value: greenbacks and gold in post-bellum America'. Reprinted in G. Ingham (ed.), Concepts of Money: Interdisciplinary Perspectives from Economics, Sociology and Political Science. Cheltenham: Edward Elgar, 2005.

Cartelier, J. (2007). 'The hypostasis of money: an economic point of view', Cambridge Journal of Economics, 31, 2, 217 – 33.

Crouch, C. (2009). 'Privatised Keynesianism: an unacknowledged policy regime', The British Journal of Politics and International Relations, 11, 382 – 99.

Davies, G. (1996). A History of Money. Cardiff: University of Wales Press.

de Cecco, M. (1974). Money and Empire: The International Gold Standard, 1890 – 1914. Oxford: Blackwell.

Del Mar, A. (1901). A History of Monetary Systems. New York: The Cambridge Encyclopaedia Company. (Originally published as The Science of Money. London: Bell and Sons, 1895.)

Desan, C. (2014). Making Money: Coin, Currency, and the Coming of Capitalism. Oxford: Oxford University Press.

Devine, P. (2010). Democracy and Planning, Cambridge: Polity.

Dodd, N. (2014). The Social Life of Money. Princeton: Princeton University Press.

Dyson, B. G. Hodgson, and F. van Lerven (2016). Sovereign Money: An Introduction. London: Positive Money. Online at: http://positivemoney.org/wp-content/uploads/2016/12/Sovereign M o n ey-AnIntroduction-20161214.pdf

Eichengreen, B. (1995). Golden Fetters: The Gold Standard and the Great Depression. Oxford: Oxford University Press.

Eichengreen, B. (2010). Exorbitant Privilege: The Rise and Fall of the Dollar and the Future of the International Monetary System. Oxford: Oxford University Press.

Einaudi, L. (1936). 'The theory of imaginary money from Charlemagne to the French Revolution'. Reprinted in G. Ingham (ed.), Concepts of Money: Interdisciplinary Perspectives from Economics, Sociology and Political Science. Cheltenham: Edward Elgar, 2005.

Ellman, M. (2014). Socialist Planning, third edition. Cambridge: Cambridge University Press.

Evans, R. J. (2002). The Coming of the Third Reich, 1919–1945. London: Penguin.

Fantacci, L. (2008). 'The dual currency system of Renaissance Europe'. Financial History Review, 15, 1, 55–72.

Feldman, G. (1996). The Great Disorder: Politics, Economics and Society in the German Inflation, 1919–1924. Oxford: Oxford University Press.

Fergusson, A. (2010 [1975]). When Money Dies: The Nightmare of the Weimar Hyper-Inflation. London: Old Street Publishing.

Fisher, I. (1911). The Purchasing Power of Money: Its Determination and Relation to Credit Interest and Crises. New York: Macmillan.

Fox, D. (2011). 'The case of mixt monies'. The Cambridge Law Journal, 70, 1, 144–74.

Fox, D. and W. Ernst (eds) (2016). Money in the Western Legal Tradition: Middle Ages to Bretton Woods. Oxford: Oxford University Press.

Friedman, M. (1970). The Counter-Revolution in Monetary Theory. London: The Wincott Institute for Economic Affairs.

Gatch, L. (2012). 'Tax anticipation scrip as a form of local currency in the USA during the 1930s'. International Journal of Community Currency Research, 16, Section D, 22–35.

Goodhart, C. (2003 [1998]). 'The two concepts of money: implications for optimum currency areas'. In S. A. Bell and E. J. Nell (eds), The State, the Market and the Euro. Cheltenham: Edward Elgar.

Goodhart, C. (2009). 'The continuing muddles of monetary theory: a steadfast refusal to face facts'. Economica, 76, 820–30.

Gowan, P. (1999). The Global Gamble: Washington's Faustian Bid for World Dominance. London: Verso.

Graeber, D. (2011). Debt: The First 5,000 Years. New York: Melville House.

Grierson, P. (1977). The Origins of Money. London: Athlone Press.

Hager, S. (2016). Public Debt, Inequality, and Power: The Making of a Modern Debt State. Oakland: University of California Press.

Hahn, F. (1987). 'Foundations of monetary theory'. In M. de Cecco and J. P. Fitoussi (eds), Monetary Theory and Economic Institutions. London: Macmillan.

Hart, K. (2000). The Memory Bank: Money in an Unequal World. London: Profile Books.

Hayek F. (1976). Denationalization of Money: An Analysis of the Theory and Practice of Competitive Currencies. London: Institute of Economic Affairs.

Hayek, F. (1994 [1944]). The Road to Serfdom. Chicago: University of Chicago Press.

Helleiner, E. (1994). States and the Reemergence of Global Finance: From Bretton Woods to the 1990s. Ithaca, NY: Cornell University Press.

Hicks, J. R. (1989). A Market Theory of Money. Oxford: Oxford University Press.

Hodgson, G. M. (2015). Conceptualizing Capitalism: Institutions, Evolution, Future. Chicago: University of Chicago Press.

Hopkins, K. (1978). Conquerors and Slaves. Cambridge: Cambridge University Press.

Huber, J. (2017). Sovereign Money: Beyond Reserve Banking. London: Palgrave.

Hull, C. H. (ed.) (1997 [1899]). The Economic Writings of Sir William Petty. London: Routledge.

Hung, H.-f. and R. Thompson (2016). 'Money supply, class power, and inflation: monetarism reassessed'. American Sociological Review, 81, 3, 447–66.

Ingham, G. (1984). Capitalism Divided? The City and Industry in British Social Development. London: Macmillan.

Ingham, G. (2004). The Nature of Money. Cambridge: Polity.

Ingham, G. (2005). 'Introduction'. In G. Ingham (ed.), Concepts of Money: Interdisciplinary Perspectives from Economics, Sociology and Political Science. Cheltenham: Edward Elgar.

Ingham, G. (2006). 'Further reflections on the ontology of money: responses to Lapavitsas and Dodd'. Economy and Society, 35, 2, 259–78.

Ingham, G. (2011). Capitalism. Cambridge: Polity.

Ingham, G. (2015). '"The Great Divergence": Max Weber and China's "missing links"'. Max Weber Studies, 15, 2, 1 – 32.

Ingham, G. (2019). 'Max Weber: money, credit and finance in capitalism'. In E. Hanke, L. Scaff, and S. Whimster (eds), The Oxford Handbook of Max Weber. Oxford: Oxford University Press.

Ingham, G., K. Coutts, and S. Konzelmann (eds) (2016). '"Cranks" and "Brave Heretics": Re-thinking Money and Banking after the Great Financial Crisis'. Cambridge Journal of Economics, Special Issue, 40, 5.

Jackson, K. (1995). The Oxford Book of Money. Oxford: Oxford University Press.

Kalecki, M. (1943). 'Political aspects of full employment'. Political Quarterly, 14, 322 – 31.

Keynes, J. M. (1930). A Treatise on Money. London: Macmillan.

Keynes, J. M. (1931). 'The pure theory of money: a reply to Dr Hayek'. Economica, 34, 387 – 97.

Keynes, J. M. (1971 [1923]) A Tract on Monetary Reform. Collected Writings of John Maynard Keynes, Vol. IV (ed. D. Moggridge). Cambridge: Cambridge University Press.

Keynes, J. M. (1973 [1933]). 'A monetary theory of production'. In Collected Writings of John Maynard Keynes, Vol. XXI (ed. D. Moggridge). Cambridge: Cambridge University Press.

Keynes, J. M. (1973 [1936]). The General Theory of Employment, Interest and Money. Cambridge: Cambridge University Press.

Keynes, J. M. (1978). 'From Cabinet agreement to White Paper, 1942 – 3'. In Collected Writings of John Maynard Keynes, Vol. XXV. (eds E. Johnson and D. Moggeridge). Cambridge: Cambridge University Press.

King, M. (2017). The End of Alchemy: Money, Banking and the Future of the Global Economy. London: Abacus.

Knapp, G. (1973 [1905]). The State Theory of Money. New York: Augustus Kelly.

Kuhn T. S. (1962). The Structure of Scientific Revolutions. Chicago: University of Chicago Press.

Lapavitsas, C. (2005). 'The social relation of money as the universal equivalent: a response to Ingham'. Economy and Society, 34, 3, 389 – 403.

Lapavitsas, C. (2016). Marxist Monetary Theory: Collected Papers. Leiden: Brill.

Lerner, A. (1943). 'Functional finance and the federal debt'. Social Research, 10, 38 – 51.

Levy, D. M. and S. J. Peart (2008). 'Socialist calculation debate'. In The New Palgrave Dictionary of Economics, second edition (eds S. N. Durlauf and L. E. Blume). Basingstoke: Palgrave Macmillan. Online at: https://link. springer.com/content/pdf/10. 1057%2F978-1-349-95121-5_2070-1. pdf

Lietaer, B. and J. Dunne (2013). Rethinking Money. Oakland, CA: Berrett-Koehler Publishers.

Lipsey, R. and A. Chrystal (2011). Economics, twelfth edition. Oxford: Oxford University Press.

Lucarelli, S. and L. Gobbi (2016). 'Local clearing unions as stabilizers of local economic systems: a stock flow consistent perspective'. In G. Ingham, K. Coutts, and S. Konzelmann (eds), '"Cranks" and "brave heretics": re-thinking money and banking after the Great Financial Crisis'. Cambridge Journal of Economics, Special Issue, 40, 5, 1397 – 420.

Macfarlane, L., J. Ryan-Collins, O. Bjerg, R. Nielsen, and D. McCann (2017).

'Making money from making money: seigniorage in the modern economy'. Copenhagen Business School Working Paper. Online at: https://openarchive.cbs.dk/bitstream/handle/10398/9470/nef_making_money_from_making_money. pdf?sequence=1

Mankiw, N. and M. Taylor (2008). Macroeconomics, second edition. Basingstoke: Palgrave Macmillan.

Mankiw, N. and M. Taylor (2017). Macroeconomics, fourth edition. Andover: Cengage Learning.

Mann, G. (2013). 'The monetary exception: labour, distribution and money in capitalism'. Capital and Class, 37, 2, 197 – 216.

Martin, F. (2013). Money: The Unauthorized Biography. New York: Alfred A. Knopf.

Marx, K. (1976 [1867]). Capital, Vol. 1 (trans. B. Fowkes). Harmondsworth: Penguin.

Marx, K. (1981 [1887]). Capital, Vol. 3 (trans. D. Fernbach). Harmondsworth: Penguin.

McLeay, M., A. Radia, and R. Thomas (2014). 'Money in the modern economy: an introduction', Bank of England Quarterly Bulletin Q1. Online at: https://www.bankofengland.co.uk/quarterly-bulletin/2014/q1/mon ey-in-the-modern-economy-an-introduction

Mehrling, P. (2011). The New Lombard Street: How the Fed Became the Dealer of Last Resort. Princeton: Princeton University Press.

Menger, C. (1892). 'On the origins of money'. Economic Journal, 2, 6, 239 – 55.

Minsky, H. P. (1982). 'The financial instability hypothesis'. In C. Kindleberger and J.-P. Laffargue (eds), Financial Crises: Theory, History & Policy. Cambridge: Cambridge University Press.

Minsky, H. P. (2008 [1986]). Stabilizing an Unstable Economy. New York:

McGraw Hill.

Mirowski, P. (1991). 'Post-modernism and the social theory of value'. Journal of Post Keynesian Economics, 13, 562 – 82.

Mitchell Innes, A. (1914). 'The credit theory of money'. Reprinted in G. Ingham (ed.), Concepts of Money: Interdisciplinary Perspectives from Economics, Sociology and Political Science. Cheltenham: Edward Elgar, 2005.

Moe, T. (2018). 'Financial stability and money creation: a review of Morgan Ricks: The Money Problem'. Accounting, Economics, and Law: A Convivium 8, 2, 1 – 13.

Nersisyan, Y. and L. R. Wray (2016) 'Modern Money Theory and the facts of experience'. In G. Ingham, K. Coutts, and S. Konzelmann (eds), '"Cranks" and "brave heretics": re-thinking money and banking after the Great Financial Crisis'. Cambridge Journal of Economics, Special Issue, 40, 5, 1297 – 316.

North, P. (2007). Money and Liberation: The Micropolitics of Alternative Currency Movements. Minneapolis: University of Minnesota Press.

Orléan, A. (2008), 'La crise monétaire en allemande des années 1920'. In B. Théret, La monnaie devoilee par ses crises. Vol. II: Crises monetaires en Russie et en Allemagne au XXe siecle. Paris: Éditions de l'EHESS.

Orléan, A. (2014a). 'Money: instrument of exchange or social institution of value?' In J. Pixley and G. Harcourt (eds), Financial Crises and the Nature of Capitalist Money: Mutual Developments from the Work of Geoffrey Ingham. Basingstoke: Palgrave Macmillan.

Orléan, A. (2014b). The Empire of Value: A New Foundation for Economics (trans. M. B. DeBevoise). Cambridge, MA: MIT Press.

Otero-Iglesias, M. (2015). 'Stateless euro: the euro crisis and the revenge of the chartalist theory of money'. Journal of Common Market Studies,

53, 2, 349 – 64.

Peacock, M. (2013). Introducing Money. London: Routledge.

Pettifor, A. (2017). The Production of Money: How to Break the Power of Bankers. London: Verso.

Phillips, L. and M. Rozworksi (2019). People's Republic of Walmart: How the World's Biggest Corporations are Laying the Foundation for Socialism. London: Verso.

Pixley, J. (2018). Central Banks, Democratic States and Financial Power. Cambridge: Cambridge University Press.

Polanyi, K., C. M. Arensberg, and H. W. Pearson (eds) (1957). Trade and Market in the Early Empires. New York: Free Press.

Radford, R. A. (1945). 'The economic organisation of a POW camp'. Reprinted in G. Ingham (ed.), Concepts of Money: Interdisciplinary Perspectives from Economics, Sociology and Political Science. Cheltenham: Edward Elgar, 2005.

Reinhart, C. and M. Belen Sbrancia (2011). 'The liquidation of government debt'. NBER Working Paper 16893. Cambridge, MA: National Bureau of Economic Research. Online at: https://www.imf.org/external/pubs/ft/wp/2015/wp1507.pdf

Ricks, M. (2016). The Money Problem: Rethinking Financial Regulation. Chicago: University of Chicago Press.

Robertson, D. (1948 [1928]). Money. London: Nisbet.

Rowthorn, R. (1977). 'Conflict, inflation and money'. Cambridge Journal of Economics, 1, 3, 215 – 39.

Ryan-Collins, J., T. Greenham, R. Werner, and A. Jackson (2011). Where Does Money Come From? A Guide to the UK Monetary and Banking System. London: New Economics Foundation.

Saiag, H. (2019). 'Money as a social relation beyond the state: a contribution to the institutionalist approach based on the Argentinian trueque'. The British Journal of Sociology, 70, 3, 969 – 96.

Sargent, T. and N. Wallace (1975) 'Rational expectations, the optimum policy instrument and optimum money supply rule'. Journal of Political Economy, 83, 2, 241 – 54.

Schmitt, C. (2005). Political Theology: Four Chapters on the Concept of Sovereignty (trans. G. Schwab). Chicago and London: University of Chicago Press.

Schumpeter, J. (1917). 'Money and the social product'. International Economic Papers, Vol. 6. London: Macmillan.

Schumpeter, J. (1934). The Theory of Economic Development. Cambridge, MA: Harvard University Press.

Schumpeter, J. (1994 [1954]). History of Economic Analysis. London: Routledge.

Searle, J. (1995). The Construction of Social Reality. New York: Free Press.

Simmel, G. (1978 [1907]). The Philosophy of Money (trans. D. Frisby). London: Routledge.

Skidelsky, R. (2018). Money and Government: A Challenge to Mainstream Economics. London: Allen Lane.

Smithin, J. (1996). Macroeconomic Policy and the Future of Capitalism: The Revenge of the Rentier and the Threat to Prosperity. Aldershot: Edward Elgar.

Smithin, J. (2018). Rethinking the Theory of Money, Credit, and Macroeconomics: A New Statement for the Twenty-First Century. Lanham, MD: Lexington Books.

Streeck, W. (2014). Buying Time: The Delayed Crisis of Democratic Capitalism. London: Verso.

Théret, B. (2017). 'Monetary federalism as a concept and its empirical underpinnings in Argentina's monetary history'. In G. Gomez (ed.), Monetary Plurality in Local, Regional and Global Economies. Abingdon: Routledge.

Tucker, P. (2018). Unelected Power: The Quest for Legitimacy in Central Banking and the Regulatory State. Princeton: Princeton University Press.

Turner, A. (2016). Between Debt and the Devil: Money, Credit and Fixing Global Finance. Princeton: Princeton University Press.

Tymoigne, E. (2016). 'Government monetary and fiscal operations: generalising the endogenous money approach'. Cambridge Journal of Economics, 40, 1317–32.

Varoufakis, G. (2017). Adults in the Room: My Battle with Europe's Deep Establishment. London: Random House.

Vogl, J. (2017). The Ascendancy of Finance. Cambridge: Polity.

Volscho, T. (2017). 'The revenge of the capitalist class: crisis, the legitimacy of capitalism and the restoration of finance from the 1970s to present'. Critical Sociology, 43, 2, 249–66.

von Glahn, R. (1996). Fountain of Fortune: Money and Monetary Policy in China, 1000–1700. Berkeley: University of California Press.

von Mises, L. (1990 [1920]). Economic Calculation in the Socialist Commonwealth (trans. S. Adler). Auburn, AL: Ludwig von Mises Institute.

Weber, M. (1978). Economy and Society (ed. G. Roth and C. Wittich). Berkeley: University of California Press.

Wennerlind, C. (2011). The Casualties of Credit: The English Financial Revolution, 1620–1720. Cambridge, MA: Harvard University Press.

Wolf, M. (2014). The Shifts and the Shocks: What we have learned and have still to learn from the Financial Crisis. London: Allen Lane.

Woodruff, D. (1999). Money Unmade: Barter and the Fate of Russian Capitalism. Ithaca, NY: Cornell University Press.

Woodruff, D. (2013). 'Monetary surrogates and money's dual nature'. In J. Pixley and G. Harcourt (eds), Financial Crises and the Nature of Capitalist Money: Mutual Developments from the Work of Geoffrey Ingham. Basingstoke: Palgrave Macmillan.

Wray, L. R. (2012). Modern Money Theory: A Primer on Macroeconomics for Sovereign Monetary Systems. London: Palgrave Macmillan.

Zarlenga, S. A. (2002). Lost Science of Money: The Mythology of Money – The Story of Power. Valatie, NY: American Monetary Institute.

찾아보기

머니

화폐 이데올로기·역사·정치

초판인쇄 2022년 6월 16일
초판발행 2022년 7월 4일

지은이 제프리 잉햄
옮긴이 방현철 변제호

책임편집 박영서
편집 심재헌 김승욱
디자인 최정윤 조아름
마케팅 채진아 황승현
브랜딩 함유지 함근아 김희숙 안나연 박민재 박진희 정승민
제작 강신은 김동욱 임현식

발행인 김승욱
펴낸곳 이콘출판(주)
출판등록 2003년 3월 12일 제406-2003-059호
주소 10881 경기도 파주시 회동길 455-3
전자우편 book@econbook.com
전화 031-8071-8677(편집부) 031-8071-8673(마케팅부)
팩스 031-8071-8672

ISBN 979-11-89318-33-8 03300